高职高专市场营销专业任务驱动型教材
21世纪高职高专精品教材

现代推销实务

张晓青　宋启平　编著
黄友新　主审

上海财经大学出版社

图书在版编目(CIP)数据

现代推销实务/张晓青,宋启平编著. 一上海:上海财经大学出版社,2018.3

(高职高专市场营销专业任务驱动型教材)

(21世纪高职高专精品教材)

ISBN 978-7-5642-2972-6/F·2972

Ⅰ.①现… Ⅱ.①张…②宋… Ⅲ.①推销-高等职业教育-教材
Ⅳ.①F713.3

中国版本图书馆CIP数据核字(2018)第028437号

□ 责任编辑 刘 兵
□ 封面设计 钱宇辰

XIANDAI TUIXIAO SHIWU

现 代 推 销 实 务

张晓青 宋启平 编著

黄友新 主审

上海财经大学出版社出版发行

(上海市中山北一路369号 邮编200083)

网 址:http://www.sufep.com

电子邮箱:webmaster @ sufep.com

全国新华书店经销

上海宝山译文印刷厂印刷装订

2018年3月第1版 2018年3月第1次印刷

787mm×1092mm 1/16 13.75印张 352千字

印数:0 001—4 000 定价:39.00元

前　言

推销是现代人类社会不可或缺的社会行为和交往活动，人员推销也是企业既古老又现代的重要促销手段。在市场经济条件下，每个人、每个组织在生存和发展过程中都离不开推销，如何有效地推销已经成为个人、企业和组织共同面临的问题。

据权威部门统计，世界上90%以上的巨富，都是从推销员干起的。很多大公司的高层管理人员也都有过做推销员的经历。许多成功人士的共同特点之一，就是靠推销起家，靠推销的技艺走上成功之路。据预测，21世纪最富有、最有潜力的职业之一就是做一个产品推销人员。

早在2003年12月教育部就提出：职业教育必须坚持以就业为导向，以全面素质为基础，以能力为本位，努力造就企业迫切需要的高素质技能型人才。本书就是根据这一指导思想，充分考虑到高职高专教育的特点，突出"以职业技能为主"的职业教育特色，本着精炼理论、强化应用、培养技能的原则，主要阐释和解决推销实践中的各类技术性问题，具有内容结构合理，逻辑严密，深入浅出，应用性、实践性、操作性强等特点。

本书是以工作任务为导向，按照产品推销的工作过程设计的，其总体编写思路是：打破以介绍推销概念、原理等知识传授为主要特征的传统教材模式，转变为以推销工作过程和工作任务为中心，让学生在掌握推销理论知识与技能的同时，学会完成相应的工作任务，养成良好的职业性格。教材内容突出对学生职业能力的训练，共分为认识推销、推销准备、寻找顾客、接近顾客、推销洽谈、推销成交和售后管理7大工作项目和19个工作任务。书中提供了丰富、生动的案例和资料，可以极大地拓展学生的知识面，提高学生的学习兴趣和分析问题、解决问题的能力。

本书既可作为高等职业技术院校市场营销、工商管理、电子商务等专业的教材，也可用作各种层次成人教育、企业培训、中职教育的教材。

本书由广州番禺职业技术学院张晓青教授和东莞职业技术学院宋启平共同编写，张晓青教授负责总纂和统稿。广州番禺职业技术学院市场营销专业客座教授、广东营销学会副会长黄友新先生对全书进行主审。本书在编写过程中，参考了大量资料，限于篇幅，书中只列出了主要参考文献，在此对这些资料作者表示衷心的感谢，如有遗漏，谨向作者致歉。

由于编者水平有限，编写时间仓促，书中不尽如人意之处在所难免，恳请专家和读者批评指正，不胜感激！

为了方便教师教学，本书还配有电子教案和教学课件，请有此需要的教师与出版社（可致信给E-mail：sufep@126.com索取）联系，我们将免费提供。

张晓青

2017年5月于广州

前言

目　录

项目一

认识推销

知识目标

- 认识推销工作的特点
- 了解推销的原则和过程

能力目标

- 会运用一般的推销模式

任务引入

王涛是广东一所高等职业技术学院市场营销专业的应届毕业生，正面临就业。高等职业技术学院市场营销专业毕业生的就业岗位一般都是各类企业的销售业务员、销售代表、销售主任、市场调研员、市场分析员等，他们在这些岗位上经过一段时间的锻炼之后可从事营销策划和营销管理工作，这也是营销专业学生的职业发展规划目标。所以推销岗位是营销专业学生职业生涯发展中最初的起点。王涛的家人认为做推销东奔西跑，生活不能稳定，希望他找一份能天天坐在办公室的工作。但王涛认为自己对营销专业很有兴趣，经过大学三年的专业学习，经常参加各种推销实践活动，自己一定能干好推销工作。所以应该先从销售基层干起，将来再一步步上升到公司的销售经理甚至可以做营销总监。

任务分析

推销成就人生！据权威部门统计，世界上90%以上的巨富，是从推销员干起的。很多大公司的高层管理人员也都有过做推销员的经历。许多成功人士的共同特点之一就是靠推销起家，靠推销的技艺走上成功之路。王涛要想从事推销工作还必须对推销工作有进一步的认识。他现在面临的任务是：

1. 认识推销的特点并能领会推销三要素之间的关系。

2. 了解推销的原则和过程。

3. 会运用一般的推销模式。

推销的历史十分悠久，当人类社会第一次出现商品这个概念时，推销就应运而生了，它与商品同呼吸、共命运。可以这样说，推销伴随着商品的产生而产生，并伴随着商品的发展而发展，商品生产越发达，推销就越重要。但是随着商品经济和科学技术的不断发展以及社会的不断进步，推销活动又被注入新的内容和方式，焕发出新的生机与活力。所以说，推销是一个既古老又年轻的概念。

推销既是一门科学也是一门艺术。一位美国管理专家评论道："中国人学会外国人的生产技术并不难，但学会外国人的推销技术则比较难。"原因在于，我国一些推销人员从未从科学的角度看待推销。推销是一门科学，提高推销业绩，需要推销员扎扎实实地掌握科学的推销原则和方法。推销是一门艺术，它要求推销员灵活地运用推销的原则和方法，灵活掌握推销的技巧。

相关知识

【小案例 1—1】

乔·吉拉德是世界上最伟大的销售员，他连续 12 年荣登吉尼斯纪录大全"全球销售第一"的宝座，他连续 12 年平均每天销售 6 辆车的汽车销售纪录至今无人能破。乔也是全球最受欢迎的演讲大师，曾为众多"世界 500 强"企业精英传授他的经验，全球数百万人被其演讲所感动，为其事迹所激励。然而，谁能相信，35 岁以前的他却诸事不顺，干什么都以失败告终。他换过四十余种工作，仍一事无成，甚至当过小偷，开过赌场。他从事的建筑生意也惨遭失败，身负巨额债务，几乎走投无路。

日本明治保险公司推销员原一平，是日本寿险业的泰斗，亿万富翁，被日本称为"推销之神""世界上最伟大的推销员"。谁会想到他当年进入明治保险公司做一名"见习推销员"时，连办公桌都是自备的，穷得连午餐都吃不起，没钱搭电车，只能走路上班，甚至晚上露宿公园。

李嘉诚是华人当中名副其实的首富，其创业初期有过一段不寻常的推销经历。出生于广东潮安县一个书香门第之家的李嘉诚，11 岁时在读完两年小学后便辍学，在他舅舅的南洋钟表公司做杂工。后来，他到一家五金厂做推销员时，挑着铁桶沿街推销，靠着一双脚板，走遍了香港的角角落落，从不放弃每一笔可做的生意。李嘉诚凭着坚韧不拔的毅力，建立了销售网络，赢得顾客的信誉，也深受老板器重。再后来，因为塑胶业的蒸蒸日上，李嘉诚开始推销塑胶产品，由于他肯动脑筋，又很勤奋，在塑胶产品推销过程中大显身手，业绩突出，20 岁便被提升为业务经理，而且也使李嘉诚淘得了第一桶金，同时也练就了企业家的才能，为日后进军塑胶业和构建其庞大的企业帝国打下了坚实的基础。

一、什么是推销

(一)推销的含义

推销可以从广义和狭义的角度来理解。从广义的角度来看，推销泛指人们在社会生活中，通过一定的渠道进行信息传递和交流，把自己的意愿、观念、思想等传递给对方并使对方接受和采纳，从而使双方都满意的活动。在我们的日常生活处处充满着推销，如孩子要求母亲多给他半小时的时间玩游戏；母亲要求小孩多吃青菜；老师要求学生上课认真听讲；员工要求老板加薪等诸如此类的活动，都是推销。再如，街上沿途叫卖的小商贩和街头路边各种各样的招牌广告；演员向观众推销艺术以及政治家推销其政治观点等，这些都是推销的表现形式。因此，推销是一种人人都熟悉的社会现象，是每个人都在进行的活动。一个人只要生活在这个世界就要和形形色色的人发生各种各样的联系，产生各种各样的交往。你要生存，要取得成功，就要不断推销自己，用你的推销技巧获得别人的理解、支持、好感、友谊、爱情以及事业上的合作。

就狭义而言，推销是指企业的推销人员直接与潜在顾客进行接触、沟通、洽谈，采用帮助或说服等手段，促使顾客采取购买行为的活动过程。这个定义会使我们联想到业务员、业务代表、业务专员、营业员、销售员、访问员、调查员、销售工程师等。本书所要研究的是狭义的推销。在现实生活中，有些人认为推销就是想方设法卖出商品，赚取利润，把产品销售出去就是推销的唯一目标，这种观点是对推销的错误理解。正确理解推销的含义应注意以下几个方面的问题：

1. 推销就是发掘和满足顾客的需求，帮助和说服顾客购买

推销的目标是双重的，既要售出产品，又必须满足顾客的需要。推销是卖和买的统一，没有顾客的“买”，也就不可能有推销员的“卖”，所以，推销员要将产品推销出去，就必须了解顾客现实和潜在的需要，刺激顾客的需求欲望，促使顾客自觉购买。美国施乐公司推销专家兰迪克说：“明确顾客的真实需求，并说明产品或服务如何满足这一需求，是改善推销，将推销成绩由平均水平提高到较高水平的关键。”

2. 推销是一种“双赢”的公平交易活动

推销人员和推销对象是推销活动的两个重要方面，都有各自特定的利益和目的。要想使生意做得好，就要使买卖双方都满意，如果单从任何一方出发考虑问题，生意都不可能成交。推销员要想获得利润，就必须从顾客的利益出发，使顾客从购买产品中获得利益，所谓“买者欢喜，卖者得意”。

3. 在推销过程中，推销人员要运用一定的方法和技巧

推销是科学、是艺术，同时也是一种技能。推销人员在推销过程中必须掌握推销的基本原理和基本技能，在此基础上发挥个人的主观能动性，灵活运用各种推销方法和技巧，才能有效达成交易。

【趣闻一则】

有一艘船航行在大海上，有几个国家的商人正在船上开会。这时候船漏水了。眼看着船要下沉，全船的人都十分惊恐。于是，船长把船员叫过来说：“快，通知船上的商人都穿上救生衣，跳进海里去。”过了一会，船员过来了，向船长汇报说他们都不愿往水里跳。船长说：“真是个笨蛋，看我的。”一会儿船长回来了，对船员说，他们都已经跳进海里了。船员们围着船长问：”您用了什么方法让他们都跳下去了?”船长说：”我用的是心理学的方法。我对英国人说，跳下去是绅士风度的体现；对法国人说，跳下去是很浪漫的；对德国人说，跳下去是命令；对意大利人说，跳下去是不被基督教禁止的；对美国人说，跳下去，因为你是被保险的。”

（二）推销的特点

推销活动需要推销人员巧妙地融知识、天赋和技能于一身，推销人员在推销过程中要掌握推销活动的特点，灵活运用多种推销技巧，才能取得推销活动的成功。概括起来，推销活动有以下几个特点。

1. 推销对象的特定性

推销活动首要解决的问题是：谁是本公司产品的潜在顾客？谁需要购买本公司的产品？在明确了推销对象之后，再有针对性地向推销对象传递信息并进行说服工作。因此，推销总是有特定对象的。任何一名推销员的任何一次推销活动，都不是盲目的，都具有这种特定性。推销人员不可能漫无边际或毫无目的地寻找顾客，也不可能随意地向毫不相干的人推销商品，否则，推销就成为毫无意义的活动。

2. 信息沟通的双向性

在推销活动中的信息沟通是信息传递与反馈的双向沟通过程。推销人员在向顾客提供有关产品、企业及售后服务等信息的同时，还必须随时观察顾客的反应，调查了解顾客对企业产品的意见与要求，及时听取顾客的意见和建议，并且将顾客的意见与建议及时反馈给企业。在实际工作中，推销人员反馈的市场信息常常是企业领导做出正确经营决策的重要依据。因此，推销是一个信息双向沟通的过程，推销人员不仅是企业信息的发布者，而且是市场信息的反馈者。

3. 推销方式的灵活性

虽然推销的对象具有特定性，但由于顾客受经济、文化、年龄、性别、职业、地位、收入等各种因素的影响，所以推销对象的需求是千变万化的。推销活动必须适应这种变化，灵活运用推销原理和技巧，恰当地调整推销策略和方法。因地制宜、灵活机动的战略战术，是推销活动的一个重要特征。

4. 买卖双方的互利性

如前所述，现代推销是一种互惠互利的双赢活动，必须同时满足买卖双方的不同要求。只有买卖双方都有积极性，实现“双赢”，才能达到交易的目的。因此在推销过程中，推销人员不仅要考虑到自己的利益，更要照顾到购买者的利益，只有这样，才会有长久稳定的顾客和生意。

5. 推销手段的说服性

推销的对象是人，而不同的人有不同的心理活动，因此，说服是推销的重要手段，也是推销活动的核心环节。为了赢得顾客对推销人员和推销产品的信任，进而使顾客愿意接受所推销的产品，推销人员必须周到、耐心地向顾客介绍商品的特点和优点，说服顾客接受推销人员的观点及所推销的商品或劳务。

6. 推销过程的服务性

推销既是说服顾客购买的过程，也是为顾客服务的过程。服务贯穿于整个推销过程的始终。亚洲著名培训师林伟贤先生曾问世界销售大王乔·吉拉德：“服务这个词怎么拼写？”乔·吉拉德回答说：“推销就是服务！”

【小案例 1－2】

有位销售外围硬件设备的顶尖销售员正给顾客拨打电话，追踪硬件的售后情况，并趁此向这位顾客推销他可能需要的其他设备。请看以下两幕：

第一幕：

他说：“您好，是琼斯女士吗？我是 ABC 公司的史密斯，有空吗？……我是您的新销售代表。关于您刚购买的 123 型机，现在运行得怎样？……很好，我打电话来主要是想做个自我介绍，并留下我的名字和电话号码，以便您有需要时和我联系，比如说要添加设备、另买软件等。有笔吗？”

请注意，这位销售员打电话时完全按自己认定的结果去谈，并自信与琼斯女士的关系已很融洽，足以使她回电话。总之，带有太多的设想。

第二幕：

还是这名销售员，但在电话中谈的却是："您好，我是ABC公司的史密斯，请问贵姓？……特纳先生。这是个服务电话。请问您的新系统运转如何？……听起来还不错，而且您的团队都在学着用了。在学习的进程中您需要什么支持？……看来您在公司中什么都不缺。那还有没有新员工要学这一系统？……人还不少嘛。恐怕那么多用户不能共用一个系统了……啊，还以为您知道呢。那您还需要什么来支持未来的运行环境？……添加设备的价格是×××美元。是的，不便宜，您现在有这个预算吗？……哦，很好，要做好这个预算，还有些什么需要我效劳的？……当然，我会把价格和规格传真给您，还有别的需要吗？"

（三）推销的三要素

推销要素是指构成推销活动过程的内在基本因素，它包括推销人员、推销对象和推销品三个基本要素，这三个要素是推销活动得以实现的必要因素。在这三个要素中推销人员和推销对象是商品推销活动的主体，推销品是商品推销活动的客体，是被推销员所推销、被推销对象所接受的有形或无形的商品（如图1－1所示）。

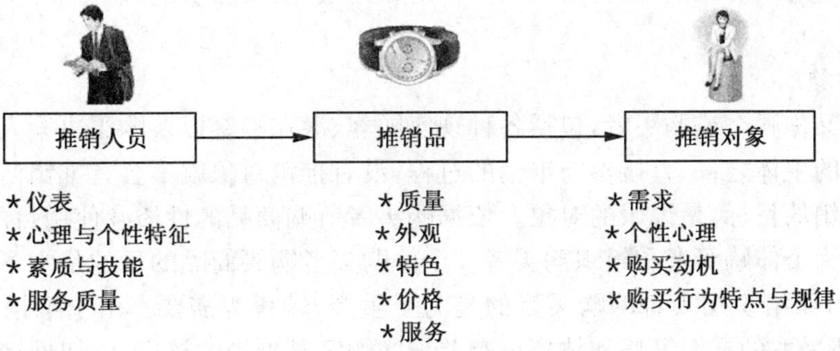

图1—1　推销活动三要素

1. 推销人员

推销人员是指主动向推销对象销售商品的推销主体，包括各种类型的推销人员，这里主要指专门从事商业性推销工作的专业推销人员。在推销的三个要素中，推销人员是最关键的要素，是推销的灵魂，在整个推销过程中发挥着重要作用。在商品经济活动中，只有把商品的使用价值与顾客的现实需要紧密联系在一起，才能实现商品从生产领域向消费领域的转移，而推销人员在这种转移过程中起着桥梁和纽带的作用。这就要求推销人员必须具备良好的素质，丰富的知识和经验，能够熟练地运用各种推销方法和技巧。推销人员的主要任务就是通过走访顾客，发掘顾客的需要，在为顾客服务的同时，说服顾客购买企业的产品或服务。

在推销活动中，推销人员要想成功地推销商品，首先要成功地推销自己。推销是与人打交道的工作，在推销活动中，人和产品同等重要。推销的成功与否，往往取决于你的服务精神和服务态度，顾客只有喜欢你的为人、你的个性、你的风格，才会进而购买你的产品。现代推销强调的一个基本原则是：推销，首先是推销你自己。所谓推销你自己，就是让顾客喜欢你、信任你、尊重你、接受你，对你抱有好感。顾客的购买意愿深受推销员的诚意、热情和勤奋精神的影响。调查表明，顾客在购买商品时，特别是在选择何种品牌的商品时，并不是因产品质量的概念才决定的，而是因为对推销员的好感。美国纽约销售联谊会统计表明：71%的人之所以从你那里购买，是因为他们喜欢你、信任你、尊重你。一旦顾客对你产生了喜欢、信赖之情，自然会喜欢、信赖和接受你的产品。反之，如果顾客喜欢你的产品但不喜欢你这个人，买卖也很难做成。推销员只有首先把自己推销给顾客，顾客乐意与推销员接触，愿意听推销员介绍时，才会为推销员提供一个推销产品的机会。在实践中，一些推销员一见顾客就问"买不买"或"要不要"，这些推销员基本上都会碰壁的。原因就在于，在顾客没有接受你这个人之前谈论产品、推销，顾客本能的反应就是推诿、拒绝，让你及早离开。推销中的一条推销戒律是：一开口就谈生意的人，是二流推销员。

【小案例 1—3】

某食品研究所生产一种饮料，一名女大学生作为推销员前往一家公司推销，拿出两瓶样品怯生生地说："这是我们刚研制的新产品，想请你们销售。"经理好奇地打量了一眼这个文绉绉的推销员，正要一口回绝，却被同事叫去听电话，就随口说了声："你稍等。"打完了一个漫长的电话，经理已忘记了这件事。这样，这位推销员整整坐了几个小时的冷板凳。临下班时，经理才发觉这位等回话的大学生，感动得要请她吃饭。面对这个腼腆的姑娘，经常与吹得天花乱坠的推销员打交道的老资格经理，内心一下子感到很踏实，当场拍板进货。

2. 推销对象

推销对象又称顾客或购买者，包括各种现实顾客、潜在顾客以及购买决策人等。推销对象也是推销活动的主体之一，直接参与推销的过程，没有推销对象就不会有推销活动。推销对象是推销人员推销的目标，是说服的对象。依据购买者所购商品的性质及使用目的的不同，我们把推销对象分为个体购买者和组织购买者。个体购买者购买商品的目的是为了满足个人和家庭生活的需要，而组织购买者的购买目的是为了生产、转售等需要。由于推销对象的特点不同，推销人员所采取的推销策略和技巧也有差异。顾客是推销的核心，一切推销活动都是紧紧地围绕着如何满足顾客需要而展开的。推销员必须树立正确的推销观念：满足需要第一、盈利第二。作为推销对象的顾客至少应具备两个条件：一是存在着对某种商品和劳务的需求；二是有足够的货币支付能力。

3. 推销品

推销品是推销活动的客体。所谓推销品，是指推销人员向推销对象推销的各种有形和无形商品的总称，包括商品、服务、观念等。从现代营销的角度来看，我们向顾客推销的是整体产品，而不仅仅是具有某种实物形态和用途的物理学意义上的产品。所谓整体产品是指能提供给顾客满足某种需求和欲望的有形或无形的任何东西，既包括物理特性（如形态、体积、质量、味道、色彩、式样等一切有形物品），也包括意识特征（如思想、观念、主意、服务等无形的东西）。作为推销活动的一个基本因素，推销品必然会影响推销活动的各个方面和环节，如推销品的性质、质量、价格、体积等，都会影响推销活动的具体方式和难易程度。在推销活动中，如果不了解推销品的特性、用途乃至维修保养方面的知识，就无法胜任推销工作。

【小案例 1—4】

在一次展销会上，一名顾客看中一台机器，想了解一下用什么钢材制造的，轮子朝哪个方向旋转，推销员却回答不出。客户十分不满地说："你来推销产品，自己都弄不明白，别人敢买吗？"

推销员只有了解自己的产品，才能详细地向顾客说明产品能带给顾客什么利益，产品能满足顾客哪些需要；只有了解自己的产品，才能从容地回答顾客提出的疑问，从而消除顾客的异议；只有了解自己的产品，才能指导顾客如何更好地使用、保管产品，以便顾客重复购买。推销员应当做到：了解产品性能的程度使内行人感到惊讶；了解产品用途的程度使顾客感到惊讶。

二、推销的原则与过程

（一）推销的原则

推销人员在推销活动中，必须坚持以顾客为中心，把握好自己的言行举止，灵活运用推销的方法和技巧，这就要求推销人员必须坚持几条基本原则，切实领会这些原则的精神并付诸实践。

1. 满足需求

【名人名言】

"推销就是创造需求！"

——克拉克·科伍德，美国营销专家

顾客的需求和欲望是市场营销的出发点，也是推销的出发点。商品买卖的目的就是为了满足顾客的某种需求，而买卖只不过是达到这一目的的手段而已。因此推销人员必须认真了解顾客的需求，让顾客明白该产品确实能给他带来利益，能满足他的需求。顾客只有有了需求才会产生购买动机进而产生购买行为。

推销员不应该单纯向顾客推销产品，而应借助于所推销的产品，想方设法唤起并刺激顾客，你的产品越符合顾客的基本需要，就越容易被顾客接受。实际上，推销过程就是帮助顾客满足其需要的过程。一切推销策略的运用，都应该以满足顾客的需要和解决顾客的问题为前提，在此基础上达到企业获利的目的。推销员的努力不应放到如何去"卖"上，而应协助顾客满足其需要，使他们得到想要的东西，然后自己才能赚钱。因此推销员要了解顾客的需要，说服顾客，使他们相信你所推销的商品确实能满足他们的需要。销售中最重要的秘诀是找到顾客的真正需要，并且帮助顾客找到满足需要的最佳方式。

2. 推销产品利益

产品利益是产品整体概念的核心内容，也是顾客购买决策的主体驱动力。推销人员不应单纯地推销抽象的产品，更重要的是要推销产品带给顾客的利益。不论你推销的是什么产品，顾客所购买的是你的产品为他们带来的好处和利益，或产品能满足顾客什么样的需要。这是推销员取得成功必须认识的一个基本原则。从顾客角度来说，顾客不是为产品的特性所打动，而是为产品的特性给他带来的利益所吸引，他们购买的不是产品本身，而是通过产品能让他们享受到的那些利益与满足，如威望、地位、个性化、舒适、安全、经济、尊敬等。比如，对于药品推销人员来讲，他推销的是"健康"，只有针对顾客治疗疾病、预防疾病和保持健康的购买目的来开展推销，才能增强说服力；对于化妆品推销人员来讲，他推销的是“美丽”，只有针对顾客的求美心理开展推销，才能打动顾客。如果你是保险推销员，你的介绍应该是“若自己发生意外，心爱的家人生活能够得到充分的保障”；如果你推销的是空调，你的介绍应该是“炎炎夏日里带给你清凉的感觉”。

【寓言一则】

老狼山姆在沙漠中遇见了迷路的狐狸。狐狸说：“山姆先生，如果你肯做我的向导，找到通往绿洲的标志，我愿意用4两黄金和这颗5克拉的钻戒买你身边的那桶水。”老狼山姆兴奋地答应了。经过两天的旅途奔波，他们找到了通往绿洲的标志，而山姆的水也用完了，“狐狸先生，你能不能给我点水喝！”老狼哀求道。“可以的，不过，你得用我那4两黄金及5克拉的钻戒来换，而且如果你想多喝点，你还得多付出些代价！”老狼山姆以一桶不值钱的水换得了一笔财富，可是最后却不得不为了宝贵的生命付出了更高的代价。

为什么一桶水要拿4两黄金及5克拉的钻戒来换？在推销中，推销员不也是无时无刻不在遇上此类问题吗？为什么某些人不屑一顾的产品，而有人却愿付出巨大的代价以得到它？为什么有人为一顿饭一掷千金，却会对另外的商品斤斤计较？答案其实很简单：顾客的买与不买，取决于他对商品的需求程度，即商品带给他的利益。

推销产品给顾客带来的利益是推销活动的本质所在，推销人员只有围绕推销的本质开展推销活动，使用各种推销方法和技术，才能为推销成功奠定良好的基础。

3. 互利双赢

互利双赢是指在推销过程中，推销员要以交易能为双方都带来较大的利益或者能够为双方都减少损失为出发点，不能从事伤害一方或给一方带来损失的推销活动。推销人员在努力实现互利双赢原则时，必须善于认识顾客的核心利益，并与顾客加强沟通。

在推销活动中，最重要的是顾客而不是推销员自己。推销员不能只顾自己的利益而损害顾客的利益。那种采取坑蒙拐骗、恐吓威胁、强行兜售的手段是与现代推销理念格格不入的。现代推销活动提倡“双赢”，提倡要和顾客建立长期关系，而不是一锤子买卖。在实际推销中，许多推销人员都是以自我为中心的，他们在处理问题时，首先想到的是保护自身的利益，有时为了自身利益而不惜损害顾客利益，这种行为无异于“自杀”。因此，要提高销售业绩，推销员必须考虑顾客的利益。一位推销专家指出：推销是一种压抑自己的意愿去满足他人欲望的行为。尽管这很困难，但能否满足顾客的利益，站在顾客的立场上为顾客着想，是决定推销成绩的重要因素。

推销是买卖双方互利的公平交易活动。要想使生意做得好，就得使买卖双方都满意，任何一方都不能受到损失。推销是一种双赢活动，推销员得到利润，顾客得到了产品利益。

4. 诚信为本

诚信是人类的一种基本道德，人与人之间、团体与团体之间，如果没有诚信，不讲信用，那将是不可想象的。诚信的基本含义是诚实、守信，在人际交往中表现为言行一致、言而有信、表里如一、信守承诺等；在推销过程中不提供伪劣产品，不从事欺骗性活动，不传播虚假信息等。这些都是诚信的基本表现形式。推销人员千万不要为了引诱顾客订货而向顾客许下不能履行的诺言，这种做法产生的后果是不堪设想的。推销人员只有兑现承诺，以诚信为基础，才能树立良好形象，取得消费者信任。

【小案例 1—5】

有一名求职者到一家公司求职，由于各方面条件都不错，很快便从众多的应聘者中脱颖而出。面试的最后一关，由公司的总裁亲自主持。当这名求职者刚一跨进总裁的办公室，总裁便惊喜地站起来，紧紧握住他的手说："世界真是太小了，真没想到会在这遇到你，上次在东湖游玩时，我女儿不慎落水，多亏你奋不顾身及时相救。我当时忘了询问你的名字。你叫什么？"这名就职者被弄糊涂了，但他很快想到总裁是认错人了。于是，平静地说："总裁先生，我从没有救过什么人，你一定是认错人了。"但无论这名求职者怎么说，总裁依然一口咬定自己没有记错。求职者也犯起了倔劲，就是不肯承认自己救过总裁的女儿。过了一会，总裁才微笑着说："你的面试通过了，明天就来公司上班。"

原来，这是总裁导演的一场测试。在这名求职者前面进来的几位都将错就错，乘机揽功，结果全被淘汰。

(二)推销的一般过程

推销既是一个商品交换过程，又是一个信息传递过程，同时也是一个心理活动过程。推销过程是上述三个过程的统一。尽管推销活动的形式多种多样，但是大多数有效的推销都存在一定的规律性。如果我们从推销人员与顾客接触的时间顺序来考察，推销活动应该包含推销准备、寻找顾客、约见顾客、接近顾客、推销洽谈、处理顾客异议以及成交等几个阶段(如图 1—2 所示)。

图 1—2　推销的一般过程

三、推销模式

所谓推销模式就是推销专家根据推销活动的特点及顾客购买活动各阶段的心理演变应采取的策略，总结出来的一套程序化的标准推销模式。推销模式的产生使推销有了可以依据的理论、步骤与法则，促进了推销效率的提高。推销模式来自于推销实践，具有很强的可操作性，是现代推销理论的重要组成部分。推销模式的种类有很多，这里主要介绍应用最广泛的五种模式，即爱达(AIDA)模式、迪伯达(DIPADA)模式、埃德帕(IDEPA)模式、费比(FABE)模式、吉姆(GEM)模式。

(一)爱达模式(AIDA 模式)

1. 爱达模式的含义

爱达模式是世界著名的推销专家海因兹·姆·戈德曼在《推销技巧——怎样赢得顾客》一书中首次总结出来的推销模式，它被认为是国际成功的推销模式。"爱达"是四个英文字母 AIDA的译音，也是四个英文单词的首字母：A 为 Attention，即引起注意；I 为 Interest，即诱发兴趣；D 为 Desire，即刺激欲望；最后一个字母 A 为 Action，即促成购买。它的具体含义是指一个成功的推销员必须把顾客的注意力吸引或转变到产品上，使顾客对推销人员所推销的产品产生兴趣，这样顾客欲望也就随之产生，尔后再促使顾客采取购买行为，最后达成交易。

2. 爱达模式操作实务

爱达模式比较适用于店堂的推销，如柜台推销、展销会推销；适用于一些易于携带的生活用品与办公用品的上门推销，也适用于新推销人员以及首次接触顾客的推销。具体操作步骤如下：

第一步，引起顾客注意(Attention)，引起注意是指推销人员通过推销活动刺激顾客的感官，使顾客对推销人员和推销品有一个良好的印象，把顾客的心理活动、精力、注意力等吸引到推销人员和推销品上来。通常人们的购买行为都是从注意开始的，因此，推销的第一步就是先要引起顾客的注意。顾客的注意分为有意注意和无意注意。推销人员一定要通过积极努力，强化刺激，唤起顾客的有意注意，使顾客愿意把注意力从其他事情转移到推销上来。

第二步，唤起顾客兴趣(Interest)，唤起顾客兴趣是指唤起顾客对推销活动及推销品的兴趣，或者说是诱导顾客对推销的积极态度。兴趣与注意有着密切的关系。兴趣是在注意的基础上发展起来的，反过来又强化注意。兴趣也与需要有密切的关系。顾客对推销的兴趣都是以他们各自的需要为前提的。因此，要很好地诱导顾客的兴趣，就必须深入分析顾客的各种需要，让顾客认识到购买所能带来的好处。推销人员要利用各种方法向顾客证实推销品的优越性，以此引导他们的购买兴趣。一般来说，诱导顾客兴趣的最基本的方法是示范表演法和情感沟通法。

第三步，激发顾客购买欲望(Desire)，激起顾客购买欲望是指推销人员通过推销活动的进行，在激起顾客对推销品的兴趣后使顾客产生对推销品强烈拥有的愿望，从而导致顾客产生购买的欲望。在推销过程中，刺激顾客的购买欲望可分为三个步骤进行。推销人员首先提出推销建议，在得到顾客反应之后，找到症结所在，然后有针对性地进行论证，多方诱导顾客的购买欲望，直至达成交易。

第四步，促成顾客购买行为(Action)，促成顾客购买行为是指推销人员要不失时机强化顾客的购买意识，培养顾客的购买意向，促使顾客最终产生购买行为。促成顾客购买行为是爱达模式的最后一个步骤，它是全部推销过程和推销努力的目标，也是对前三个目标的总结和收获。这一过程要求推销人员在推销活动中必须抓住机会，坚定顾客的购买信心。顾客从产生购买欲望，到采取购买行动，还需要推销人员运用一定的成交技巧来施加影响，以促成顾客尽快做出购买决策。如何有效促成交易，我们在以后的章节中将有详细论述。

【小案例 1—6】

某推销员敲开了一家顾客的门，下面是他运用爱达公式成功推销其产品的过程：

推销员："您好，我是喜乐公司的王涛，我带来了一种新型的调料盒，您看，就是这种。"

顾客："调料盒？我家有，不买！"

推销员："那您的调料盒一定有好几件喽？"

顾客："那当然。你看，这是花椒盒，这是味精盒，这是……"

推销员："真不少，看来您对烹调很内行啊，光调料盒就排了这么一大溜，挺占地方吧？"

顾客："为了吃得可口，没办法。"

推销员：(开始示范产品)"您看，这种调料盒，能分装十种调料，可以挂起来，对，就挂这儿。您看，既卫生，又好看，还不占地方，用着特别方便，如果用它，您的厨房就更利索了。"

顾客："是不错，多少钱？"

推销员："5 元钱，一个调料盒仅 5 元钱，挺便宜的。"

顾客:“确实不贵。”

推销员:“那就把这个给您留下吧?”

顾客:“好。给你钱。”

【小案例 1—7】

公司的员工向自己公司的人力资源经理推荐一名营销部门的人才,下面是他们运用爱达公式推荐这名人才的过程:

推荐员黄清:“周柱斌经理,您好。我是本公司的一名员工,这两位是我的同事,分别叫张菲、李婷。听说我们公司的营销部门最近招募人才,所以我今天带了一个人来,希望能为我们公司的营销部门效力。看,就是这位先生。”

应聘员王涛:“经理您好,我是王涛,这是我的个人简历。”

周柱斌经理:“嗯,你好,你叫王涛是吧,看起来很年轻,应该没什么工作经验吧?”

推荐员黄清:“经理,您眼光真好,王涛确实是去年刚大学毕业,年龄不是很大。但是工作经验有三四年了,读书的时候常在课余时间兼职,毕业后又去别的公司实习,所以工作经验虽没有老将那么多,但也不是一片空白。而且对于现在这种飞速发展的社会来说,工作经验固然重要,但是学习精神和创新精神更重要,尤其是对营销这个专业更是这样,而年轻人在这些学习精神和创新精神上更有优势。”

周柱斌经理:“嗯,说的也是。不过看他这么瘦,好像弱不禁风的样子,这种长期的工作不像他以前兼职那么轻松的,能受得了吗?”

推荐员黄清:“经理您放心,您别看他这么黑这么瘦,但是他身体好,精神佳,很少生病,读书的时候拿过校运会不少奖呢!如果您不相信的话,下次就让他带给你看吧。最重要的是,他不会好吃懒做,相反的是特别能吃苦耐劳。”

推荐员李婷:“市场营销这个职位确室蛮适合王涛的。以王涛的个人工作经历来讲,经理您可能认为他还有所欠缺。但是呢,他在大学读的专业就是工商企业管理的营销方向;所以他具备一定的市场营销知识,而且他在大学期间就已经有先人一步的想法,未雨绸缪地为自己以后想要从事的职业做好了规划。所以这种人才不仅有专业的营销知识还有不可多得的胆识,我相信他将来一定会大有作为的。将这种人留在公司,公司只赚不亏啊。”

推荐员张菲:“是的。我们要推荐这位王先生应聘市场营销的职位。他有一张巧嘴能言善辩,处事老练。对企业在营销各个环节的问题有精准的判断力。而且有敏锐的洞察力,把握市场上存在的各种机会和规避市场上存在的风险。经理,您也知道做营销的最重要就是口才和精准的判断力,他二者兼备,是个不可多得的人才。如若不信,您可以当场考考他的能力。”

周柱斌经理:“好啊,竟然说到这个点上,那我就检测一下。在互联网时代,移动终端应用(APP)层出不穷,竞争异常激烈。许多 APP 可能还没进入用户的视野就已经‘胎死腹中’了。你是怎么看待这个问题的?还有如何能让我们公司新开发的一款专门销售母婴产品的 APP 从众多 APP 的‘红海’里生存下来并逐渐做好做大?”

应聘员王涛:“在互联网行业中,不乏各式各样的行业交流,也有大量的联盟存在,但依旧无法消解其中带来的一系列影响:(1)生存是所有企业存在的第一目标和需要;(2)市场有上限,所有公司都要争夺有限的市场;(3)任何新兴的创新项目,都有可能“技术爆炸”,在无人防备的情况下迅速占领市场,所以造成许多 APP“胎死腹中”。对于怎么把咱们公司的 APP 做好做大,首先,完善产品内容,提高用户留存率。其次,借力平台推广,精准定位用户群。最后,发掘产品特点，做同类独一无二。”

推荐员张菲：“经理您看刚才的回答，从容淡定、精准无误、头头是道。对互联网的发展了解透彻”，非常符合您公司的要求，如果您不任用这样人才，那就是您的损失。”

周柱斌经理：“的确是个人才，我决定聘用他。明天来上班吧！”

（二）迪伯达模式（DIPADA 模式）

1. 迪伯达模式的含义

迪伯达模式是海因兹·姆·戈德曼根据自身推销经验总结出来的新公式，被认为是一种创造性的推销方法。迪伯达是六个英文字母 DIPADA 的译音。这六个英文字母分别为六个英文单词 Definition（发现）、Identification（结合）、Proof（证实）、Acceptance（接受）、Desire（欲望）、Action（行动）的第一个字母。它们表达了迪伯达模式的六个推销步骤。迪伯达推销模式认为，在推销过程中，推销人员必须先准确地发现顾客的需要和愿望，然后把它们与自己推销的商品联系起来。推销人员应向顾客证明，他所推销的商品符合顾客的需要和愿望，顾客确实需要该商品，并促使顾客接受。

2. 迪伯达模式的操作步骤

第一步，准确地发现（Definition）并指出顾客有哪些需要和愿望。在这一阶段，推销人员应围绕顾客的需要，探讨顾客需要解决的问题，而不要急于介绍推销品。这种做法体现了以顾客为中心的准则，最能引起顾客的兴趣，有利于制造融洽的推销气氛，有利于消除推销障碍。

第二步，把顾客需要与要推销的产品结合（Identification）起来。在发现并指出了顾客的需要后，再向顾客介绍推销品，并把推销品与顾客需要联系起来，这样就能很自然地引起顾客的兴趣。

第三步，证实（Proof），推销产品符合顾客的需要和愿望。证实不是简单的重复，而是推销人员使顾客认识到推销品是符合他的需要的过程。

第四步，促使顾客接受（Acceptance）所推销的产品。在推销过程中，顾客往往不能把自己的需求与推销品联系起来，推销人员必须拿出充分的证据向顾客证明，推销品符合顾客的需求，他所需要的正是这些产品。当然这些证据必须是真实可信的 ，而且要达到这个目的，推销人员必须做好证据、理由的收集和应用等准备工作，熟练掌握展示证据和证实推销的各种技巧。

第五步，刺激顾客的购买欲望（Desire）。当顾客接受了推销品之后，推销人员应及时激发顾客的购买欲望，利用各种诱因和刺激使顾客对推销品产生强烈的满足个人需要的愿望和感情，为顾客的购买行动打下基础。

第六步，促使顾客采取购买行为（Action）。这是迪伯达模式的最后一个步骤。这一步要求推销人员在前面工作的基础上，不失时机地劝说顾客做出最后的购买决定。

迪伯达模式较适用于：生产资料市场产品、老顾客及熟悉顾客、无形产品及开展无形交易（如保险、技术服务、咨询服务、信息情报、劳务市场等）、顾客属于有组织购买即单位购买者等产品或顾客的推销。由于迪伯达模式紧紧抓住了顾客需要这个关键性的环节，使推销工作更能有的放矢，因而具有较强的针对性。

【小案例 1—8】

某手表生产商对一些手表零售商店的销售状况进行了调查，发现商店的售货员对推销该厂的手表不感兴趣，手表零售商的销售策略也有问题。厂方决定开办一所推销技术学校，并派出厂里的推销代表(包括萨姆纳·特伦顿在内)，到各手表零售商店进行说服工作，目的是使他们对开办推销技术学校产生兴趣和积极配合，如安排人员参加学习等。特伦顿来到了一家钟表店，运用迪伯达模式对表店的负责人进行了成功的推销。下面是特伦顿与表店负责人迪尔的对话：

特伦顿："迪尔先生，我这次来这里的主要目的是想向你了解一下商店的销售情况。我能向你提几个简短的问题吗？"

迪尔："可以。你想了解哪方面的情况？"

特伦顿："你本人是一位出色的推销员……"

迪尔："谢谢你的夸奖。"

特伦顿："我说的是实话。只要看一看商店的经营状况，就知道你是一位出色的推销员。不过你的职员怎样？他们的销售业绩与你一样吗？"

迪尔："我看还差一点，他们的销售成绩不太理想。"

特伦顿："完全可以进一步提高他们的销售量，你说呢？"

迪尔："对！他们的经验还不丰富，而且他们当中的一些人现在还很年轻。"

特伦顿："我相信，你一定会尽一切可能帮助他们提高工作效率，掌握推销技术，对吗？"

迪尔："对。但我们这个商店事情特别多，我整天忙得不可开交，这些，你是知道的。"

特伦顿："当然，这是难免的。假如我们帮助你解决困难，为你们培训商店职员，你有什么想法？你是否愿意让你的职员学习和掌握：怎样制订销售计划、赢得顾客、增加销售量、唤起顾客的购买兴趣、诱导顾客做出购买决定等技巧。使他们像你一样，成为出色的推销员。"

迪尔："你们的想法太好了。谁不愿意有一个好的销售班子。不过如何实现你的计划？"

特伦顿："迪尔先生，我们厂为你们这些零售商店的职员开办了一所推销技术学校，其目的就是训练这些职员掌握你希望他们掌握的技能。我们特别聘请了一些全国有名的推销学导师和高级推销工程师负责学校的培训工作。"

迪尔："听起来很不错。但我怎样知道他们所学的东西正是我希望他们学的呢？"

特伦顿："增加你的销售量符合我们的利益，也符合你的利益，这是其一。其二，在制订训练计划时，我们非常希望你能对我们的教学安排提出宝贵的意见和建议。"

迪尔："我明白了。"

特伦顿："给，迪尔先生，这是一份课程安排计划。我们把准备怎样为你培训更好的销售人员的一些设想都写在这份材料上了。你是否把材料看一下？"

迪尔："好吧，把材料交给我吧。"(特伦顿向迪尔介绍了计划)

特伦顿："我已经把你提的两条建议都记下来了。现在，你还有什么不明白的问题吗？"

迪尔："没有了。"

特伦顿："迪尔先生，你对我们这个计划有信心吗？"

迪尔："有信心。办这所学校需要多少资金，需要我们分摊吗？"

特伦顿："你只需要负担受训职员的交通、伙食、住宿费用。其他费用，包括教员的聘金、教学费用、教学工具等，统统由我们包了。我们初步计算了一下，每培训一个推销员，你最多支付45英镑。为了培养出更好的推销员，花费45英镑还是值得的。你说呢？假如经过培训，每个受训职员的销售量只增加了5%的话，你很快就可以收回所支付的这笔费用了。"

迪尔："这是实话。可是……"

特伦顿:"假如受训职员的推销水平只是你的一半……"

迪尔:"那就很不错了。"

特伦顿:"迪尔先生,我想你可以先派3个有发展前途的职员参加第一届训练班。这样,你就知道训练的效果如何了。"

迪尔:"我看还是先派两个吧。目前我们这里的工作也比较忙,不能多派了。"

特伦顿:"那也是。你准备先派哪两位去受训呢?"

迪尔:"我初步考虑派……,不过,我还不能最后决定。需要我马上做出决定吗?"

特伦顿:"不,你先考虑一下,下周一告诉我,好吗?我给你留两个名额。"

迪尔:"行,就这么办吧!"

【小案例1—9】

为了展示和出售苹果手表,在零售店员工接受的最新培训中,苹果公司要求员工可以向顾客提供个人时尚和风格建议。目前,苹果零售的任务就是向用户推荐平板电脑、手机和台式机,这些产品只有颜色的变化。由于时尚是苹果手表(Apple Watch)的主要定位之一,因此苹果零售店员工在推荐它的时候需要跳出以往推销Mac产品的框架。与此同时,苹果还要求零售店员工"引导"顾客来购买支持苹果手表的手机。而且,因为苹果手表的腕带款式和颜色比较多,苹果零售店员工还需要在最短时间内了解到顾客偏爱哪一种。下面是店员张三运用迪伯达模式对来店的顾客进行的成功推销。下面是张三与顾客的对话:

张三:"先生,您好!请问有什么可以帮助你的吗?"

顾客:"我想买一款苹果手表,不知道买哪款好。"

张三:"我们店里有Apple Watch、Apple Watch Sport和Apple Watch Edition三种风格不同的系列。请问你买手表是想要什么用途。"

顾客:"就是平常生活用的。"

张三:"先生,我看你穿着时尚,有品位。应该是白领高层人员吧。"

顾客:"是啊,我在××公司上班。"

张三:"我推荐你这款Apple Watch吧。它是一款智能手表,功能齐全,能同步苹果其他设备,拥有16G大容量,采用Retina材质作为屏幕材,外观时尚、做工精致、大方时尚,与你的气质最符合了。"

顾客:"那么苹果手表有什么特别之处的功能?"

张三:"我认为苹果手表的'提醒'、'Siri'与'健康与运动'功能非常特别。由于苹果手表紧贴你的手腕,每当有新的通知,它会立刻轻点来提醒你。因此,你可以更及时、更便捷地接收手机上的通知,也可选择只接收你关心的那些。关于'Siri'功能,在与苹果手表的所有互动方式中,Siri不仅速度快,而且乐趣无穷。想要启用Siri,只需按住Digital Crown,或者当你无法腾出双手时,只需抬起手腕,轻轻说一声'嘿Siri',就能让它帮你处理各种事务。这样你处理起你公司的业务就简单、方便多了。"

"那么关于'健康与运动',Apple Watch能让你对运动有新的理解。运动可不仅仅是跑步、骑车,或者在健身房里挥汗如雨,它还包括在日常生活中保持活力。因此,Apple Watch会全方位测量你的运动情况,如遛狗、爬楼梯、陪孩子玩耍等。它连一个站起身的动作都不会错过,甚至还会鼓励你保持运动。现在白领都缺少运动,我看这款手表就十分适合你。"

顾客:"那这样的手表,不是要经常充电才可以?我没那么多空余的时间放着它充电的。"

张三:“好的,是这样的。官方给出的数据是待机18小时,而在充电方式上,苹果为用户提供了全新的磁吸式充电模式,只需要将手表背面和磁吸充电器相触碰即可充电,充电过程1.5小时充电80%,2.5小时可充满。这样的充电方式,会给你带来便利的。完全不会影响你的日常使用。”

顾客:“这款手表要多少钱?”

张三:“我们这系列有20款,都是4 000多元。像这款就是4 188元。”

顾客:“这手表好是好,但是价钱……”

张三:“这手表也是一种形象的代表,戴上多有面子啊。而且这款手表的这么多功能是其他手表不能带给你的。这是物有所值的。”

顾客:“这样确实物有所值,那我要这款手表吧。要到哪里付款呢?”

张三:“好的,先生。请跟我来。”

(三)埃德帕模式(IDEPA模式)

埃德帕模式是迪伯达模式的简化形式,它适用于有着明确的购买愿望和购买目标的顾客。埃德帕是五个英文字母IDEPA的译音。这五个英文字母分别为五个英文单词的第一个字母。它们表达了埃德帕模式的五个推销步骤:

第一步,Identification,意即把推销品与顾客需要结合起来。

第二步,Demonstration,意即向顾客示范产品。

第三步,Elimination,意即淘汰不合适的产品。

第四步,Proof,意即证实顾客的选择正确。

第五步,Acceptance,意即促使顾客接受产品。

在采用该模式时不必去发现和指出顾客的需要,而是直接提示哪些产品符合顾客的购买目标,这一模式比较适合于零售推销。

【小案例1—10】

陈同学准备要迎接自己的大学生生活,所以,他打算去电脑城购买一台笔记本电脑,以下是陈同学购买电脑的过程:

销售员:“欢迎光临!请问有什么可以帮到你吗?”

陈同学:“你好,我想买台笔记本电脑。”

销售员:“那你来得真是时候,我们公司刚刚出了几款笔记本电脑,款式新颖,都是新的配置,由于现在是试销,几款电脑都有打折,看你这么年轻,应该是学生吧。”

陈同学点点头。

销售员:“那你就更加要留意我们公司的新产品,绝对适合你用,你买电脑是用来游戏还是用来学习?”

陈同学:“学习用的。”

接着销售员拿了几款电脑放在桌上,给陈同学挑,并且,当场展示了几款电脑的基本功能给陈同学看。

陈同学看了这几款电脑,都不是很满意,于是就问销售员:“这些电脑都挺好的,但是我想要的电脑是散热很快的那种,而且电脑可以轻点,我不想要这么重的电脑。”

销售员:“那就这款吧,它是这些电脑中最轻的,而且散热很快。”

销售员一边说一边拿其中的一款电脑给陈同学看。

销售员："你看看，你可以拿起来自己对比一下，绝对符合你的要求。"

陈同学："我想看看你们这里的迷你型电脑。"

于是销售员马上带陈同学去看，并说："这就是我们的迷你型电脑，虽然这电脑体形小，方便携带，但如果你想要散热功能好点的话，这款就不适合了。"

陈同学："嗯嗯……"

销售员："那你是想要迷你型的还是要你刚才看的那款呢？从我的角度看，我觉得还是你之前看的那款比较适合你，因为那款是我们公司专为学生设计，而且也符合你的要求，在价格上也是蛮合理的。"

陈同学："那就再给我看看之前的那款吧。"

销售员："好的。"

陈同学再一次仔细地看了一遍，问："那你们的这款电脑多少钱啊？"

销售员："并不是很贵，4 000 元。"

陈同学："4 000 元？是不是有点贵啊，刚刚你也说这不是很贵的。"

销售员："的确是，如果你真的有意买我们的电脑，我们会免费送你一个手提包、一副耳机、一套清洁用具、一块保护膜。"

陈同学："你说送我的东西，任何一家卖电脑的都有送啦。"

销售员："那你希望这电脑多少钱，给个价位。"

陈同学："3 500 元吧。"

销售员："那不行，这也有点过低了，不过如果你有学生证，我可以叫店长给你个学生价。"

陈同学："有。"

销售员："好。"

于是销售员叫了店长过来，并帮陈同学做了个登记。

店长："请问你是刷卡还是付现金？"

陈同学："付现金。"

店长："既然你付现金，那我们可以给你再减 50 元。"

陈同学："好的。"

店长："非常感谢你的光顾，若你的电脑以后有什么问题，欢迎随时过来，我们会尽力帮你的。"

陈同学："好的，谢谢！"

（四）费比模式（FABE 模式）

费比模式是由美国俄克拉荷马大学企业管理博士、中国台湾中兴大学商学院院长郭昆漠先生总结并推荐的推销模式。费比是 FABE 的译音，FABE 则是英文字母 Feature（特征）、Advantage（优点）、Benefit（利益）、Evidence（证据）的第一个字母，这四个英文字母表达了费比模式的四个步骤。

第一步，把产品的特征（Feature）详细介绍给顾客。推销人员在见到顾客后，要以准确的语言向顾客介绍产品特征。特征的内容有产品的性能、构造、作用、使用的简易及方便程度、耐久性、经济性、外观优点及价格等。如果是新产品则应更详细地介绍；如果产品在用料或加工工艺方面有所改进，也应介绍清楚；如果上述内容多而难记，推销人员应事先打印成广告式的宣传材料或卡片，以便在向顾客介绍时将其交给顾客。因此，如何制做好广告材料或卡片便成为费比模式的重要特色。

第二步，充分分析产品优点（Advantage）。费比模式的第二步是把产品的优点充分地介绍给顾客。它要求推销人员应针对在第一步中所介绍的特征，寻找出其特殊的作用或者是某项特征在该产品中扮演的特殊角色、具有的特殊功能等。如果是新产品，务必说明该产品开发的背景、目的、必要性以及设计时的主导思想、相对于老产品的差别优势等。当面对的是具有较好专业知识的顾客，则应以专业术语进行介绍，并力求用词精确简练。

第三步，尽数产品给顾客带来的利益（Benefit）。第三步是费比模式最重要的步骤，推销人员应在了解顾客需求的基础上，把产品能给顾客带来的利益，尽量多地列举给顾客。不仅讲产品外表的、实体上的利益，更要讲产品给顾客带来的内在的、实质上的利益；从经济利益讲到社会利益，从工作利益讲到社交利益。在对顾客需求了解不多的情况下，应边讲解边观察顾客的专注程度与表情变化；在顾客表现关注的主要需求方面更要多讲多列举。

第四步，以证据（Evidence）说服顾客购买。推销员在推销中要避免用“最便宜”“最划算”“最耐用”等语句，因为这些词语会令顾客反感而显得无力。因此，推销人员应以真实的数字、案例、实物等证据，让证据说话，解决顾客的各种异议与顾虑，促成顾客购买。

费比模式的突出特点是：事先把产品特征、优点及带给顾客的利益等列出来印在卡片上，这样就能使顾客更好地了解有关内容，节省顾客产生疑问的时间，减少顾客异议的内容。正是由于费比模式具有这一特色，它受到了不少推销人员的推崇，帮助不少企业取得了销售佳绩。

【小案例 1—11】

我：“您好李先生，我是 SOFO 颈部按摩器的推销人员，我叫小斌。”

李：“您好，请坐。”

我：“先生最近生意还好吧？”

李：“还过得去。”

我：“我看有李先生这么能干的老板，生意一定做得好，对于您这样的大忙人，平常都坐办公室，有没有出去做下运动，锻炼锻炼？”

李：“哎，你都看到了，公司里那么多事情要做，哪有时间去锻炼啊。”

我：“这样子啊，那您坐在办公室那么长时间，有没有感到身体有什么不适呢？”

李：“因为每天都坐着，颈部很不舒服，有时连续坐的时间长了，就会有酸痛的感觉。”

我：“噢，李老板，看来我找您找对了，我们现在公司开发了一种颈部按摩器的新产品，对有您这样症状的人非常有效果。”

李：“那你赶紧给我介绍介绍。”

我：“我拿了一个样品来给您看，您看，我们产品的外观是很美的，您看这网，是用高档三明治网布制成的，柔软舒适，又易于散热，把颈部靠在上面非常舒服的，还有这个绷带，弹性十足，不仅可以绑在沙发或者办公椅上，而且还可以绑在车上，还有我们这皮料，使用高档的 PU 皮料制成的，摸上去非常舒服，而且非常容易清洁。”

李：“看上去外观不错，摸着感觉也很好，有什么功效吗？”

我：“这产品对人的颈部的好处多了，它可以深入穴位按摩，促进气血运行，消除肌肉酸痛，还可以恢复肌肉弹性，对于像您这样的大忙人，很少有时间出去锻炼身体，所以把这个产品放在办公椅上真的太合适了，既为您省了时间，也能帮您减缓颈部酸痛的症状。”

李:“听起来真的不错,那么这产品散热怎么样? 我之前用过的产品散热功能很差,使用的时间长了就发烫。”

我:“这个您绝对可以放心李先生,我们用的高档三明治网布就是为了加强机器的散热功能的。”

李:“第一次听说你们的产品,不知你们的质量如何,信不信得过。”

我:“李老板,您绝对可以放心,我们公司在网上有专门的官方旗舰店,销量是非常好的,很多顾客都给我们好评,所以您绝对不用担心质量的问题。”

李:“这么好的产品,价钱一定不便宜吧。”

我:“现在我们公司做产品促销活动,原价 499 元的现在只要 249 元。”

李:“那好,给我来一个,如果好用我就多买几个给我公司员工用。”

我:“好的,感谢您,这是您要的产品,一共 249 元。”

收完钱后。

我:“感谢您的光顾,那我就先不打搅您啦,欢迎您再次购买我们的产品,再见。”

李:“再见。”

(五)吉姆模式(GEM 模式)

吉姆模式旨在帮助培养推销人员的自信心,提高说服能力。其关键是“相信”,即推销人员一定要相信自己所推销的产品(G),相信自己所代表的公司(E),相信自己(M)。

1. 相信推销品

推销人员应对推销品有全面、深刻的了解,同时要把推销品与竞争产品相比较,看到推销品的长处,对其充满信心。而推销人员对产品的信心会感染顾客。

2. 相信自己的企业

要使推销人员相信自己的企业和产品,企业和产品的信誉是基础。而信誉是依靠推销人员与企业的全体职工共同创造的。企业和产品的良好信誉,能激发推销员自信和顾客的购买动机。

3. 相信自己

推销人员要有自信。推销人员应正确认识推销职业的重要性和自己工作的意义,以及未来的发展前景,使自己充满信心,这是推销成功的基础。

总之,推销人员在推销过程中应深入研究顾客对推销的心理认识过程,同时十分注重自己的态度与表现,才能成功地进行推销。

任务训练

一、模拟训练

1. 自我推销训练

要求:简明扼要,突出自己的个性和特点。

实施:课后准备,在全班进行 3 分钟自我介绍。

2. 爱达模式情景模拟

要求:能够初步掌握爱达模式。

实施：

(1)将全班同学以 4～6 人分成不同的项目小组，每个小组模拟一个销售团队。

(2)每个小组用爱达模式来设计推销情景。

(3)在班级进行推销模拟表演。

项 目 二

推销准备

任务1 推销素养准备

知识目标

- 了解销售人员的职责
- 熟悉销售人员应具备的素质
- 掌握销售人员应具备的能力

能力目标

- 能够对照销售人员的素质和职业能力要求，制订个人的职业能力提高计划

任务引入

毕业生王涛经过激烈的竞争，凭借自己的实力，最后被爱科环保科技有限公司录用。爱科环保科技有限公司是一家从事空气污染治理、净化系列产品研发、生产、销售为一体的专业技术型公司，公司通过引进吸收国际先进技术，掌握了室内环境污染治理净化的诸多前沿技术，成功地开发出一批高技术含量的绿色环保产品。公司总部在深圳，全国各地都设立了销售分公司。王涛被分配在广州分公司从事销售工作，他很喜欢推销工作，也很想把推销工作当作自己的事业来做，但他不知道作为一个新入职的销售人员应该具备哪些方面的职业素养？应该从哪些方面提升自己的职业素质与能力？怎样才能成为一个优秀的销售人员？他为此非常苦恼。

任务分析

销售人员是推销活动的主体，是联系企业与顾客的桥梁和纽带。对企业来说，销售人员是企业的火车头，如果把企业比作一列火车，那么，这列火车行驶速度的快慢则取决于销售人员。

对顾客而言,销售人员就是企业形象的象征。王涛作为一个刚刚进入推销队伍的新人,首先要做的工作就是培养自己良好的职业素质和能力,为今后的推销工作做好准备。

如何做好推销素养的准备工作呢?王涛面临的任务主要有:

1. 了解销售人员的职责。

2. 明确销售人员应该具备的素质,并结合自己的实际情况,分析自己是否具备这些素质,在今后的工作中需要加强哪些方面的素质训练。

3. 明确作为销售人员应该具备的职业能力,并结合自己的实际情况,检查自己还欠缺哪些方面的能力。

相关知识

一、销售人员的职责

由于推销对象的差别,对销售工作和销售人员的要求不同,销售人员的具体活动也不尽一致,但一些基本的销售工作是绝大多数销售人员都应该完成的,属于销售人员的职责。

(一)收集资料,传递信息

销售人员应及时准确地向消费者传递有关企业、商品和劳务的信息。销售人员在实际推销过程中必须先收集有关的信息资料,包括有关本企业产品销售、竞争对手和市场现状及发展趋势等;必须了解和掌握与销售工作密切相关的信息和资料(如企业的基本销售目标、经营方式、信贷条件和交货期限等);必须掌握有关产品的全部知识等,以便在适当的时间和地点向顾客推销商品时,能向顾客说明购买和使用本企业产品所能得到的效益及产品的售后服务情况,并做好示范,启发购买。与此同时,销售人员还应随时收集市场信息资料,如市场的需求状况及其发展变化趋势、目标顾客的具体情况、顾客对企业产品的评价和意见、竞争对手的产品与本企业的区别、竞争对手的市场营销战略和战术等,这些信息要及时准确地收集并反馈给企业的决策者,为决策者提供决策的依据。

【小案例 2—1—1】

1973 年,扎伊尔发生叛乱。这件事对远在日本东京的三菱公司来说,似乎并无多大关系。

但三菱公司的经理们却认为,与扎伊尔相邻的赞比亚是世界重要的铜矿生产基地,对此不能掉以轻心,于是命令情报人员密切关注叛军动向。

不久,叛军向赞比亚铜矿转移。

接到这一情报后,他们分析交通将因此而中断,此举势必会影响世界市场上铜的价格。

当时,世界铜市场对此毫无反应,三菱公司趁机买进一大批铜,待价而沽。

时隔不久,果然每吨铜价上涨 60 多英镑,三菱公司转手之间赚了一大笔钱。

当时的三菱在 128 个国家建有 142 个分支机构,雇员多达 3 700 多名。其情报中心每天接收到世界各地发回的电报 4 万份,电话 6 万多次,邮件 3 万多件。每天的电信电报纸可绕地球 11 圈。

(二)销售产品,开拓市场

推销商品是销售人员的主要职责,也是推销工作的核心。这项职责要求销售人员通过与购买者的直接接触，争取引起购买者的注意和兴趣，促进购买者的购买欲望；利用提供产品鉴定证明、示范使用产品、请购买者亲自试用产品等方法，以取得顾客信任；善于正确处理反对意见；运用其推销艺术，分析解答客户的疑虑，最终达成交易。

寻找目标市场与开拓新的市场，是销售人员的主要工作，也是销售人员的职责。销售人员不仅要了解和熟悉现有客户的需求动态，还要能够寻求新的目标市场，发展潜在客户，从事市场开拓工作。为此，销售人员必须具有相当的开拓能力、善于发现机会，能够成功地找出潜在客户，并通过真诚的工作将产品推销给顾客。

(三)跟踪顾客，提供服务

商品推销活动的过程也是为顾客提供服务的过程，服务包括售前服务、售中服务和售后服务。做好服务工作是增加产品价值，提高产品竞争力的重要手段。销售人员除了直接的销售产品外，还应该为顾客提供业务咨询、技术性协助、融资安排、准时交货等服务。

销售人员将产品推销出去，并不是推销工作的结束。顾客购买商品并使用后，会对商品有一定的评价，这些评价会直接影响到企业及产品的声誉，关系到企业的未来及产品的市场生命。在产品销售出去以后，销售人员还必须与顾客保持经常的联系并继续为其服务，进行定期回访，进行节日问候等；定期了解顾客对产品的意见和建议，并采取改进措施，充分履行安装、维修、退货等服务方面的保证。推销成功后，能否保持和重视与顾客的联系，是推销活动能否持续发展的关键。

【小案例 2—1—2】

甘道夫是全美十大杰出业务员，历史上第一位一年内销售超过10亿美元的寿险业务员，被称为“世界上最伟大的保险业务员”。甘道夫在全美50个州共服务了超过1万名客户，从普通工人到亿万富豪，各个阶层都有。

甘道夫说：“你对你的客户服务越周到，他们与你的合作关系就会越长久。不管你推销的是什么，这个法则都不会改变。”

优质的服务可以排除顾客可能有的后悔感觉。大部分顾客喜欢在买过东西后，得到正面的回应，以确定他们买了最正确的产品。

每当完成一笔交易时，甘道夫总会寄上答谢卡给他的客户，即使是最富有的客户。甘道夫有许多富有的客户，他们什么都不缺，然而，他们仍然喜欢收到这些卡片。大部分客户每年都会收到生日卡片，甘道夫总会在生意促成时，记住客户的生日，然后在适当时的机寄上一张卡片。

此外，每当客户向他买保险一周年时，甘道夫就会亲自登门拜访。作为一名保险销售人员，他会详细记住客户的资料，比如亲戚尚在或已故，结婚或离婚，企业的经营状况等。此外，他还会寄给某位客户可能对其有用的杂志或报道。

(四)沟通信息，树立形象

销售产品是销售人员的首要任务，但并不是唯一的任务，因为销售任务是长期的，信息沟通的目的就是为了促进长期销售。推销活动实际上就是销售人员与顾客双方的双向信息沟通过程，沟通交往的意识实质上也可以说是销售人员的一种现代信息意识。推销一方为了吸引更多的客户，让更多的顾客接受自己的产品，就需要构建一个信息交流的网络，一方面在推销过程中收集社会各界和广大用户的意见、评价和建议，做到“外情内达”；另一方面作为企业的代言人，销售人员需要运用各种传播媒介和传播手段向外界准确及时地传递有关产品信息，做到“内情外达”。因此，这就要求推销者掌握信息传播的基本规律和方式，具备熟练的传播沟通的技巧。

销售人员在与顾客沟通过程中，其一言一行、一举一动都代表着产品形象和企业的形象，销售人员的素质和专业水平是顾客判断企业形象最直接的标准和依据。企业形象的好坏对企业的销售业绩有着关键性的影响。因此，销售人员要时刻记住宣传企业的形象，处处维护企业的形象，不要为一时的小利而损害企业的形象。

塑造形象的意识是整个现代推销意识的核心。良好的形象和信誉，是企业的一笔无形资产。具有强烈的塑造形象意识的销售人员，清醒地懂得用户的评价和反馈对于自身工作的极端重要性，他们会时时刻刻像保护眼睛一样维护企业的声誉和形象。

【小案例 2—1—3】

乔·吉拉德把所有新近认识的人都视为自己潜在的客户，对于这些潜在的客户，他每年大约要寄上 12 张贺卡，每次均以不同的色彩和形式投递，并且在信封上尽量避免使用与他的行业相关的名称。

1 月份，他以一幅精美的喜庆气氛图案作为贺卡封面，同时配以“恭贺新禧”几个大字，下面是一个简单的署名：“雪佛莱轿车，乔·吉拉德上。”此外，再无多余的话，也绝口不提买卖的事。

2 月份，贺卡上写的是：“请您享受快乐的情人节！”下面仍是简短的署名。

3 月份，贺卡写的是：“祝您巴特利库节快乐”，巴特利库节是爱尔兰人的节日。也许你是波兰人或是捷克人，但这都无关紧要，关键是他不忘向你表示节日的祝福。

然后是 4 月、5 月、6 月……

不要小看这几张小小的贺卡，它们所起的作用并不小。不少客户一到节日，往往会问夫人：“过节有没有人来信？”

“乔·吉拉德又寄来一张卡片！”

这样一来，乔·吉拉德每年就有 12 次机会把名字在愉悦的气氛中带到每个家庭。

乔·吉拉德从没说一句：“请你们买我的汽车吧！”但这种不讲推销的推销，反而给人们留下了最深刻、最美好的印象。等到他们打算买汽车的时候，往往第一个想到的就是乔·吉拉德。

二、销售人员应具备的素质

据美国有关资料显示，超级销售人员比普通销售人员的业绩高出 300 倍。一般来说，销售人员的业绩分布呈正态分布，大体是 2∶6∶2，即在所有销售人员中，业绩很好的占 20%，业绩一般的占 60%，业绩很差的占 20%。那么，是什么原因导致在环境、产品等外部条件差不多的情况下，销售人员的业绩差异呢？实践证明，在环境、产品等外部条件区别不大的情况下，推销业绩的显著差距主要是由销售人员自身素质的差异造成的。杰出的销售人员自有他的杰出之处，有了优秀的素质，才可能有优秀的推销业绩。

【小资料 2—1—1】

优秀的销售人员究竟是一些什么样的人呢？第一，优秀的销售人员与长相无关，推销成功的人并不是长得漂亮的人；第二，优秀销售人员也并不都是学历高的人，如日本“推销之神”原一平只有小学毕业；第三，优秀销售人员也不分年龄大小，如李嘉诚17岁干推销即创出优异成绩，齐藤竹之助57岁干推销，7年后就创出世界第一的业绩；第四，优秀销售人员也和性格是否内向外向无关。如美国年销售额达10亿美元的乔·坎多尔弗是典型的内向性格的人，他形容自己是“嗫嗫嚅嚅，见人低头不敢高声说话”。许多人认为优秀的销售人员是吃苦耐劳的人，这种认识不错，但一位推销专家告诫：“勤奋的双脚要走在正确的道路上。”

所谓销售人员的素质，是指销售人员胜任推销工作的综合能力，它包括销售人员应具备的思想素质、文化素质、心理素质和身体素质。

(一)思想素质

1. 热爱推销工作，有强烈的推销意识

现代销售人员最首要的思想素质就是热爱自己所从事的推销工作，有强烈的推销意识。所谓推销意识，是一种时刻具备强烈的达成交易的潜在心理。只有热爱本职工作，才会有内在驱动力，才会感受到工作的意义，才会用饱满的热情感染顾客。一位专家说，“所有优秀的销售人员都有一个共同点：有成为杰出之士的无尽动力。”这种强烈的内在动力可以通过锤炼和磨炼形成，但却是教不会的。日本企业界曾经做过调查，得出这样的结论：成绩差的销售人员都是因为不爱自己的职业，或不爱自己的企业或不爱自己所推销的商品，总之是因为缺乏内在动力而造成的；成绩好的销售人员都有一个共同的特点，即爱企业、爱工作、爱推销的商品。《哈佛商业评论》杂志高度概括地将最优秀销售人员的素质精炼成两条：能够设身处地地感受到顾客的感受；自发地促成交易的强烈愿望与信心。

【小案例2—1—4】

松下幸之助小时候家境贫寒，9岁那年，因无钱上学，母亲送他到大阪的一家火盆店当小伙计。松下到大阪独立生活后不久，火盆店倒闭了，他转到自行车店当学徒。少年松下勤奋、诚实，做事肯动脑筋，受到老板和大师傅们的喜爱。但是，由于他年纪小，老板只让他干杂活，从不让他做“重要的”事情。松下一边打杂，一边留心学手艺。师傅们干技术活时，他看在眼里，记在心上，进步很快。就这样干了好几年。

当时，店里最重要的事情是推销自行车。那时，一部自行车的价格，按个人收入比例折算，比现在一辆小轿车的价格还贵。这样昂贵的东西怎能委托一个孩子去推销呢？然而，少年松下渴望推销。每当老板或大师傅们向顾客推销自行车的时候，他总是羡慕地站在一旁，认真地看着，听着。他梦想自己有一天也能推销自行车。

机会终于来了。一天，一位富商派人到店里来，打算买一辆自行车。富商急于想看货，大师傅们都不在，老板只好对15岁的松下说：“你去试试吧。”这真是天赐良机，少年松下兴奋极了。他振奋精神，吃力地背起一辆自行车(那时自行车交货前不准骑行)，信心十足地送到富商家。

见到买主后，少年松下立即尽一切所知，不厌其烦地介绍自行车的性能和优点。虽然他平时留心记住了师傅们对顾客说的话，但由于是第一次实践，所以说起来很费劲，讲话结结巴巴。不过，他的满腔热情始终洋溢在整个推销过程中。

好不容易才讲完，最后，他鞠了一躬，有礼貌地对富商说：“这是品质优良的自行车，请您买下吧，拜托了！”

那位富商面带微笑听完少年松下吃力的介绍后，抚摸着他的头说：“真是个热心可爱的好孩子。好吧，我决定买下了，不过，要打九折。”在当时，讨价还价、买商品打折扣是习以为常的事。少年松下立即点头答应了。松下的推销梦想实现了。当他欣喜若狂，飞也似的跑回店里向老板报告这一“好消息”时，谁知老板立即变了面孔，板着脸说：“谁叫你以九折出售的？你再去买主家，告诉他，只能减价5%。”一瓢凉水浇到了满腔热情的松下头上，他一下子惊呆了，心里充满了委屈。他想，以前店里不止一次以九折出售自行车，为什么他不能用这个价格推销自行车呢？但是，学徒是没有资格与老板论理的。

老板的命令不能违抗，但要松下改变承诺，到买主那里去讨价，也实在难以启齿。他只好嗫嗫嚅嚅地请求老板答应以九折出售。说着说着，泪水夺眶而出，一时难以抑制，竟然放声大哭起来。

这样一来，老板也不知如何是好，因为他面对的毕竟是一个孩子。

这时，富商等得不耐烦了，他派人来了解了情况后说：“即使只减价5%，也买定了。只要这个孩子仍在这家店里，我以后绝不到别的店里买自行车。”

一个只读了四年小学的少年，第一次尝试推销，不仅把货物推销出去了，而且还订下了“继续购买”的口头合同，这个成绩是了不起的！

2. 高度的工作责任感

推销工作是一项崇高的职业，销售人员是企业利润的实现者，是顾客的良师益友，是企业的形象代表。销售人员必须具有高度的责任感，才能想方设法为顾客排忧解难，千方百计完成销售任务；才能在推销活动中处处维护企业的形象，与顾客保持融洽、良好的关系，不会因个人利益而损害顾客利益。只有具备高度的责任感，才能正确处理好社会、企业与顾客的关系。在当今市场条件下，商品供应充足，卖者之间竞争激烈，销售人员要想赢得顾客，不仅要向顾客提供满意的产品，而且必须切实树立为顾客服务的思想，视顾客为“衣食父母”，在行动上要设身处地为顾客着想。因此，销售人员必须有一种强烈的责任心，才能做好推销工作。

3. 良好的道德品质

推销活动是一项塑造形象、建立声誉的崇高事业。它要求从业人员必须具有优秀的道德品质，诚实严谨、恪尽职守的态度和廉洁奉公、公道正派的作风。良好的道德素养是现代企业销售人员必备的一个基本条件。销售人员多是单独行动，经常在一种无人管束状态下工作，又多与钱财打交道，因此，销售人员必须有良好的职业道德，有自我约束力。

现代推销是说服推销而不是欺骗推销。因此，推销的第一原则就是诚实。只有以真诚的态度与顾客接触，才能使顾客对销售人员产生信赖。诚实也是赢得顾客好感的最好方法，顾客都希望自己的购买决策是正确的，希望从交易中得到好处和利益，害怕蒙受损失，当顾客觉察到销售人员说谎、故弄玄虚时，出于对自己利益的保护，就会对交易活动产生戒心，结果可能使销售人员失去生意。

【名人名言】

“诚实是推销之本。”

——乔·吉拉德，推销大王

【小案例2—1—5】

唐纳德·道格拉斯在创业初期，十分希望东方航空公司能购买他制造的首架喷气式飞机。

为此，他专程去拜访东方航空公司总裁雷肯巴克。

雷肯巴克告诉他：这种新型的DC-8型喷气式客机能够同波音707抗衡，可是DC-8喷气式客机同波音707一样，噪音都太大。

因此，雷肯巴克说，如果道格拉斯能保证降低噪音，他就能击败竞争对手取得订单。

道格拉斯同工程师经过认真研究后，再次去见雷肯巴克，第一句话就说："说实话，先生，我不能确保噪音降低。"

"我也不能。"雷肯巴克说，"但我很想知道的是，你是不是可以对我诚实无欺。"

接着，雷肯巴克告诉道格拉斯："你现在得到了1.65亿美元的订单，请着手建造飞机，试着把引擎的噪音降低吧！"

4. 百折不挠的进取精神

推销活动以人为工作对象，而人的心理和需求又是复杂多变的，这就使得推销工作具有很大的难度。加之，相对于企业的其他工作来说，推销是一种相对比较自主和自由的职业，销售人员可以自主选择推销对象，自由地开展推销活动，所以受到的约束最少，全靠自己的自觉性。因此，推销工作需要销售人员必须具备百折不挠的进取精神和坚忍不拔的毅力。在现实生活中，为什么条件基本相同的销售人员，有些人业绩平平，而有些人却出类拔萃？这与销售人员的个人努力和进取精神有很大关系。在推销活动中，只要有1%的成功可能性就要用100%的行动去争取，这就是百折不挠的精神在推销活动中的体现。

【小案例2—1—6】

吉拉德在《北美日报》上班时，要求报社安排他当广告业务员，不支薪水，只从广告费中抽取佣金。办公室里所有的人都认为他必定会失败，因为这种推销工作需要最出色的推销才能。

吉拉德回到自己的办公室，拟出一份名单，列出他打算去拜访的客户类别。然后，他开始逐一拜访这些客户。在去拜访这些客户之前，吉拉德走到公园，把名单上的客户念了100遍，然后对自己说："在本月之前，你们将向我购买广告版面。"

第一天，他和15个"不可能的"客户中的两个人达成了交易。在第一个星期的剩下几天中，他又做成了5笔交易。到了那个月的月底，他与名单上的14个客户达成了交易，只剩最后一位。

在第二个月里，他没有做成任何交易，他除了去继续拜访那最后一位坚决不登广告的客户之外，再没有去拜访任何新客户。那家商店一开门，他就进去请那位商人登广告，而每天早晨那位商人一定说："不。"那位商人却是不打算购买任何广告版面，但吉拉德却坚持不懈。每一次，当那位商人说"不"时，吉拉德就假装没有听到，而是继续前去拜访。到了那个月的最后一天，对这位坚持不懈的年轻人连续说了29天"不"的那位商人说话了。他说："年轻人，你已经浪费了一个月的时间来求我买你的广告版面，我现在想知道你为什么这样浪费你的时间？"

吉拉德回答说："我没有浪费我的时间，我是在上学，而您就一直是我的老师，我一直在训练自己的自信心。"

愣了一会儿，这位商人说道："我也要向你承认，我也等于是在上学，而你就是我的老师。你教会了我坚持，对我来说，这比金钱更有价值。为了向你表示我的感谢，我要向你订购一个广告版面，当作是我付给你的学费。"

（二）文化素质

推销工作是一项极富挑战性的工作，销售人员除了具备过硬的思想素质外，还要具有较宽广的知识结构和文化素质。销售人员需要接触众多的顾客，而顾客的心态和想法各不相同，在推销活动中，销售人员必须在较短的时间内迅速做出判断和分析，从而确定推销的方式和技巧。销售人员具备的文化知识越丰富，推销成功的可能性就越大。

（三）心理素质

心理素质渗透在人们的各种活动中，影响着人们的行为方式和活动质量。从推销的角度讲，心理素质是指销售人员在推销过程中应具备的心理品质。销售人员成天与人打交道，要经受无数次的挫折与打击，要应付形形色色的推销对象，必须加强心理训练，培养正确的推销态度和心理品质。根据美国有关研究机构的抽样调查表明，销售业绩优秀的人群与销售业绩一般的人群之间的平均智商值是基本相当的，而反差最大的是心理素质，即销售业绩优秀人群的心理素质大大高于销售业绩一般的人群。可见，导致销售业绩好的主要原因并不是头脑聪明，而是良好的心理素质。良好的心理素质是指有很强的抵抗挫折的能力，遇到困难与失败时，能保持情绪稳定，以高昂的精神状态去面对环境的压力。

良好的心理素质是对销售人员的第一要求。推销是最容易遭遇挫折的职业，销售人员经常会受到冷落、拒绝、嘲讽、挖苦、打击与失败，每一次挫折都可能导致情绪的低落，意志的消沉，最终影响业务的拓展，或者干脆退出竞争。在市场竞争激烈的环境中，销售人员若没有良好的心理素质，无论其他各方面的条件多么好，也难以完成销售任务。

销售人员应具备的心理素质包括以下内容：

1. 信心

【名人名言】

“信心是销售人员胜利的法宝。”

——乔·吉拉德

自信是推销成功的第一秘诀，相信自己能够取得成功，这是销售人员取得成功的必要条件。销售人员的信心，就是销售人员在从事推销活动时，坚信自己能够取得推销成功的心理状态。信心是人办事的动力，信心是一种力量，推销是与人交往的工作。在推销过程中，销售人员要与形形色色的顾客打交道，要说服顾客，赢得他们的信任和欣赏，就必须坚信自己的能力，然后信心百倍地去敲顾客的门。如果销售人员缺乏自信，最终会一无所获。

信心会使你更有活力，要相信公司，相信公司提供给消费者的是最优秀的产品，要相信自己所销售的产品是同类中最优秀的，相信公司为你提供了能够实现自己价值的机会，相信你是能够做好自己的销售工作的。

相信自己的产品，相信自己的企业，相信自己的推销能力，相信自己肯定能取得成功。这种自信，能使销售人员发挥出才能，战胜各种困难，获得成功。

【小案例 2—1—7】

2001 年 5 月 20 日，美国一位名叫乔治·赫伯特的销售人员，成功地把一把斧子推销给了布什总统。布鲁金斯学会得知这一消息后，把刻有“最大销售员”的一只金靴子赠予了他。这是自 1975 年该学会的一名学员成功地把一台微型录音机卖给尼克松以来，又一学员获此殊荣。

布鲁金斯学会创建于1972年，以培养世界上最杰出的销售人员著称于世。它有一个传统，在每期学员毕业时，设计一道最能体现销售人员能力的实习题，让学生去完成。克林顿当政期间，他们出了这么一个题目：请把一条三角裤推销给现任总统。8年间，有无数个学员为此绞尽脑汁，可是，最后都无功而返。克林顿卸任后，布鲁金斯学会把题目换成：请把一把斧子推销给布什总统。

鉴于前8年的失败与教训，许多学员知难而退。个别学员甚至认为，这道毕业实习题会和克林顿当政期间一样毫无结果。然而，乔治·赫伯特却做到了，并且没有花多少工夫。一位记者在采访他的时候，他是这样说的：我认为，把一把斧子推销给布什总统是完全可能的，因为布什总统在得克萨斯州有一农场，那儿种了许多树。于是我给他写了一封信，说，有一次，我有幸参观您的农场，发现种着许多矢菊树，有些已经死掉，木质已变得松软。我想，您一定需要一把小斧头，但是从您现在的体质来看，小斧头显然太轻，因此您仍然需要一把不甚锋利的老斧头。现在我这儿正好有一把这样的斧头，很适合砍伐枯树。假若您有兴趣的话，请按这封信所留的信箱，给予回复……最后他就给我汇来了15美元。

乔治·赫伯特成功后，布鲁金斯学会在表彰他的时候说，金靴子奖已空置了26年。26年间，布鲁金斯学会培养了数以万计的销售人员，造就了数以百计的百万富翁，这只金靴子之所以没有授予他们，是因为我们一直想寻找这么一个人：这个人从不因有人说某一目标不能实现而放弃；从不因某件事难以办到而失去自信。

乔治·赫伯特的故事在世界各大网站公布之后，一些读者纷纷搜索布鲁金斯学会，他们发现在该学会的网页上贴着这么一句格言：不是因为有些事情难以做到，我们才失去信心，而是我们失去了信心，有些事情才显得难以做到。

2. 诚心

凡事要有诚心，心态是决定一个人做事能否成功的基本要求，作为一个销售人员，必须抱着一颗真诚的心，诚恳对待客户，对待同事，只有这样，别人才会尊重你，把你当作朋友。销售人员是公司形象和企业素质的体现，是连接企业与社会、消费者和经销商的枢纽，销售人员的言行举止直接关系到公司的形象。无论你从事哪方面的业务都要用一颗真挚的诚心去面对你的客户、你的同事、你的朋友。待人以诚，可以获得他人的信赖和爱心，他们会帮助你获得事业的成功。

【小案例2—1—8】

日本著名企业家江口出身贫寒，20岁时在一家机器公司当销售人员。有一段时期，他推销机器非常顺利，半个月内就同43位顾客做成了生意。一天，他偶然发现他正在卖的这种机器比别家公司生产的同样性能的机器贵一些。他想：假如客户知道了，一定以为我在欺骗他们，会对自己的信用产生怀疑。深感不安的江口立即带着合约和订单，整整花了5天的时间，逐个拜访客户，如实向客户说明情况，并请客户重新考虑。

这种诚实的做法使每个客户都很感动。结果，43个客户中没有一个解除合约，反而都成了他更加忠实的客户。

3. 爱心

【名人名言】

只要你能真心实意地爱你的顾客，他们就不会让你失望。

——乔·吉拉德

在推销的时候，只要你有足够的爱心，就可以成为全世界最有影响力的人。热爱生活，热爱社会，热爱顾客，热爱自己所从事的推销工作。爱心就是要有一颗火热的心，热情地关心和帮助他人。真诚待客，热情服务，这正是推销精神的一大支柱。爱心意味着与人为善、友爱、关心、尊重、真诚、友谊、理解、帮助、生机、活力、微笑等，所有这些，都是赢得顾客好感的因素。爱心可以使销售人员结交更多的朋友，创造和谐的推销气氛，赢得顾客的信任和好感，创造出良好的业绩。

【小案例 2—1—9】

有一位销售人员经常去拜访一位老太太，打算以养老为理由说服老太太购买股票或者债券，为此，他经常与老太太聊天，陪老太太散步。经过一段时间，老太太就离不开他了，常请他喝茶，或者和他谈些投资的事项。然而不幸的是，老太太突然死了，这位先生的生意也泡汤了，但他仍然前往参加老太太的葬礼。当他抵达会场时，发现竞争对手公司也送来两只花圈，他很纳闷："究竟是怎么一回事呢？"

一个月后，那位老太太的女儿到这位先生服务的公司拜访他。原来她就是另一家证券公司某分支单位的经理夫人。她告诉这位先生："我在整理母亲遗物时，发现好几张您的名片，上面还写了一些十分关怀的话，我母亲很小心地保存着。而且，我以前也听母亲提起过您，仿佛与您聊天是生活的快事，因此，今天特地前来向你致谢，感谢你曾如此鼓励我的母亲。"

夫人深深鞠躬，眼角好象噙着泪水，又说："为了答谢您的好意，我瞒着丈夫向你购买贵公司的债券……"然后拿出 40 万元现金，请求签约。对于这突如其来的举动，这位先生大为惊讶，一时竟无言以对。

这个例子犹如梦境一般，却是发生在推销界千真万确的事情。它告诉我们：爱心是销售人员与顾客彼此沟通的桥梁。

4. 耐心

一个没有耐心的销售人员要推销成功是很困难的，因为一个没有耐心的销售人员一遇到困难就会想到放弃，而放弃正是推销的大敌。推销是一条漫长又艰辛的路，不但要时时保持十足的冲劲，更要秉持一贯的信念，自我激励、自我启发，才能坚持面对重重难关。

在销售过程中处处都需要耐心，每天要拜访很多的客户，要填写很多的报表，有人说：销售工作的一半是用脚跑出来的，一半是动脑子得来的。要不断去拜访客户，去协调客户，甚至跟踪客户，提供服务。这些工作绝不是一帆风顺的，会遇到很多困难。因此，销售人员要有耐心，要有百折不挠的精神，要有坚强的意志力。只有这样才能做好销售工作。

5. 热诚

热诚是全世界推销专家公认的一项重要的人格特征。热诚即强烈的成就动机，发自内心地对事业的热爱、真诚。热诚就是燃烧自己，发出足够的热量，让客户随时吸取；热诚就是替人着想，凡事多替别人着想，尽量去帮助别人，给人方便；热诚就是热爱工作，充满自信，热情洋溢，依靠自己的信念来推销产品；热诚就是把“推销”本身当作一种事业，真正投身于其中，去认真地了解市场需求、揣摸顾客心理。

赞美客户是表现热诚的主要方法，但赞美要恰到好处，掌握好赞美的分寸，一要真诚，二要把握时机。

【小资料 2—1—2】

日本推销专家古河长次郎认为，一名成功的销售人员应领会“低、赏、感、微”四个字。

“低”，就是低姿态，即谦虚的意思。常言道：礼多人不怪，销售人员在行礼时，头越低，越谦虚，成功的比率越高。尤其在处理顾客的抱怨时，你低头道歉，顾客自嘴里吐出的子弹（咆哮）也就越头而过，不仅伤害不到你，反而会对你产生好印象。

“赏”，就是赞美词。美国人际关系专家卡内基曾说：销售人员赞美顾客的话应当像铃铛一样摇得叮当响。古河长次郎将自己多年的工作经验，自编了600套赞美词，在不同的场合中赞美顾客。如他看到顾客的小男孩，就弯下腰和小孩一般高，一边摸小孩的头（最好摸两圈半），一面说：好聪明呀，将来必像你爸爸一样做大生意。如果是小女孩，则说，好漂亮呀，长大一定跟妈妈一样是个美人儿。推销要先开启顾客的心，而赞美词就是一个“开心”的特效药。

“感”，就是感谢词，如谢谢您。古河长次郎认为中文的“谢谢您”是最动听的词，销售人员要常说谢谢您，并且一面说，一面要面带微笑，注视对方。谢谢您，发自内心的这么一句短短的话，会让你受用无穷。

“微”，就是微笑。古河长次郎说，销售人员训练的第一课就应当是微笑，每天要对着镜子练习。日本一位销售人员，在家中的厕所里安装一面镜子，在上厕所时也要对着镜子练习微笑。推销工作不适合绷着脸的哲学博士，而适合那些虽然只有初中、高中学历但脸上始终阳光灿烂的人。

（四）身体素质

推销工作既是一项复杂的脑力劳动，也是一项艰苦的体力劳动。推销工作的性质决定了销售人员必须经常外出推销，并携带样品、产品说明书等资料；有时还要日夜兼程，工作时间长，劳动强度大；一些工业品的推销，还需要销售人员进行安装、操作、维修等体力劳动；与形形色色的顾客打交道，更是费神费力的过程，需要充沛的精力做保证。因此销售人员仅具备了过硬的思想素质和文化素质，没有健康的体魄和旺盛的精力，也是难以胜任推销工作的，知识再渊博，还是要身体力行。强健的身体是推销事业成功的基础和重要保证。推销是一项十分辛苦的工作，特别是在工作中遇到困难和挫折时，心理压力和工作艰辛所带来的身心疲惫是常人难以体会的。还有，销售人员每一次交易的完成都是拜访多名顾客的结果，要付出心理上、体能上的大量消耗。因此，销售人员必须具有健康的身体、充沛的精力，这样才能胜任推销工作。

三、销售人员的职业能力

销售人员具备了一定的思想素质、文化素质、心理素质与身体素质只是具备了做一名好的销售人员的基本条件，要想成为一名成功的销售人员，还必须具备一定的职业能力。

（一）良好的语言表达能力

语言表达能力包括口头表达能力和文字表达能力两种。两者虽有相通之处，却并不是一回事。文笔流畅、才思敏捷的人未必就能出口成章,有的人擅长动笔,写起文章洋洋洒洒,一挥而就,但不习惯于动口,说起话来不仅词不达意,甚至结结巴巴,让人丈二和尚摸不着头脑;而有的人口齿清爽,讲话时口若悬河,有板有眼,但写起文章来就不那么得心应手了。因此,销售人员需要口头表达和文字表达两者俱佳才行。

【小案例 2—1—10】

乔治买了一块地皮,与建筑商签订了建房合同并准备择期开工。恰在这时,公司决定派乔治出国工作,而且要求尽快启程。于是,乔治找到了建筑承包商,打算中止建房合同。这位建筑承包商并没有以签了合同为理由,一口回绝,而是委婉地指出:建房是您一生中很重要的一项决策,应该仔细考虑一下再做决定也不迟。然后,建筑承包商与乔治一起讨论解除合同是否划算的问题,并且说现在施工材料价格和施工费都比较合算,而且可以在乔治出国这一时间内高质量的盖好房子。乔治也经过认真考虑后,接受了承包商的意见,表示愿意继续执行合同。

建筑承包商为了达到自己的目的,并没有就乔治提出的中止合同一事提出自己的看法,而是采取了非常艺术的表达方式,以何时建房划算这一题目进行诱导,说服了乔治。

(二)敏锐的观察能力

所谓敏锐的观察能力就是善于观察顾客心理活动的能力,或善于站在顾客立场上思考问题的能力。销售员敏锐的观察力对销售成功是至关重要的。很多销售人员的第一堂课就是学会"看"市场,这个看不是随意的浏览,而是用专业的眼光和知识去细心观察,通过观察发现重要的信息。例如到卖场逛逛一般人可能知道什么产品在促销,什么产品多少钱,而专业的销售人员可以观察出更多信息。现代推销是说服推销而不是欺骗推销。

【小案例 2—1—11】

一名软件系统的销售员,他向客户报价 100 万元,客户还价到 70 万元,但客户还过价以后,很快就站起来到处去找他的笔,销售员就应该感觉到:客户到处找笔很有可能是掩盖内心的慌乱,这说明客户对报价 70 万元并不具有很强的信心,客户真实的想法是认为报价太低了。

一名销售员和一个客户在谈生意,客户突然提出换一个更为正式的会议室谈,这个变化常常意味着客户的购买倾向加强。

【小案例 2—1—12】

一名人寿保险员与 7 个朋友一起在一家军官俱乐部共进午餐。就座者当中有一个是他的竞争对手:其他大多是企业家和专业人员。进餐期间,我们的这名保险员特别注意聆听这一小群人闲聊的每一句话,因为在他看来,他们的每一句话有可能隐含着一个有价值的可能买主的线索。一位妇人提到,她正与其他两个人合伙准备进行一次新的冒险。保险员的脑子里立刻联想到这家新公司的高级主管需要进行"重点人物"保险。另一个人谈到他刚得了一对双胞胎,这就是说,他的责任加大了他进行保险的需要。还有一个人用了很长时间讲他的孙子孙女,他为他们感到异常自豪。这样,此人就很可能会为他的孙子孙女购买人寿保险。由于这名保险员从这些随随便便的谈话中收集到了信息,他便在后来做成了两笔大买卖。而坐在同一餐桌前的他的竞争对手显然没有觉察到那些人的话对寻找可能买主的意义。

有一位颇有成效的销售人员,不仅善解人意,而且敏感性很强,能准确地从对方的沉默中窥见对方的思想状况与内在意图。当别人问到他是怎样去把握对方沉默不语时的思想时，他回答道："只要你留心观察，你就会发现对手虽然沉默不语，但你从他的神态和表情变化中能够发现内心思想感情的变化。比如在正常情况下，顾客坐着的时候总是脚尖着地的，并且静止不动；但到心情紧张的时候，对方的脚尖就会不由自主地抬高，因此，我只要看到对方脚尖是着地还是抬高，就可以判断他的内心世界是平静的还是紧张的。又如，在正常状态中，吸烟的人熄灭烟蒂大多保留一定的长度，可是一到非正常的情况下，放下的烟蒂就可能很长。所以，如果你发现对方手中的烟蒂还很长，却已放下熄灭了，你就要有所准备，对手可能打算告辞了。"

(三)较强的社交和沟通能力

从某种意义上说，销售人员应该是社会活动家。他必须把整个社会作为自己工作的舞台，具备与各式各样人交往与沟通的能力。善于交际除了具备经验和阅历外，还要拥有大量的信息，寻找一个双方都感兴趣的话题，在自己的周围吸引一批忠实的听众朋友。一些富有经验的销售人员在收到别人的名片后就亲手建立档案，记下此后双方交往的情况，定时检查总结，找出哪些朋友关系冷谈了，出自什么原因，是不是自己没有主动联系，还是对方来信没有及时回音。顾客由于受到销售人员的尊重，他对于今后买卖双方的合作也会充满信心。

销售人员必须善于与他人交往，有较强的社交能力和沟通技巧，才能维持和发展与顾客之间长期稳定的关系。社交能力是衡量一个销售人员能否适应现代开放社会和做好本职工作的一条重要标准，销售人员要善于与各界人士建立亲密的交往关系，而且还必须懂得各种社会礼仪，比如日常生活礼节，外事交往礼节，各种宴会聚会礼节，公共场合礼节。在与顾客洽谈过程中，往往有些问题在正式谈判场合不能得到解决，而在非正式社交场合却能得到圆满解决。

销售人员向顾客推销的过程，实际上是信息沟通的过程。沟通能力是销售人员必不可缺的能力，沟通含有两层含义：一是准确采集对方信息，了解对方真正意图，同时将自身信息也准确地传达给对方；二是通过恰当的交流方式(例如语气、语调、表情、神态、说话方式等)使得谈话双方容易达成共识。

(四)随机应变的能力

应变能力是指人对突然发生的情况和尚未预料到的情况的适应、应付能力。最好的销售技巧就是随机应变。因为不同的顾客有不同的情况，包括他的个性、作息时间和工作习惯、场合等。不同的顾客就要用不同的方式，包括我们拜访的时间，言谈举止，面部表情，说话的语气，如何制造轻松的气氛等，都是不同的。另外，销售人员在推销过程中会遇到千奇百怪的人和事，情况也总是处在不断变化之中，经常会出现各种意外的突发状况。当这些突发状况出现时，一旦销售人员缺乏处理异常情况的临场应变能力，就会陷入被动，可能导致推销失败。面对复杂多变的情况，销售人员要善于对突变的情况进行快速分析，分析情况变化的原因，做出新的判断，冷静而沉着地处理各种可能出现的问题，根据情况的变化调整推销的策略和方法，提出各种变通方案，尽快妥善解决。如果拘泥于一般的原则不会变通，往往导致推销失败。因此，销售人员一定要有随机应变的能力。

【小案例 2－1－13】

一名销售人员正在向一大群顾客推销一种钢化玻璃杯，他首先是向顾客介绍产品，宣称其钢化玻璃杯掉到地上是不会坏的，接着进行示范表演，可是碰巧拿到一只质量不合格的杯子，只见他猛地往地下一扔，杯子"砰"地一下碎了，真是出乎意料，他自己也十分吃惊，顾客更是目瞪口呆，面对这样尴尬的局面，假如你是这名销售人员，你将如何处理呢？这名富有创造性的销售员急中生智，首先稳定自己的心境，笑着对顾客说："看见了吧，这样的杯子就是不合格品，我是不会卖给你们的。"接着他又扔了几只杯子，都获得了成功，博得了顾客的信任。

（五）创新能力

推销工作是一项极富挑战性的工作，每一次的推销过程都不可能是前一次的重复和翻版，每一次的推销都可能会出现新的情况，面临新的问题，这就需要销售人员应当注重敏锐、好奇、进取等创造性能力的培养，不断开拓新市场，采用新方法，解决新问题。对销售人员而言，开拓一个新市场，发掘一个新客户，采用一种别出心裁的推销手段，都必须有开拓创新的精神和能力。市场形势千变万化，而营销模式却日趋雷同，销售人员要想在市场上立于不败之地，那就必须具有创新能力，使自己的产品、渠道、思路、策略等能够个性张扬，脱颖而出。

【小案例 2－1－14】

有一个销售安全玻璃的业务员，他的业绩一直都维持整个区域的第一名，在一次顶尖业务员的颁奖大会上，主持人说："你有什么独特的方法来让你的业绩维持顶尖呢？"

他说："每当我去拜访一个客户的时候，我的皮箱里总是放了许多截成15厘米见方的玻璃，我随身也带了一把铁锤子，每当我到客户那里我就问客户：你相不相信安全玻璃？当客户说不相信的时候，我就把玻璃放在他们面前，拿锤子往桌子上一敲。许多客户吓一跳，同时他们发现玻璃真的没有碎。然后客户就会说：天哪，真不敢相信。这时候我就问他们：你想买多少？直接进行缔结成交的步骤，而整个过程花费的时间还不到一分钟。"

当他讲完这个故事不久，几乎所有的销售安全玻璃的公司的业务员去拜访客户时，都会随身携带安全玻璃样品和一把小锤子。

但经过一段时间，他们发现这个业务员的业绩仍然维持第一名，他们觉得奇怪。而在另一个颁奖大会上，主持人又问他："我们现在也已经做了同你一样的事了，为什么你的业绩仍然维持第一呢？"

他笑一笑说："我的秘诀很简单，我早就知道当我说完这个点子后，他们都会模仿。所以我现在到了客户那里，唯一所做的事是把玻璃放在桌子，问他们：你相不相信安全玻璃？当客户说不相信的时候，我把玻璃放在他们面前，把锤子交给他们，让他们自己来砸这块玻璃。"

（六）不断学习的能力

学习是做好任何事情的首要前提，想要成为强者，最快的方式就是向强者学习。同样，想要成为一个优秀的销售人员，学习别人的优点也是最快的方法。销售人员要与各行各业、各种层次的顾客接触，不同的顾客所关注的话题和内容是不同的。销售人员应该清楚不同的顾客喜欢谈论什么样的话题，进而才能与对方有共同语言，谈起话来才能投机。这就要求销售人员要具有广、博、精的知识面。因此，销售人员要不断充电和学习，以使自己拥有较广博的知识跟上时代的步伐。要阅读博览群书，养成不断学习的习惯。还要向你身边的人学习，向顾客学习，向同事请教，培养不断学习的能力。

一个销售人员还要勤思考，勤总结，要养成日总结、周总结、月总结、年总结的习惯。销售人员每天面对的客户不同，就要用不同的方式去进行沟通，只有不断地去思考，去总结，才能与客户达成最满意的交易。销售人员所需要接触的知识甚为广泛，从营销知识到财务、管理以及相关行业知识等，可以说销售绝对是“综合素质”的竞争，面对如此多的知识和信息，没有极强的学习能力是无法参与竞争的。因此没有良好的学习能力，在速度决定胜负、速度决定前途的今天势必会被淘汰。学习不但是一种心态，更应该是我们的一种生活方式。谁会学习，谁就会成功，学习不仅能够提高自己的竞争力，也能够提高企业的竞争力。

推销也许是一个人人都能做的工作，但绝不是每一个人都能做好的工作，不管是要推销产品或服务，不断的学习与总结是做好推销工作的前提之一。

任务实施

一、进行各项修炼，提升职业素养

作为销售新人，王涛需要进行以下几个方面的修炼：

（一）道德修炼

销售人员良好的道德品质主要体现在两个方面：一是对企业的忠诚，二是对顾客的诚实。

诚实应当包括：真实反映情况、不歪曲事实、能够及时察觉问题的真相等，这些都是诚实的范畴。许多企业都将这一条作为优秀销售人员的首要要素。

1. 忠诚公司的利益，不能进行私下交易损害公司的利益。即使离职去别的企业或自己创业，也不能故意损害原来企业的利益。

2. 对顾客以诚为本。绝大多数顾客认为诚实是销售人员的根本要素，对于顾客来说诚实的概念解释为“真诚、实在”更为贴切。这就要求销售人员不光在外表体现实在，在内涵上也要体现真诚实在，并将此作为重要的追求目标。

王涛作为爱科环保科技有限公司的销售人员，在与顾客交往时要做到：

(1)介绍产品实事求是，切忌夸大其词或片面宣传。既要介绍产品的优点，也要介绍产品的缺点。

(2)遵守诺言。销售人员常常通过向顾客许诺来打消顾客的顾虑。如许诺承担质量风险，保证商品优质，保证赔偿顾客的损失；答应在购买时间、数量、价格、交货期、服务等方面给顾客提供优惠。销售人员一旦许下诺言，就要不折不扣地实现诺言。为了赢得交易的成功而胡乱许诺，其结果必定是失去客户信赖。

（二）心态修炼

1. 增强自信心

许多刚做销售工作的人，由于对销售工作的不了解，对产品的不熟悉，所以都会出现第一次拜访客户，到门前犹豫再三不敢进门；好不容易鼓起勇气进了门，却紧张得不知说什么，结果被客户三言两语就打发出来；不敢给客户打电话，打电话说话又快又不清楚，客户一拒绝就几天不敢再打电话。时间一长就怀疑自己不适合做销售工作。

王涛要从以下几个方面增强自己的自信心：

(1)克服自卑的心理。每天工作开始的时候，都要鼓励自己，我是最优秀的！我是最棒的！

(2)做好准备工作，用产品知识武装自己的头脑。如果在推销之前做好了充分的产品知识准备，自信心就会大增。

(3)多向老的销售员学习，不断锻炼自己的胆量。

(4)注重自己的穿着仪表，让自己精神饱满充满自信。

(5)语言标准化，要简洁明了。心态要不卑不亢，平等互利。语气要热情大方。在销售过程中，语言一定不要拖泥带水，要简洁明了。

(6)要相信自己的产品可能不是最好的，但一定是质量有保证的。要能够看到公司和自己产品的优势，并把这些熟记于心，要用一种必胜的信念去面对顾客和消费者。

2. 用一颗真诚的心对待顾客

只有用诚心对待顾客，才能最终赢得顾客。

3. 用爱心对待顾客与工作

(1)要用爱心对待顾客。销售人员面对的是人，推销是心与心的交流，销售人员必须用爱心去感染对方。爱心能够感人，由爱心散发出来的生机、活力、真诚与自信，会感染顾客，引起顾客的共鸣。

(2)要热爱自己的职业。热爱自己的职业，才能发挥出自己的潜力，从而做好自己的工作。推销工作是艰苦的，销售人员要常年在外奔波，辛苦异常；同时，在推销中还会遇到各种障碍、困难需要解决，这些都需要销售人员以满腔热情从事自己的工作。

4. 在销售中培养自己足够的耐心

一个没有耐心的销售人员是不可能做好销售工作的。

5. 随时随地都要充满热忱

热忱是一切的前提，销售工作的成功与否，往往是决心和热忱的强度所决定的。

(三)业务修炼

王涛要掌握以下业务知识

1. 掌握企业知识

要熟悉本企业的历史、企业的方针政策、企业的规章制度、企业的生产规模和生产能力、企业在同行中的地位、企业的销售策略、企业的服务项目、企业的结构方式等。

2. 掌握产品知识

要了解产品的性能、用途、价格、使用方法、维修、保养及管理程序等方面的知识；了解市场上竞争产品的优劣情况。

3. 掌握顾客知识

应善于分析和了解顾客的特点，要知晓有关心理学、社会学、行为学的知识；了解顾客的购买动机、购买习惯、购买条件、购买决策等情况；能够针对不同顾客的心理状况，采取不同的推销对策。

4. 掌握市场知识

要懂得市场营销的基本理论，掌握市场调查和预测的基本方法；善于发现现实和潜在的顾客需求，了解产品的市场趋势规律和市场行情的动向。

5. 掌握法律知识

要了解国家规范经济活动的各种法律，特别是与推销活动有关的经济规范。例如，经济合同法、反不正当竞争法、产品质量法、商标法及专利法等。

6. 竞争方面的知识

需要了解的竞争方面的信息包括：整个行业的产品供求状况；企业所处的竞争地位；竞争企业的市场策略、目标市场、生产规模；竞争产品的特色、价格、服务、付款方式等。

二、利用各种方法，提高职业能力

要想成为一名优秀的销售人员，王涛需要提高以下能力：

(一)提高语言表达能力

1. 提高口头表达能力

销售人员在工作中，要赢得顾客的好感与配合，就要在语言表达上有一定的训练。在众多场合，都要求销售人员口齿伶俐，能言善辩。

(1)围绕目标，语言表达要准确和清晰，言简意赅

要能够使用准确、清晰的语言向顾客介绍商品信息，交流感情，说服顾客。这是对销售人员最基本的要求。许多销售员在和客户沟通时，口若悬河，滔滔不绝，可不是离题万里或漫无目的，就是词不达意、没有逻辑性，不能把自己的意图表达明白，结果造成沟通的失败。让对方明白你的意图是沟通成功的关键。

(2)语言要有针对性

在销售活动中，语言是表达自己的愿望和要求的，销售人员的语言要有较强的针对性，做到有的放矢。模糊、罗嗦、前言不搭后语、思路不清的语言，不仅不能引起顾客对商品的兴趣，反而会使顾客产生疑惑、反感，成为推销的障碍。在销售活动中要针对不同的商品、不同的顾客，针对性地使用不同的语言，才能保证销售的成功。例如，对脾气急躁、性格直爽的顾客，运用简短明快的语言可能受欢迎；对慢条斯理的顾客，则采用春风化雨般的倾心长谈可能效果更好。在推销活动中，要充分考虑谈判顾客的性格、情绪、习惯、文化以及需求状况的差异，恰当地使用针对性语言。

(3)讲究语言的艺术性

艺术性主要表现在语言表达的灵活性、创造性和情境适用性上。如西方一位教士向他的上司请示："我在祈祷的时候可以抽烟吗？"上司听后十分生气，指责他不虔诚。几天后，另一位教士也去向上司请示："我在抽烟的时候可以祈祷吗？"得到了上司的允许。同样的要求，仅仅是变换了一个问法，竟会产生完全相反的效果。可见，语言的艺术是多么的重要。成功的推销都是销售人员运用语言艺术的结果。

2. 要恰当地使用肢体语言

销售人员不仅要注意顾客的体态动作，也要自觉注意自己的体态动作，虽然这种语言是无声的，但可以明确地表达出一个人的思想感情和意见要求。在销售过程中，口头语言与体态语言并用，能够更好地增强感染能力与说服效果。销售人员利用姿势、手势、眼神、表情等来表达自己的思想和意图，往往在推销过程中发挥重要的作用。

3. 要勤于动笔，提高文字表达能力

在日常推销活动中撰写企业的产品介绍，草拟用户说明书，编辑企业宣传刊物，拟写演讲稿，编撰企业志等，都是销售人员所必须承担的工作，销售人员应具备基本的写作常识和熟练的文字技巧。有了良好的写作能力，有助于更好地与客户交流联络。

(二)提高察言观色的能力

一个优秀的销售人员必须而且首先应该善于察言观色，他能通过一个人的细微动作和表情洞悉人的心理，并能做出迅速反应，采取相应措施，抓住战机，克敌制胜。

人的任何行为表现都与内心活动有关，反映着内心活动的一个侧面。顾客也是这样，销售人员可以从顾客的行为中，发现许多反映顾客内心购买活动的信息，观察能力成为揭示顾客购

买动机的重要一环。提高观察能力必须从提高观察的质量入手。

要提高自己的观察能力，王涛需要做到：

(1)掌握各方面的知识。知识是观察顾客、理解顾客的基础，销售人员所具有的知识越精深，那么对顾客的观察也就会越深入、越周到。例如，掌握心理学知识的销售人员能较快地通过顾客的言行、情绪，了解到顾客的意图和需求。

(2)用科学的观察方式。要求观察路线要正确：先上后下、先表后里、先局部后全面、先个别后整体等；注意力的分布要合理，视觉和听觉要密切配合，观察与判断也要有机地结合起来。

(三)提高社交与沟通能力

提高社交和沟通能力，王涛应该从以下几个方面去努力：

(1)待人热情诚恳，对人友善，行为自然大方。表示友善的最好方法就是微笑，友善就是真诚的微笑、开朗的心胸，加上亲切的态度。微笑代表了礼貌、友善、亲切与欢快。它不必花成本，也无需努力，但它使人感到舒适，乐于接受。

(2)倾听对方的表达，为沟通找到共同点。沟通的高手往往会目不转睛地看着对方的眼睛，不时点头示意自己在认真倾听对方的叙述，不会随便打断对方的讲话。这是赢得沟通成功的必要准备。

(3)能设身处地站在顾客立场上考虑问题，体谅顾客的难处。能设身处地为顾客着想，替顾客分忧，这样才能取得顾客信任、理解、支持与合作。

(4)增强自己待人接物的能力，不断向生活学习，使自己成为杂家。一个具有丰富知识的人，一个懂得人情世故的人，必然会在沟通上占有优势，也会拉近与客户的距离。

(5)要有广泛的兴趣和爱好。能与不同年龄、职业、性格、地位、爱好的人交朋友，成为顾客的良师益友。

(四)提高随机应变的能力

王涛怎样才能提高应变能力呢?

1. 多参加富有挑战性的活动

在实践活动中，必然会遇到各种各样的问题和实际的困难，努力去解决问题和克服困难的过程，就是增强人的应变能力的过程。

2. 扩大个人的交往范围

无论家庭、学校还是小团体，都是社会的一个缩影，在这些相对较小的范围内，可能会遇到各种需要应变能力才能解决的问题。因此，只有首先学会应对各种各样的人，才能推而广之，应付各种复杂环境。只有提高自己在较小范围内的应变能力，才能推而广之，应付更为复杂的社会问题。实际上，扩大自己的社交范围，也是一个不断实践的过程。

3. 加强自身的修养

应变能力高的人往往能够在复杂的环境中沉着应战，而不是紧张和莽撞行事。在工作、学习和日常生活中，遇事沉着冷静，学会自我检查、自我监督、自我鼓励，有助于培养良好的应变能力。

4. 注意改变不良的习惯和惰性

假如遇事总是迟疑不决、优柔寡断，就要主动地锻炼自己分析问题的能力，迅速做出决断；假如总是因循守旧，半途而废，那就要从小事做起，努力控制自己，不达目标不罢休。只要下决心锻炼，人的应变能力是会不断增强的。

（五）提高创新能力

要提高创新能力，王涛该怎么做呢？

（1）要注意总结老销售员的经验和教训。任何一项创新都不是无源之水，无本之木。因此，如何利用前人的知识和智慧在创新工作中是非常重要的，也只有如此，创新工作才可以少走弯路，才可以避免很多不必要的麻烦。

（2）注意发现和总结老销售员失败的创新经验。失败是成功之母，这谁都不能否认的，但是如果一味地失败而不去考虑失败的原因，则对我们的工作没有任何的帮助。通过前人失败的经验我们可以发现很多问题，还可以通过改变方法和途径，成功地解决一些我们目前遇到的问题。

（3）要学会借鉴和组合。只会借用别人的"经验"和"成果"，而自己却不努力是不行的，借鉴可以是思路，也可以是方法。

（六）提高不断学习的能力

要提高自己的推销能力，王涛必须勤于学习、实践和反思。

推销是一门科学，它有自己基本法则和逻辑。如果掌握了推销的基本理论与技能，就为自己事业的成功奠定了坚实的基础。但是，推销技能的提高只有实践、实践和再实践，把书本上的道理变成自己的行动。在出门拜访客户之前，要做好沙盘作业：把推销理论和实践结合起来，制订好推销方案；拜访客户时，根据推销计划结合实际情况灵活发挥，这样，逐步把推销原理变成自己的习惯动作，把他人的经验变成自己的处事方式，形成自己的推销风格。

任务训练

一、销售能力训练

（一）销售能力自我测试

1. 小薛是一家仪器仪表经销公司的推销员。一天晚上他在网上看到一条最新消息，一家跨国公司在墨西哥的工厂生产失误，造成停产，它生产的产品正是自己经销的仪表上的一个关键部件，而它的产量占全球市场供货量的30%以上。专家估计这家工厂要恢复生产的话至少得3个月。停产期间，供货量肯定会减少，因此，小薛估计在最近一段时间内，产品价格要上涨20%以上。小薛要不要把这个消息透露给自己的客户，重新制订销售计划呢？小薛有以下三种做法：

A. 由于公司没有通知告诉客户，所以不通知客户。

B. 由于公司没有这方面的规定，所以提前给客户打招呼。

C. 公司明文规定即将涨价，并不得将消息外泄；但是如果事先不通知客户，将来客户会埋怨自己，所以悄悄地告诉客户。

2. 小刘是做机床推销的。一天他得知某公司要进几台机床，而他伯父正好与该公司一位副总关系不错，于是他请伯父帮忙，帮他疏通一下关系。那天晚上他伯父给那位副总打了电话。并约好小刘第二天下午两点半去拜访那位副总。临走时，小刘还"逼"他伯父专门给那位副总写了一封信。第二天，小刘带着伯父的信去了那家公司。他有几种做法：

A. 直接找到公司副总，让他帮自己做些工作。

B. 直接找到具体经办人。

C. 让公司前台小姐把自己介绍给具体经办人。

3. 小鲁是一位工作不到两年的推销员，酒量不错。这天下午他去火车站接了一位从黑龙江来的客户，晚上要陪这客户吃饭。他知道这客户没有什么特别的爱好，就是酒量大。只要有半斤油炸花生米就能喝两斤二锅头，而且，喝二锅头像喝啤酒一样，不用小杯子。如果今晚小鲁能陪客户喝好，这次客户带来的将近200万元的汇票就可以进他们公司的账户，而且后面还有几个大单子；如果陪不好这单生意，后面的单子更是肯定没戏。小鲁知道自己的酒量绝对不是这位客户的对手，那么，小鲁晚上这个酒应该怎么喝？

小鲁有几种做法：

A. 一上来就明说自己酒量不大，但愿意舍命陪君子，"醉"身成仁。

B. 为了不醉，巧妙地用白开水代酒让自己尽量少喝。

C. 就说自己滴酒不沾。

4. 某市某银行系统准备采购10 000台计算机装备全市所有的储蓄所和分支机构，其中第一次采购3 500台装备本部。小李是代理中国台湾某品牌计算机的推销员。客户经过几轮筛选，现在小李只剩一个对手了，但是，这个对手很强大，名列世界500强。与小李相比，对手在品牌上占有一定的优势；但综合起来比较，小李他们在性价比上则略占上风。

小李通过内部的朋友了解到，客户在总体上还是偏向于自己的。因为计算机同质化，两家质量相差不大，对方虽有品牌优势，但价格也高出一大截，而且他们对客户已明确表示没什么降价的可能了，而小李他们还有相当的降价空间，如果再降几个百分点，对方肯定就没戏唱了。那么，下一步小李他们应该采用什么策略与对手公司竞争呢？小李有以下三种做法：

A. 马上降价5%，让对手毫无招架之力。

B. 不降价，以硬拼硬。

C. 用邀请客户去台湾的工厂实地考察等一次性优惠措施吸引客户。

（二）制定一份提升个人推销素质与能力的计划书

根据本章内容拟写一份个人推销素质提高的计划书。

（三）每个小组拜访一位销售人员，了解以下的问题：

1. 你是怎样看待你的工作的？你是本着什么样的态度去从事推销工作的？

2. 你的主要任务和职责是什么？

3. 你推销的是什么产品？你的潜在顾客在哪里？

4. 你认为在推销活动中最重要的能力有哪些？

二、案例讨论

书店里，一对年轻夫妇想给孩子买一些百科读物，销售人员过来与他们交谈。以下是当时的谈话摘录。

客户："这套百科全书有些什么特点？"

销售人员："你看这套书的装帧是一流的，整套都是这种真皮套封烫金字的装帧，摆在您的书架上，非常好看。"

客户："里面有些什么内容？"

销售人员："本书内容编排按字母顺序，这样便于资料查找。每幅图片都很漂亮逼真，比如这幅，多美。"

客户:“我看得出,不过我想知道的是…… ”

销售人员:“我知道您想说什么!本书内容包罗万象,有了这套书您就如同有了一套地图集,而且还是附有详尽地形图的地图集。这对你们一定会有用处。”

客户:“我是为孩子买的,让他从现在开始学习一些东西。”

销售人员:“哦,原来是这样。这个书很适合小孩的。它有带锁的玻璃门书箱,这样您的孩子就不会将它弄脏,小书箱是随书送的。我可以给你开单了吗?”

(销售人员作势要将书打包,给客户开单出货。)

客户:“哦,我考虑考虑。你能不能留下其中的某部分比如文学部分,我们可以了解一下其中的内容?”

销售人员:“本周内有一次特别的优惠抽奖活动,现在买说不定能中奖。”

客户:“我恐怕不需要了。”

问题:

1. 这名销售人员的失误在哪里?

2. 你将如何改进上述推销过程?

任务2　推销知识准备

知识目标

◆ 熟悉推销员应该掌握的知识

能力目标

◆ 会收集推销工作所需要的知识

任务引入

爱科环保科技有限公司主要生产和销售空气净化器产品系列,公司今年新招了15名推销员,分别被派往全国各地的销售分公司,王涛被分配在广州分公司从事销售工作。按照公司的规定,新入职的销售人员在前往工作地点之前,都要进行为期10天的培训。培训的主要内容是让这批新来的销售员了解公司的企业文化、销售组织架构与销售岗位设置、销售管理制度,熟悉公司产品的生产工艺和流程、公司的主要品牌以及产品的性能特点等。培训的目的是为了让他们做好一定的知识准备,为今后的销售工作奠定良好的基础。那么,在正式拜访顾客之前,王涛要掌握哪些知识呢?

任务分析

曾经有人问过700名日本最佳推销员:“你同顾客见面时,特别注意的是什么?”79%的人说:“先收集好情报和有关知识。”这充分说明了推销知识准备的重要性。可以这样说,推销成功的概率与推销知识准备程度成正比。一般来说，王涛要掌握的推销知识主要包括以下几个方面：

1. 了解推销环境。
2. 熟悉自己推销的产品。
3. 熟悉公司情况。
4. 了解竞争对手的产品。
5. 掌握顾客信息。

相关知识

一、推销环境

推销环境，也即商品销售环境，是指与企业推销活动相关的所有外部力量和相关因素的集合。影响企业推销活动的环境因素有两种：宏观环境和微观环境。

（一）宏观环境

企业宏观推销环境是指那些直接或间接作用于企业微观推销环境，并因此造成市场机会或足以影响社会的力量，它主要包括人口环境、经济环境、自然环境、科学技术环境、政治法律环境、社会文化环境六大因素。这六大环境因素体现为比较庞大的社会力量，是企业难以控制的因素。

1. 人口环境

人口是构成市场的第一位因素。因为市场是由那些想购买商品同时又具有购买力的人构成的。首先，人口数量和增长速度直接决定市场的潜在容量。世界500强之所以积极开发中国的市场，其看好的就是中国庞大的人口总量和较快的增长速度。其次，人口结构如年龄结构、性别结构、家庭结构、社会结构以及民族结构会对市场格局产生深刻影响，并直接影响企业的推销策略和推销活动的内容和形式。再次，人口的地理分布及跨地区流动（如就业、经商、旅游、求学等）人口的增加，将使得单一的市场环境呈现出多变的特点，从而不断催生出新的细分市场。

2. 经济环境

经济环境指企业推销人员在推销过程中所面临的社会整体经济状况，社会经济发展状况及其运行态势会直接或间接地对企业的推销活动产生影响。具体来说，影响推销的社会经济因素包括以下三个方面：一是消费者收入水平的变化，消费者收入水平的高低直接决定消费者的购买能力和消费结构。二是居民储蓄和消费信贷的变化，消费者储蓄和信贷状况是影响消费者现时购买力和潜在购买力的重要因素之一。三是消费者支出模式和消费结构的变化，随着消费者收入的变化，消费者支出模式会发生相应变化，继而使一个国家或地区的消费结构也发生变化。

3. 社会文化环境

社会文化是人类在长期的社会生产和生活中形成的独特的生活方式、行为规范、价值观念、对事物的态度和看法、审美观以及代代相传下来的风俗习惯、语言文字等。每个人都生活在一定的社会文化环境中，不同的社会文化环境下，消费者的需求和行为会有很大的差异，推销人员应做到"入境随俗"，采取不同的推销策略。不同国家、不同地区有不同的自然条件、生产力水平、价值观念和文化习俗，推销人员在一个地方洽谈生意时，必须事先了解该地域的风俗习惯、商业习惯和历史文化传统，避免造成双方误会，影响成交。

4. 科学技术环境

科学技术的进步会使人们的生活方式、消费模式和消费需求结构发生深刻变化。国际互联网络的形成，加速了全球市场一体化的进程，使得企业的推销领域无限扩大，从而推销方式也发生了很大的变化。随着电话、电视、网络系统的普及，出现了"网上购物""电视购物"这些新型的购物方式。这些科学技术的发展，一方面为顾客提供了大量不同类型、不同档次的商品，另一方面，又唤起了顾客个性化消费的欲望，使他们不再满足于消费大众化商品，而是渴求消费能体现自身个性的商品。推销人员应了解这些变化，并采取相应的对策。

5. 自然环境

一个国家或地区的自然地理环境包括其自然资源、地形、地貌和气候条件等，这些因素都会不同程度地影响企业的销售活动，有时这种影响会对企业的生存和发展起决定性作用。企业的销售人员要避免由自然地理环境带来的威胁，最大限度利用环境变化可能带来的市场销售机会，应不断地分析和认识自然地理环境变化的趋势，根据不同的地理环境情况来设计、生产和推销产品。影响企业推销活动的自然地理环境因素包括自然资源和地理环境两个方面。

6. 政治法律环境

影响企业推销活动的政治法律环境主要包括制度环境、体制环境、政策环境和法律环境等。一方面，企业的推销活动，必须在一定的政治法律环境下进行，受其规制。另一方面，任何企业的推销活动在遵循市场规律这只"看不见的手"的指引的同时，必须重视另一只"看得见的手"的巨大作用，这只"手"就是政府影响下的政治法律环境。

（二）微观环境

微观推销环境，是指对企业的产品和服务及其目标市场构成影响的各种力量，包括企业内部条件、供应商、购买者、竞争者以及与企业具体业务密切相关的组织和力量等，是企业可以通过自身的行为去影响或部分控制的直接环境。因此，在制定销售计划时，企业的能动性对直接环境具有较大的影响。

1. 企业内部条件

企业的内部环境条件，涉及人员条件、技术条件、生产条件、资源条件、管理条件、企业文化等。这些内部环境条件共同决定着企业综合素质的状况，形成了企业自下而上与发展能力。

2. 供应商

供应商是影响企业营销的微观环境的重要因素之一。供应商是指向企业及其竞争者提供生产产品和服务所需资源的企业或个人。供应商所提供的资源主要包括原材料、设备、能源、劳务、资金等。

3. 购买者

购买者是对企业有重要影响的微观环境因素。企业的产品和推销活动能否被消费者认同和接受，是关系到企业生死存亡的大事。购买者是企业产品的直接购买和使用者，顾客的不同态度意味着企业市场的得失，分析并掌握顾客需求变化的趋势是企业的重要工作。对购买者的分析可以从质和量两个方面进行。

4. 竞争者

在日益激烈的市场竞争环境中，企业必须十分注意它们的竞争对手，推销人员必须深入了解现有的竞争者。谁是主要的竞争者？其市场定位如何？其年销售额有多少？其市场占有率如何？它们的优势和劣势是什么？依据对这些的调查，推销人员就可以制定出有针对性的推销策略。

5. 社会公众

这里所说的社会公众，指的是所有实际或潜在地关注企业的生产经营活动，并对其实现目标的能力具有一定影响的组织或个人。由于企业的生产经营活动影响着公众的利益，因此政府机构、金融组织、媒介组织、群众团体、地方居民乃至国际上的各种公众必然会关注、监督、影响和制约企业的生产经营活动。这些制约力量的存在，决定了企业必须遵纪守法，善于预见并采取有效措施满足各方面公众的合理要求，处理好与周围各种公众的关系，以便在公众中树立起良好的企业形象，这是企业适应和改善微观环境的一个重要方面的工作。

【小案例 2—2—1】

德芙巧克力是世界最大宠物食品和休闲食品制造商美国跨国食品公司玛氏（Mars）公司在中国推出的系列产品之一，是玛氏食品公司旗下的巧克力品牌名称。品牌名称源自一家1956年所成立的芝加哥糖果商店，1985年开始进入全美市场。1986年被玛氏食品收购。1989年进入中国，于1993年进入中国大陆市场，1995年成为中国巧克力领导品牌，"牛奶香浓，丝般感受"成为经典广告语。德芙巧克力、玫瑰鲜花和胡庄玫瑰花球，早已成为人们传递情感、享受美好瞬间的首选佳品。

一、宏观环境

1. 人口环境

中国人口增长速度虽然放慢，但每年的人口增量依然巨大。庞大的人口规模和人口持续增长的现象将长期并存。中国是仅次于美国的全球第二大糖果巧克力市场。拥有14亿人口的中国，巧克力市场迅猛发展，市场消费潜力高达200亿元。中国人均年消费巧克力只要达到1千克，就是全球最大的巧克力市场。

2. 经济环境

"玛氏"作为一个跨国大企业当然希望把它生产的全部产品以其最好的品质给消费者带来最大的满足。作为玛氏进军的世界最大的消费市场，中国无疑是一个不可多得的机会。我国目前巧克力的年消费量在30亿元左右，人均巧克力消费为每年40～70克，但实际上仅占国际市场份额的0.5%，所以中国巧克力市场拥有巨大的消费潜力，世界各大知名巧克力厂商都将目光聚焦中国。有关数据显示，中国巧克力市场中，品牌市场份额位居前3位的分别是德芙(38.61%)、吉百利(13.22%)、金帝(11.12%)，这世界三大著名巧克力品牌就占了近2/3的市场份额。由此可见，中国巧克力市场品牌集中程度非常高，尤以德芙优势最为明显。

3. 社会文化环境

巧克力是西方的一种文化，随着全球市场的发展，巧克力在中国也形成了一种独特的文化。玛氏公司的德芙巧克力，之所以起名为德芙也有着其独特的文化。玛氏将其巧克力起名为DOVE(德芙)，与LOVE只有一个字母之差，让人感觉心中的DOVE就代表着LOVE。这也是玛氏公司的妙用之处，德芙在中国市场有着80%的品牌知名度。

4. 社会技术环境

巧克力市场目前都会面临三大问题：价格高昂的天价产品，口味差异，供应链短缺，成本高昂。德芙巧克力有着成熟的供应链。制造商具有数百年的巧克力加工和制作历史，采用国际顶级原料并运用独具一格的技巧进行制作。玛氏公司对巧克力口感更是不断追求和完善，德芙巧克力的香醇味道和丝般顺滑口感近年来都一直在根据消费者需求不断地提升和改善，价格根据产品的不同而设定。

5. 自然环境

德芙巧克力的主要原料是原产于南美洲亚马孙河上游热带雨林的可可豆，生产周期相对较长，因此可可豆的产量弹性不大，难以根据供需情况进行调节。可可豆的主产国为加纳、巴西、尼日利亚、科特迪瓦、厄瓜多尔、多米尼加共和国和马来西亚。主要消费国是美国、德国、俄罗斯、英国、法国、日本和中国。中国现主要种植地在海南。德芙公司的主要原料供应地在科特迪瓦，目前全球最大的可可供应地，每季可可豆产量达到130万吨。

6. 政治法律环境

中国对外开放之初，很需要和国外的大型跨国企业合作发展经济，就在这时玛氏公司利用这个时机，于1993年通过在中国本地设立分公司的形式，成功进入中国市场。这种合作方式不仅给中国经济发展带来了良好的机会，同时也给本企业在中国发展打下了坚实的基础。

二、微观环境

1. 企业内部条件

玛氏公司是一家私人(家族)拥有的跨国公司，和进入中国市场的其他行业的跨国巨头一样，玛氏亦非常重视终端的管理工作，在有限的货架空间上与对手展开激烈的争夺、丝毫不让。"玛氏"的成功得益于其著名的"玛氏三角形"法则。

2. 供应商

阿里巴巴、京东和生产德芙巧克力的爱芬食品(北京)有限公司。

3. 购买者

购买者主要为年轻女性，其次是低龄人群和青少年，这些人群成为德芙巧克力的消费主体。还有一些潜在购买者，他们认为巧克力会引起发胖，或者有些男生有认为巧克力是女生的专利的固有观念。

4. 社会公众

媒介公众：李易峰和杨颖代言德芙巧克力广告。

内部公众：德芙巧克力的员工、股东等。

一般公众：德芙的潜在购买者，喜欢甜食的青年、作为礼物送给年青一代的长辈等。

5. 竞争者

(1)业内竞争：德芙、吉百利、好时、金帝四个品牌已经占据了中国巧克力市场80%以上的份额，市场呈寡头竞争状态。

(2)在巧克力行业中，德芙最大的竞争者就是金帝和吉百利。2003年金帝赶超了吉百利，位居行业第二。但是德芙在巧克力的市场占有率就达到38.61%，它的主要竞争对手的市场占有率分别是13.22%、11.12%。

(3)潜在竞争者较多：各种糖果产品也是德芙的一大威胁，它们在某种程度上替代了巧克力。

(4)消费者的青睐程度：由于消费者日益增长的健康和营养意识，目前消费者对健康以及营养的糖果的青睐程度极高，并且糖果消费除了用于立即食用外，还主要用于在家中存放备用、专为儿童购买、送礼等。

二、顾客需求、动机与购买类型

(一)顾客的需求

1. 顾客需求的分类

推销员必须清楚不同顾客的不同需求和特征,并设身处地为顾客着想,才会让推销工作有针对性并得到顾客的认同,有利于推销活动的成功。

需求是人们对于某种目标的渴求与期望,是行为的原动力。顾客有了需求才会产生满足需求的消费动机,在消费动机的支配下,才会产生满足消费需求的行为。消费者的需求是无止境的,在同一时间又可能是多种多样的。但所有需求因受条件限制不能都得到满足,这就有必要把人的多种需求进行轻重缓急的排序。为了便于分析,美国著名心理学家马斯洛提出了需求层次理论,他把需求分为五个层次。

(1)生理需求。这是人类最基本的需求,如为满足饥、渴、遮蔽而需求吃、穿、住等。人体的最基本活动都集中在满足生理需求上。推销员在推销中及时观察各地区和各阶层消费者量、质和档次的差别及其变化,及时向消费者推出适应其需求的产品。

(2)安全需求。当人们的生理需求得到基本满足后,就会产生为避免生理及心理方面受到伤害所要求的保护和照顾的欲求,它包含对于安全感、稳定性、保护者、正常状况和摆脱恐惧焦虑的需要。

(3)社交需求。这是人类希望给予和接受别人的友谊、关怀爱护、得到某些社会团体的重视与容纳的欲求。个人由家庭培育而进入社会,在接触团体中与其他成员建立感情,久而久之便归属于该团体,因归属而扩大个人从事社会活动的范围。这种需求促使人们致力于与他人感情的联络和建立社会关系,如朋友交往、寻求伙伴、参加某些团体或集会等。

(4)尊重的需求。尊重的需求来源于外部,即他人的尊重及自我尊重。他人的尊重以名誉、地位、威信或社会成就为基础,获得他人的敬重。自我尊重即是人们希望对自己事务有一定的控制力,希望能独立生活而不依赖他人,以及不断增长知识与能力的欲求。

(5)自我实现的需求。自我实现需求希望个人自我潜能和才能得到最大限度的发挥,取得一定成就,对社会有较大贡献甚至与众不同的成果,需求别人对自己的努力成果给予肯定,受到社会的承认等。

在这五个层次的需求中,前两种纯属基本的物质需求,后三种是精神需求。在现实生活中,人们五个层次的需求往往是紧密结合在一起的,很难截然分开。如消费者购买服装,绝不仅仅满足于保护身体这一生理需求,还会对款式、色泽、布料、加工质量等方面提出要求,并且要符合自己的身份和气质,符合一定时尚潮流,这些均属于精神方面的需求。因此,推销人员在推销活动中,首先要考虑的是如何了解和满足顾客的需求。

2. 顾客需求特征

当人们希望得到基本需求的特定满足品时,需求就变成了欲望(Wants)。如为满足"吃"的需求,美国人想吃汉堡包和烤肉,而中国的北方人想吃面条和馒头,中国的南方人则想吃米饭。由此看来,欲望是由个人受文化背景及生活环境的影响所表现出来的对基本需求的特定追求。市场需求(Demand)是指有支付能力并愿意购买某些具体产品的欲望。

顾客的需求是推销活动的基础,有需求的顾客才是推销活动的对象。消费者对推销人员的特定推销品没有需求,推销活动便丧失了进行的前提和基本条件。顾客的需求又是推销活动展开的动力,推销人员进行推销活动,正是为了在满足顾客需求的同时实现自己的推销目标。顾客的需求还是推销活动不断进步与发展的动因，由于消费需求总是处于不断地满足与产生之中，推销活动要不断深入研究顾客的欲望和需求，满足顾客客观存在或者将来会产生的需求，于是推销活动也就处于不断的进步和发展中。所以，研究需求，引导、影响以至创造需求，最终努力满足需求，是现代推销学的核心和灵魂，也是规范推销人员行为的最高标准。因此，需求与顾客认知是现代推销的必要环节。

顾客需求有如下主要特征：

(1)发展性。消费者的需求不会停留在一个静止的水平上，随着社会生产力水平的提高、经济的发展以及收入水平的提高，消费者的需求呈现由低级到高级，由简单到复杂的发展变化过程。现代社会生产力发展很快，人们的消费观念、生活习惯、消费方式、消费结构变化也较快，发展性构成了现代消费需求的一大特征。

(2)多元性。消费者人数众多，分布面广，消费需求多样化，导致了市场分散。由于消费者在多种环境因素方面存在着差异，对商品或劳务的需要必然是千差万别，不仅整体消费市场存在着多元化或多样化的需求，单个消费者在购买活动中，也不是像过去那样对商品或劳务仅有一种或两种需求，而是存在多方面的需求或多元化的需求，消费需求随着消费水平的提高而不断释放并扩散。

(3)伸缩性。消费需求的伸缩性表现为消费者的需求随着主客观条件的变化而增加或减少。一方面，消费需求的伸缩性表现为较强的价格弹性。从需求实现过程中的市场交易来看，由于商品的花色品种繁多、规格复杂多样、技术或专用性不强，许多商品可替代，因而价格的变动对商品需求影响较大。另一方面，消费需求的伸缩性表现为需求结构的可变性，当客观条件限制了消费需求时，其需求可以被抑制或转化以至最终放弃。所以消费需求结构并不是一成不变的，而是随着条件的变化而变化的。

(4)周期性。一是因为商品的因素而产生周期性消费需求。从商品情况看，有些商品是常年均衡消费，需要经常购买；有些商品属季节或节日消费，一般要在季节到来时才购买；有些高档耐用消费品，消费者一般要在其使用价值基本消失，或有更好的新产品取代时，才可能购买。二是因为消费需求变化或其他流行因素影响，导致某一种商品或劳务经过一段时间后再度成为时尚，引起消费者的购买热情。当然，这种商品需求的周期性并不是每种商品或服务都存在的，时间也不是很固定的。这种周期性的消费需求是由消费者的怀旧心理、商品资源的有限性以及消费示范等综合因素引起的。在企业推销活动中，应把握消费需求的周期性变化，尤其是后一类周期。

(5)可变性。这一消费需求特征对企业的推销活动有着重要的意义。消费者的需求虽有消费文化沉淀而导致的固定模式，但不是一成不变的，在主观和客观因素影响下，往往会一改过去的购买习惯而去追求新的商品或劳务。消费需求的变化，虽是消费者主观意志的产物，但在很大程度上是受到诸如广告宣传、相关群体影响、产品价格和销售方式、销售服务以及包括企业推销活动在内的许多外界因素的影响而发生变化的。外界因素影响到消费者的心理，心理变化会导致购买行为发生变化。例如，消费者受到推销人员热情和坦诚态度的影响，购买其所推销的产品，从另一角度来说，可变性也是消费者求新求异心理的一种内在需求，这种需求是客观存在的。

(6)可诱导性。从企业推销角度看，消费需求的另一重要特征是可诱导性。可诱导性表现在：一是在外部各种刺激的影响下消费者的需求会发生变化，二是通过某些适当的途径和手段进行引导和调节，消费需求或由潜在的需要变为显现的需要，或由未来的需要变成现实的需要，等等。

【小案例 2—2—2】

健力宝集团在 2003 年 4 月力推新产品"爆果汽"，创造了中国饮料市场一个成功的个案。当时，成功的关键点之一是选准新品推广的地点。公司把新品推广的第一站选择在重庆。由于新品"爆果汽"与重庆人的性格及消费习惯是非常匹配的，从而打响了第一炮。

重庆曾经被《新周刊》评选为中国最火爆的城市，当然火爆有风风火火之意，重庆可说是中国所有大城市中最具有理想主义的地方。

"爆果汽"的产品反传统创新、名称和包装（黑色）足够"反叛"，其核心诉求是"渴望听见快乐爆破的声音，渴望由内到外纯粹的快乐，渴望万分之一的与众不同"。这一诉求通过其广告语："爆果汽，让你一次爆个够！"充分地表达出来。而这一诉求的主要目标对象是 23～25 岁的年轻人，他们具有很强的叛逆精神，气质张扬。显然，这与重庆人的性格气质不谋而合。

（二）顾客的购买动机

购买动机是使消费者做出购买某种商品决策的内在驱动力，不论是有意识或是无意识的，都是引起行为的原因。有什么样的动机就有什么样的行为。购买动机是由人们的需求促成的，而人们的需求各种各样，因此，购买动机也各不相同。归纳起来，有三种基本类型：感情动机、理智动机、惠顾动机。

1. 感情动机

感情动机就是由人的感情需要而引发的购买欲望。感情动机可以细分为两种情况：一种是情绪动机，另一种是情感动机。情绪动机是由于人们情绪的喜、怒、哀、乐的变化所引起的购买欲望。由这种动机引起的购买行为一般具有冲动性、即景性和不稳定性。针对这种购买动机，在推销时就要营造顾客可以接受的情绪背景。情感动机就是由人们的道德感、友谊感等情感需求所引发的动机。这种动机所引发的购买行为具有较大的稳定性和深入性，比如说，为了友谊的需要而购买礼品，用于馈赠亲朋好友等。针对这种购买动机，在推销时就要尽量去认可并融入顾客的情感和价值观中去。

2. 理智动机

理智动机就是消费者对某种商品有了清醒的了解和认知，在对这个商品比较熟悉的基础上所进行的理性抉择和做出的购买行为。拥有理智动机的往往是那些具有比较丰富的生活阅历、有一定的文化修养、比较成熟的中年人。他们在生活实践中养成了爱思考的习惯，并把这种习惯转化到商品的购买当中。针对这类动机，在推销过程中，尽量做到让顾客自己亲身去感受商品，同时推销员应当耐心介绍，详细比较几种同类商品的优缺点，促其下决心购买。

3. 惠顾动机

信任动机就是基于对某个品牌、某个产品或者某个企业的信任所产生的重复性的购买动机。具体而言，在现实经济生活中，这三种动机还呈现出一些不同的表现形式，如求实、求新、求同、求美、求名、求便等。这些不同的购买动机带来不同的购买行为，推销员应该根据消费者的动机来了解他的购买行为，按照他的购买行为来进行推销策划。

顾客的购买动机除了以上三种外，顾客的购买决策还时常受到外界其他刺激的影响，刺激越多越强烈，购买就越有可能。因此，如果在恰当的场合环境下给予顾客必要的刺激是推销人员必须学习和努力做到的。

(三)顾客购买行为类型

由于影响顾客行为的因素错综复杂,所以顾客行为类型多种多样,根据顾客的心理动机、需求特征以及个性等可以将顾客的行为分为理智型、冲动型、习惯型、价格型、情感型、随意型六种类型。

1. 理智型

理智型购买行为指购买前注重搜集有关产品、品牌、价格、性能、售后服务和客观判断为依据;购买过程长,多产品比较选择,不急于决定,购买时不动声色。而且购买时喜欢独立思考,不愿意推销员过多的介入,因为他们往往对自己的判断力非常自信,有时也比较固执。

2. 冲动型

冲动型购买行为指消费者易受产品的外观、品牌名称的刺激或广告媒体的宣传而购买。购买时,喜欢追求新产品、时尚品,从个人兴趣出发,不大讲究商品的效用和性能。许多新新人类的购买行为属于这种类型,他们选购名牌产品、高档货,特别是进口产品,不是根据产品的性能和实用,而是出于时髦的动机。为了显示自己的"派头",有时甚至不顾自己的经济条件。他们追求新奇,乐于购买新品牌。针对这类消费者,推销员应力推新产品,并着重宣传产品的时尚性、品牌性和个性化,同时特别注意热情周到提供服务,适度使用"激将法"促其购买商品。

3. 习惯型

习惯型购买行为指消费者凭习惯和经验购买产品,不易受广告影响。购买时目的性强,过程迅速,而且对流行产品、新品反应冷淡。他们往往忠于一种或几种品牌,对这些产品十分熟悉、信任,注意力稳定,体验深刻,形成习惯。以这类顾客,销售人员须掌握他们的习惯,以优良的服务态度去争取长期拥有这些顾客,并让他们为这种商品做"活广告"。

4. 价格型

价格型购买行为指消费者做出选择时对商品价格比较敏感。其中,有些总喜欢购买廉价商品,甚至在没有购买意向的情况下,见到廉价商品也会采取购买行动。还有些价格型的人特别信任高级商品,认为这类商品用料上乘,质量可靠,即所谓"一分钱,一分货",所以常乐于购买高价商品,认为这样可以使自己的需求得到更好的满足。

5. 情感型

情感型购买行为一般具有这样几个特点:一是购买行为受个人情绪支配,往往没有明确的购买目的。二是比较愿意接受促销员的建议。三是想象力、联想力丰富,购买中情绪易波动。销售人员应针对他们的不同身份和特点,提供审美咨询,激发他们的想象力,促其购买。

6. 随意型

随意型购买行为一般指顾客对商品没有固定的偏好,不讲究商品的商标和外观,往往是随机购买,这被称为随意型购买。对这类顾客,销售人员应抓住时机,诱导宣传,促其产生购买欲望。

以上是对消费者购买行为类型的总体分析,以及对待每一类购买行为的一些简单的原则和态度,在推销过程中还需要灵活对待。切记不可教条化,顾客的购买行为也许是几类的综合,也许是介于两类之间。

【小案例 2—2—3】

在某市,十几层的大厦需要几万平方米的地毯,这是一笔价值几十万元的生意,全国几十家地毯厂都盯上了这块肥肉,纷纷派人推销。一位推销员带着礼品去敲顾客的门。出乎意料的是，当一位老者开门看到他手中拿的东西，就将他拒之门外。推销员百思不得其解。第二天他了解到，这位倔强老头是一位“老革命”，一身正气，两袖清风，对社会上的不正之风深恶痛绝。他好为人师，常教导青年人“革命的路该怎么走”。在了解到这些情况后，推销员又去拜访顾客，当然没有忘记应该两手空空。见到顾客后说，我是一位刚参加工作的青年人，在工作生活上遇到许多困难不知该怎么处理，你是老前辈、老革命，有丰富的阅历，今天特来请教你。一席话令老人十分高兴，忙请推销员坐下，然后“痛说革命家史”，讲自己当年过五关斩六将、南征北战的光荣历史。老人侃侃而谈，推销员洗耳恭听。“话到投机情便深”，两个人成了忘年交。最后的结果不想而知。

任务实施

一、了解推销环境

王涛首先要对推销环境有个基本的了解。推销环境中的各个因素都会影响消费者的购买行为，进而影响企业的推销活动。王涛不仅要了解当前整个国家的政治、法律、经济等环境，还要特别关注自己负责区域的政治、经济、社会文化、自然、科技等宏观环境以及微观环境对家居产品的影响。

二、熟悉自己所推销的产品

熟悉产品知识是销售工作的基础，只有充分了解产品，才能更好地向顾客进行产品说明和介绍。若销售人员对自己的产品不熟悉的话，很容易让本来想购买的顾客逃之夭夭。顾客不是产品专家，因为顾客没有更多的时间去了解各种商品。所以，王涛就要做好一个优秀顾问的角色，充分了解自己的产品，重点熟悉以下内容。

(一)了解产品知识的内容

1. 产品的基本知识

(1)产品的名称、品牌含义、商标、型号、款式、产地等。

(2)产品的原材料、成分、技术标准、工艺、质量、性能、用途等。

(3)产品的价格、推销产品的情况等。

(4)产品的售后服务内容、期限、标准及服务安排等。

(5)产品的使用方法、储存保养方式及注意事项等。

(6)有关产品技术的专业术语，并知道如何用通俗的语言讲解给顾客，让顾客听得清楚明白。

2. 产品外延知识

(1)产品的优、缺点，区别与类似产品的特点，这些特点能为买主带来什么样的好处。

(2)产品的卖点，即顾客购买产品的理由。独特的卖点是顾客购买推销产品而不购买竞争产品的原因。

(3)产品的美誉度、获得的各项荣誉、流行趋势、发展态势等。

(二)了解产品知识的途径

(1)积极参加企业专门针对销售人员组织的各种培训，认真听取专业人士讲解的产品相关知识。

(2)认真学习企业印刷的《产品手册》或者《推销员手册》,掌握产品的基本知识及使用方法。

(3)多关注报纸、杂志、电视、网络等媒体上关于产品的信息,了解产品的流行趋势以及最新发展动态等。

(4)找熟悉企业产品的人员当面请教,这样可以直接地获得很多产品的知识和推销的经验。

三、了解公司的情况

1. 公司的发展历程

(1)公司创立的时间和地点。

(2)公司的生产规模、销售状况和产品种类。

(3)公司名称或商标的出处。

(4)对公司发展有重大影响的领导人。

(5)新产品的发明日期和发明过程。

2. 公司的组织结构

3. 公司的规模与业绩

4. 公司的长期发展目标

5. 公司的企业文化

6. 公司的运行程序

7. 公司的社会责任活动

四、了解竞争对手的产品

了解了竞争对手的产品才能做到知己知彼。王涛不但要对自己推销的产品了如指掌,而且要更多地了解竞争对手的产品,为自己的推销活动提供一定的参考和借鉴。如果他对竞争对手额度产品信息了解得不够充分,顾客认为他不够专业,就不信任他,很可能使他失去这个顾客。

(一)了解竞争产品的内容

1. 竞争产品知识

(1) 竞争产品的质量、性能、工艺、主要技术指标等。

(2)竞争对手是否推出新产品,新产品的主要卖点。

(3)竞争对手的价格策略。

2. 竞争产品销售情况

(1)竞争产品的销售渠道、终端建设的特点,相比本产品有何优势。

(2)竞争产品的推销活动内容、形式、活动期限。

(3)竞争产品的推销方式、能力及特点。

(3)顾客对竞争产品品牌推销活动的反应和意见等。

3. 终端客户

(1)了解竞争对手的主要客户群体。

(2)竞争对手客户群体的特征及数量。

(3)竞争对手客户对竞争产品的评价。

(二)了解竞争产品信息的途径

(1)竞争产品说明资料和培训资料。

(2)竞争产品的宣传资料。要在日常生活中有意识地收集、记录竞争产品的信息,包括产品价格、质量、功能、客户意见、推销活动情况等。

(3)从竞争企业的推销员或其他工作人员处了解。

(4)各种媒体。通过竞争企业的网站、电视、报纸等媒体去了解。

五、了解和满足顾客需求

(一)了解顾客需求信息

王涛要想让顾客接受他的推销行为,进而购买他的产品,就必须了解顾客的需求,并根据顾客的需求来介绍产品。只有多了解顾客的需求和心理,才能介绍推销的阻力,使推销工作更有针对性、更有效率。

王涛应该怎样去了解顾客的需求信息呢?

(1)多倾听顾客的意见。

(2)多了解顾客的不满。

(二)满足顾客的需求

不要对顾客说"我是来推销产品的"。满足顾客需求比推销产品更重要,顾客需要的并不是产品本身,而是产品带给他的利益。一种产品在使用中能给顾客带来多种利益,包括使用的基本利益、经济利益、美学利益、方便利益等,推销员只有真正把握了产品的各项详细功能以及各种功能对于不同类顾客的价值,才能因人而异地以最吸引人的方式展示给顾客。

王涛根据顾客需求的学习体会,总结了空气净化器能给顾客带来的利益(如表2—2—1)。

表2—2—1　　空气净化器给顾客带来的利益

利益种类	利益描述
1. 基本利益	净化空气,保护身体健康
2. 经济利益	每天只花0.8元,就可拥有清新、健康的空气
3. 美学利益	产品美观大方、有多种款式
4. 方便利益	使用、安装都非常方便

(三) 针对不同类型顾客,采取不同推销方法

(1)对待理智型的顾客,王涛应当耐心介绍,详细比较几种同类商品的优缺点,促其下决心购买。

(2)对待冲动型的顾客,王涛应当力推新产品,并着重宣传本公司家居的时尚性、品牌性和个性化,同时特别注意热情周到提供服务,并适当采用"激将法"促其购买商品。

(3)对待习惯型的顾客,不要试图在短时间内改变这类客户,否则容易引起对方的抵触情绪和逆反心理,还是让你手中的资料、数据来说服对方比较有把握一些。对这类客户王涛应先发制人,不要给他表示拒绝的机会,因为对方一旦明确表态再让他改变就有些难度了。

(4)对待价格型顾客,王涛要向他推荐一些打折和优惠幅度大的产品来吸引他;对于特别信任高级商品的顾客,要重点强调产品的高质量和高品质。

(5)对待情感型顾客,最为有效的方法是通过塑造和提升产品的感性价值,并采用"美好意

念"的方法，让产品走进顾客心里。让顾客展开想象力，去感受那种他想拥有的生活方式和舒适感受，从而形成一种美好的意念，可把"现代生活理念"和空气净化器产品结合起来介绍。

(6)对待随意型顾客，王涛一定要抓住时机，加强诱导和宣传，想方设法让顾客产生购买欲望。

任务训练

一、技能训练

要求：进行推销知识的准备工作

实施：1. 每个小组收集自己公司(可以是真实的，也可以是模拟的)的销售环境、产品知识、顾客情况、竞争状况。

2. 用 PPT 的形式在全班汇报。

二、案例讨论

某顾客在一次体育用品展销会上观看某厂家的网球拍，推销员走了过来。

推销员："这种球拍不错，这可是我们这儿最好的。"

顾　客："可是价格太贵，要 200 元！"

推销员："实际上这种价格是很实惠的了，因为这种产品的确是好货。"

顾　客："球拍是全碳素的吗？还是用碳素作些装饰？"

推销员："不太清楚，得过会儿问我们经理。"

顾　客："算了吧，我想这只是一种图案装饰。"

推销员："我很乐意为您包装这支球拍。"

顾　客："我可从没买过这么贵的球拍。"

推销员："可能是吧？为什么不买一次呢？"

顾　客："你能告诉我为什么这么贵吗？"

推销员："因为网球运动越来越时髦，所以网球拍也越来越贵。"

顾 客："是这样吗？"

问题：

1. 该推销员做好推销前的准备了吗？他在哪些方面需要加强改进？

2. 如果你就是这位推销员，你准备怎样展开这次的销售谈话？请根据自己的想法重写这一销售谈话过程。

任务 3　推销礼仪准备

知识目标

◆ 掌握服饰礼仪、拜访礼仪、迎送礼仪、交谈礼仪和宴请礼仪的要求

能力目标

◆ 能够在推销活动中遵从各种礼仪

任务引入

爱科环保科技有限公司推销员王涛经过10天的培训，即将奔赴销售第一线。按照公司的惯例，凡是新招收的推销员都要由一名经验丰富的老推销员带一个月，才能单独去拜访顾客。虽然有“师傅”带着拜见客户，但想到第一次拜访客户时的情景，王涛的内心还是忐忑不安。王涛在职业院校学习时也曾接受过礼仪方面的培训，但王涛还是担心自己与客户交谈时的言谈举止、仪表仪容会影响公司的形象。他应该做哪些方面的礼仪准备呢？

任务分析

王涛的担心不是没有道理的，在推销中往往是细节决定成败。有时推销员的其他推销准备工作都非常充分，信心十足，但却无法与顾客达成交易，甚至连顾客的门都无法进入。这些情况的发生，很可能是推销员在某个礼仪方面出了问题。推销员一句话、一个动作、一件服饰是否得体，都能影响他在顾客心中的形象。因此，作为企业对外交往的代表和企业文化的诠释者，推销员必须注重礼仪，礼仪反映了一个推销人员的基本素质，也是推销工作成败的关键要素之一。王涛在拜访客户之前，要掌握好以下几个方面的礼仪：

1. 服饰礼仪。
2. 拜访礼仪。
3. 交谈礼仪。
4. 迎送礼仪。
5. 宴请礼仪。

相关知识

一、服饰礼仪

俗话说：佛要金装，人要衣装。衣着打扮对一个人非常重要，只有着装得体，才会给人留下深刻的印象。而在推销活动中，推销员给顾客的第一印象是很重要的，而这第一印象的相当一部分来自推销员的外表形象——容貌和服饰，良好的外表形象恰恰是推销员和顾客交流的通行证，没有这张通行证，将失去与客户交流的机会。这就要求推销人员加强这方面的礼仪训练和修养。

（一）服装的“TPO”原则

【名人名言】

“初次见面给人的印象90%产生于服装。”

——佛朗哥·贝德格，美国人寿保险推销大王

着装从来都体现着一种社会文化，体现着一个人的文化修养和审美情趣，是一个人的身份、气质、内在素质的无言的介绍信。从某种意义上说，服饰是一门艺术，服饰所能传达的情感

与意蕴甚至不是用语言所能替代的。在不同场合，穿着得体、适度的人，给人留下良好的印象，而穿着不当，则会降低人的身份，损害自身的形象。在社交场合，得体的服饰是一种礼貌，一定程度上直接影响着人际关系的和谐。

国外有人提出了服饰的"TPO"原则，TPO是英文Time、Place、Object三个词首字母的缩写。T代表时间、季节、时令、时代；P代表地点、场合、职位；O代表目的、对象。"TPO"原则要求人们的服饰应力求和谐，以和谐为美。着装要与时间、季节相吻合，符合时令；要与所处场合环境，与不同国家、区域、民族的不同习俗相吻合；符合着装人的身份；要根据不同的交往目的，交往对象选择服饰，给人留下良好的印象。

1. 应时

服饰的"应时"，含有以下三重意思。

(1)就是与时代进步的主流风格基本保持一致，不可背离时代，但也不宜追时髦、赶"前卫"。因为这样会让客户有不稳定、不成熟和不可靠的感觉。

(2)服饰应当随着一年四季的变化而更替变换，不宜打破常规，标新立异。比如同样是裙装，夏天应着薄面料的，冬天应着厚面料的。

(3)服饰应该顾及每天早、中、晚的时间变化，适当调换。

2. 应景

服饰要充分考虑自己即将出现或主要活动的地点。尽量使自己的服饰与所处环境保持和谐一致。比如，推销员对顾客访问是在办公室、家庭或饭店等处，自然是以西服革履最为适合，但推销员若到修车厂推销汽车零件，而那里从厂长到工人都穿工作服，那么推销员穿西装就是不应景，即是与环境不相协调。因此推销员应脱下西装改穿工作服，这样易使客户产生亲切感和共鸣感，有利于提高销售业绩。

3. 应事

着装应与职业、场合、交往目的对象相协调。

工作时间着装应遵循端庄、整洁、稳重、美观、和谐的原则，能给人以愉悦感和庄重感。从一个单位职业的着装和精神面貌，便能体现这个单位的工作作风和发展前景。正式社交场合，着装宜庄重大方，不宜过于浮华。参加晚会或喜庆场合，服饰则可明亮、艳丽些。节假日休闲时间着装应随意、轻便些，西装革履则显得拘谨而不适宜。家庭生活中，着休闲装、便装更益于与家人之间沟通感情，营造轻松、愉悦、温馨的氛围。但不能穿睡衣、拖鞋到大街上去购物或散步，那是不雅和失礼的。着装应与交往对象、目的相适应。与外宾、少数民族相处，更要特别尊重他们的习俗禁忌。

4. 应己

选择服装首先应该与自己的年龄、身份、体形、肤色、性格和谐统一。

(1)着装应与自身条件相适应。年长者，身份地位高者，选择服装款式不宜太新潮，款式简单而面料质地讲究。青少年着装则着重体现青春气息，朴素、整洁为宜，清新、活泼最好。推销人员应当以素洁、稳重、大方为主。打扮得太年轻、活泼的话，容易招致对方的怀疑与轻视。

(2)着装应符合自己的形体与肤色 。形体条件对服装款式的选择也有很大影响。身材矮胖、颈粗圆脸形者，宜穿深色低"V"字形领，大"U"形领套装，浅色高领服装则不适合。而身材瘦长、颈细长、长脸形者宜穿浅色、高领或圆形领服装。方形脸者则宜穿小圆领或双翻领服装。身材匀称，形体条件好，肤色也好的人，着装范围则较广，可谓"浓妆淡抹总相宜"。肤色偏黑或发红者，穿深色服装。肤色黄绿或苍白色，最好穿浅色服装。

5. 应制

所谓应制，就是身为推销人员，参加推销活动的服饰，要做到制度化、系列化、标准化。制度化，就是符合公司制定的参加推销活动执行公务时的着装规定。系列化，就是要使衣、裤、裙、帽、鞋、袜、包等在一个“主题”。标准化，就是要按照各种服装的穿着标准着装，不可随意创造，独成一派。比如，穿制服时，不允许敞怀。穿中山服时，不仅要扣上全部衣扣，而且要系上搭扣，并且不允许挽起衣袖。

另外，在室外穿用的衣物用品，如帽子、风雨衣、外套、大衣、手套、墨镜等，进入室内就不应再穿用。

(二)首饰佩戴

1. 首饰佩戴的规则

首饰的作用就是装饰，但如果这种装饰给自己和别人带来不快的话，美丽也就不存在了。在较为正规的推销场合使用首饰，务必要遵守其使用规则。这样做的好处是，既能让首饰发挥其应有的美化、装饰功能，又能合乎常规，在选择、搭配、使用之中不至于弄出洋相，被人耻笑。推销员在使用首饰时，通常应当无一例外地恪守如下八条规则。

(1)数量规则。戴首饰时数量上的规则是以少为佳。在必要时，可以一件首饰也不必佩戴。若有意同时佩戴多种首饰，其上限一般为三，即不应当在总量上超过三种。除耳环、手镯外，最好不要使佩戴的同类首饰超过一件。

(2)色彩规则。戴首饰时色彩的规则是力求同色。若同时佩戴两件或两件以上首饰，应使其色彩一致。戴镶嵌首饰时，应使其主色调保持一致。千万不要使所戴的几种首饰色彩斑斓，以免对顾客的视觉造成一定的压力。

(3)质地规则。戴首饰时质地上的规则是争取同质。若同时佩戴两件或两件以上首饰，应使其质地相同。戴镶嵌首饰时，应使其被镶嵌物质地一致，托架也应力求一致。另外还须注意，高档饰物，多适用于隆重的社交场合，但不适合在平时工作时佩戴。

(4)身份规则。戴首饰时，要令其符合身份。选戴首饰时，不仅要照顾个人爱好，更应当服从于本人身份，要与自己的性别、年龄、职业、工作环境保持大体一致，而不宜使之相去甚远。

(5)体形规则。戴首饰时，要使首饰为自己的体型扬长避短。选择首饰时，应充分正视自身的形体特色，避短是其中的重点，扬长则须适时而定。

(6)季节规则。戴首饰时，所戴首饰应与季节相吻合。一般而言，季节不同，所戴首饰也应不同。金色、深色首饰适于冷季佩戴，银色、艳色首饰则适合暖季佩戴。季节不同，戴的首饰也要不同。

(7)搭配规则。戴首饰时，要尽力使服饰协调。佩戴首饰，应视为服装整体上的一个环节。要同时兼顾服装的质地、色彩、款式，并努力使之在风格上相互般配。

(8)习俗规则。戴首饰时，应该遵守习俗。不同的地区、不同的民族，佩戴首饰的习惯做法多有不同。对此一是要了解，二是要尊重。

2. 首饰的佩戴方法

首饰的种类很多，在具体品种上，有戒指、项链、挂件、耳环、手镯、手链、脚链、胸针、领针，等等。在佩戴方法上，除必须遵守以上八条使用规则之外，不同品种的首饰，往往各自还有许多不同的要求，对此推销员切不可不闻不问。以下，介绍一些主要品种的首饰的佩戴方法。

(1)戒指一般戴在左手，而且最好仅戴一枚，最多可戴两枚。且戴在不同的手指表达不同的含义。

(2)耳环讲究成对使用,且不宜在一只耳朵上同时戴多只耳环。对于耳环的选择要以固定在耳上为佳,如果太长,会让你看起来显得不够庄重。

(3)手镯可以只戴一只,也可以同时戴上两只。但不宜在一只手上戴多只手镯。

(4)项链,是戴于颈部的环形首饰。男女均可使用。但男士所戴的项链一般不应外露。通常,所戴的项链不应多于一条,但可将一条长项链折成数圈佩戴。

(5)手链,男女都可以佩戴,在通常情况下,应戴在左手上。在一只手上戴多条手链、双手同时戴手链、手链与手表同时佩戴在一只手上,一般是不符合礼仪的。

(6)胸针,适宜别在西装左侧领上。穿无领上衣时,则宜别在左侧胸前。

二、拜访礼仪

拜访是达成销售的面对面阶段,虽然还不是正式的谈判,但拜访过程的成败直接影响到交易的实现与否。决定去拜访别人应该做好适当的安排和必要的准备,这样既能使自己在拜访过程中做到游刃有余,又体现了对被拜访者的尊重,有利于推销工作的顺利进行。

1. 拜访预约

由于许多客户不喜欢销售者贸然登门,而且如果客户并不存在需求,直接去拜访也是效率非常低的方法。因此拜访预约在拜访环节中必不可少。当有必要去拜访别人时,必须要考虑主人是否方便,为此一定要提前口头、书面或电话通知对方。

预约时要注意的问题:

(1)措辞要注意礼貌,语气一定要和缓。

(2)不要逼着客户同意,有意识地把决定权让给对方。

(3)如果是电话或信件预约,对产品的介绍要言简意赅,因为通过书面或电话达成的记忆是非常有限的。

(4)对双方约定的时间要注意强调,以确保客户不会遗忘。

(5)尽可能从客户的角度去考虑,不提无理的、为客户制造麻烦的要求。

(6)如果是电话预约,通话时间不要太长。

2. 确定拜访时间和地点

推销人员应注意选择最恰当的时间,而不要突然、不合时宜地对顾客进行拜访。对顾客的拜访以安排在对方比较空闲的时间为宜,最好是节假日的下午或平日的晚饭之后,因为在这段时间里,客户一般都有接待来客的思想准备。应尽量避免在顾客进餐时间进行拜访。如果拜访对象有午睡习惯,就不要在午后进行拜访。晚上拜访的时间不宜太晚,尤其不要在对方临睡前去拜访。同时拜访地点的确定不能只考虑自己的方便,应遵循"别人为主,兼顾自己"的原则。

【课堂讨论】

一个星期一的早晨,我们刚上班,正在开例行会议,安排本周的工作计划和布置重点工作,有人敲门,原来是一家文具用品公司的人上门推销。

"对不起,我是××文化用品公司的……"没等对方说完,我们中就有人不耐烦地说:"你没看见我们正在开会吗?"

对方一看我们都没有笑脸便悻悻地走了。被他这么一打扰,我都不记得我说到哪里了,心里对这位不速之客更反感了。

推销员的失误在哪里？

三、迎送礼仪

客人来访时，推销员应主动接待，并随时记得“顾客至上”。推销人员应引领客人进入会客厅或者公共接待区，并为其送上饮料，如果是在自己的座位上交谈，应该注意声音不要过大，以免影响周围同事。推销员在前面领路时，切记始终面带微笑。

（一）迎客礼仪

在公司内不同场所领路时，应该留意以下重点：

（1）走廊：应走在客人前面两三步的地方。让客人走在走廊中间，转弯时先提醒客人：“请往这边走。”

（2）楼梯：先说要去哪一层楼，上楼时让客人走在前面，一方面是确认客人的安全，一方面也表示谦卑，不要站得比客人高。

（3）电梯：必须主导客人上下电梯。必须先按电梯按钮，如果只有一个客人，可以以手压住打开的门，让客人先进，如果人数很多，则应该先进电梯，按住开关，先招呼客人，再让公司的人上电梯。出电梯时刚好相反，按住开关客人先出电梯，自己才走出电梯。如果上司在电梯内，则应让上司先出，自己最后再出电梯。

如果前来的客人人数很多，首先应保持冷静，其次应该留意现场轮流次序的维持，也就是秉持“先到先受理”的原则。对已经轮到的客人应有礼貌地招呼，说出：“下一位，请。”如果你能有秩序地应对，客人也就不会做无理的举动。让客人久候时，在轮到他时应很谦卑地对他说：“让您久等了！”

（二）介绍礼仪

在推销场合结识朋友，可由第三者介绍，也可自我介绍相识。为他人介绍，要先了解双方是否有结识的愿望，不要贸然行事。无论自我介绍或为他人介绍，做法都要自然。例如，正在交谈的人中，有你所熟识的，便可趋前打招呼，这位熟人顺便将你介绍给其他客人。在有些场合亦可主动自我介绍，讲清姓名、身份、单位（国家），对方则会随后自行介绍。为他人介绍时还可说明与自己的关系，便于新结识的人相互了解与信任。介绍具体人时，要有礼貌地以手示意，而不要用手指指点点。介绍的原则是将级别低的介绍给级别高的，将年轻的介绍给年长的，将未婚的介绍给已婚的，将男性介绍给女性，将本国人介绍给外国人。

（三）名片礼仪

名片是推销员常备的一种常用交际工具。推销员在与顾客交谈时，递给顾客一张名片，不仅是很好的自我介绍，而且与顾客建立了联系，方便体面。但名片不能滥用，要讲究一定的礼节，以避免留下不良的印象。

1. 递交名片

一般递名片的顺序应是地位低的先把名片交给地位高的，年轻的先把名片交给年老的。不过，假如是对方先拿出来，自己也不必谦让，应该大方收下，然后再拿出自己的名片递回。

正确的递法应是：手指并拢，将名片放在掌上，用大拇指捏住名片左右两段，送到对方胸前；或食指弯曲与大拇指夹住名片左右两段奉上。名片上的名字要正向对着对方，使对方接过名片就可正读。递交时要目光注视对方，微笑致意，可顺带一句“请多多关照”。

2. 接受名片

在接到对方递过来的名片时，应双手去接，接过后仔细看一遍，有不认识的字应马上询问，不可拿着对方的名片玩弄。看完后应将名片放入名片夹或认真收好,不可随手扔到桌子上或随便放入口袋,这都是对他人的不尊重。如果接下来与对方谈话,不要将名片收起来,应该放在桌子上,并保证不被其他东西压起来,这会使对方感觉你很重视他。第一次见面后,应在名片背面记下认识的时间、地点、内容等资料,最好简单记下顾客的特征(如籍贯、特殊爱好等)。这样累积起来的名片就成为自己的社会档案,为再次会面或联络提供线索或话题。

(四)握手礼仪

(1)场合:一般在见面和离别时用。冬季握手应摘下手套,以示尊重对方。一般应站着握手,除非生病或特殊场合,但也要欠身握手,以示敬意。

(2)谁先伸手:一般来说,和妇女、长者、主人、领导人、名人打交道时,为了尊重他们,把是否愿意握手的主动权赋予他们。但如果另一方先伸了手,作为妇女、长者、主人、领导人、名人的一方为了礼貌起见也应伸出手来握。见面时对方不伸手,则应向对方点头或鞠躬以示敬意。见面的对方如果是自己的长辈或贵宾,先伸了手,则应该快步走近,用双方握住对方的手,以示敬意,并问候对方"您好""见到您很高兴"等。

(3)握手方式:和新客户握手时,应伸出右手,掌心向左,虎口向上,以轻触对方为准(如果男士和女士握手,则男士应轻轻握住女士的手指部分)。时间1~3秒钟,轻轻摇动1~3下。

(4)握手力量轻重:根据双方交往程度确定。和新客户握手应轻握,但不可绵软无力;与老客户应握重些,表明礼貌、热情。

(5)握手时表情应自然、面带微笑,眼睛注视对方。

【小常识2—3—1】

握手十忌:一忌不讲先后顺序,抢先出手;二忌目光游移,漫不经心;三忌不脱手套,自视高傲;四忌掌心向下,目中无人;五忌用力不当,敷衍鲁莽;六忌左手相握,有悖习俗;七忌"乞讨式"握手,过于谦恭;八忌握手时间太长,让人无所适从;九忌滥用"双握式",令人尴尬;十忌"死鱼"式握手,轻慢冷漠。

(五)送客礼仪

如客人提出告辞时,推销人员要等客人起身后再站起来相送,切忌没等客人起身,自己先于客人起立相送,这是很不礼貌的。若客人提出告辞,推销人员仍端坐办公桌前,嘴里说"再见",而手中却还忙着自己的事,甚至连眼神也没有转到客人身上,更是不礼貌的行为。"出迎三步,身送七步"是迎送宾客最基本的礼仪。因此,每次见面结束,都要以将"再次见面"的心情来恭送对方回去。通常当客人起身告辞时,推销人员应马上站起来,主动为客人取下衣帽,帮他穿上,与客人握手告别,同时选择最合适的言辞送别,如"希望下次再来"等礼貌用语。尤其对初次来访的客人更应热情、周到、细致。当客人带有较多或较重的物品,送客时应帮客人代提重物。与客人在门口、电梯口或汽车旁告别时,要与客人握手,目送客人上车或离开,要以恭敬真诚的态度,笑容可掬地送客,不要急于返回,应鞠躬挥手致意,待客人移出视线后,才可结束送客仪式。

四、交谈礼仪

交谈,是表达思想及情感的重要工具,是人际交往的主要手段。推销人员利用这一手段,既可以传递产品信息,又增加了顾客对自己及企业的信任感,从而达到交易的目的。因此,掌握交谈的礼仪要求、提高交谈的语言艺术，对于提高推销的工作水平和工作效率，具有极其重要的作用。一个成功的推销员说过："有效的推销是自己只说 1/3 的话，把 2/3 的话留给对方去说，然后倾听。"

(一)交谈中的敬语、谦语和雅语

1. 敬语

敬语，亦称"敬辞"，它与"谦语"相对，是表示尊敬礼貌的词语。在交谈中应以礼待人，这样既能显示出自身的文化修养，又可以满足对方的自尊。所以，在交谈中要随时随地有意识使用敬语，这是以敬人之心赢得尊重的有效方式。敬语的使用频率实际上是挺多的。我们日常使用的"请"字，第二人称中的"您"字，代词"阁下""尊夫人""贵方"等。

2. 谦语

谦语，亦称"谦辞"，它是与"敬语"相对，是向人表示谦恭和自谦的一种词语。谦语最常用的用法是在别人面前谦称自己和自己的亲属。例如，称自己为"愚"，亲属为"家严、家慈、家兄、家嫂"等。自谦和敬人，是一个不可分割的统一体。尽管日常生活中谦语使用不多，但其精神无处不在。只要你在日常用语中表现出你的谦虚和恳切，人们自然会尊重你。

3. 雅语

雅语是指一些比较文雅的词语。雅语常常在一些正规的场合以及一些有长辈和女性在场的情况下，被用来替代那些比较随便，甚至粗俗的话语。多使用雅语，能体现出一个人的文化素养以及尊重他人的个人素质。在待人接物中，要是你正在招待客人，在端茶时，你应该说："请用茶。"如果还用点心招待，可以用"请用一些茶点"。假如你先于别人结束用餐，你应该向其他人打招呼说："请大家慢用。"雅语的使用不是机械的、固定的。只要你的言谈举止彬彬有礼，人们就会对你的个人修养留下较深的印象。只要推销人员注意使用雅语，必然会对推销活动成交率的提高有所帮助。

(二)交谈的惯例

1. 注意倾听

倾听是与交谈过程相伴而行的一个重要环节，也是交谈顺利进行的必要条件。销售人员在与顾客交谈时务必要认真聆听对方的发言，用表情举止予以配合，从而表达自己的敬意，并为积极融入交谈中去做最充分的准备。

【小案例 2—3—1】

乔·吉拉德向一位顾客销售汽车，交易过程十分顺利。当顾客正要掏钱付款时，另一位销售人员跟吉拉德谈起昨天的篮球赛，吉拉德一边跟同伴津津有味地说笑，一边伸手去接车款，不料顾客却突然掉头而走，连车也不买了。吉拉德苦思冥想了一天，不明白顾客为什么对已经挑选好的汽车突然放弃了。夜里 11:00，他终于忍不住给顾客打了一个电话，询问顾客突然改变主意的理由。顾客不高兴地在电话中告诉他："今天下午付款时，我同您谈到了我们的小儿子，他刚考上密歇根大学，是我们家的骄傲，可是您一点也没有听见，只顾跟您的同伴谈篮球赛。"吉拉德明白了，这次生意失败的根本原因是因为自己没有认真倾听顾客谈论自己最得意的儿子。

2. 谨慎插话

交谈中不应当随便打断顾客的话，要尽量让对方把话说完再发表自己的看法。如确实想要插话，应向对方打招呼："对不起，我插一句行吗？"但所插之言不可冗长，一两句点到即可。

3. 注意交流

交谈是一个双向或多向交流过程，需要各方的积极参与。因此在交谈时切勿造成"一言堂"的局面。自己发言时要给其他人发表意见的机会，别人说话时自己要适时发表个人看法，互动式促进交谈进行。

【小案例 2—3—2】

某电话公司曾碰到一个凶悍的客户，这位顾客对电话公司的有关工作人员破口大骂，怒火中烧，威胁要拆毁电话，并拒付费用。公司特派一位善于倾听的"推销员"与客户沟通。推销员静静地倾听了这位顾客近三个小时的"狂风暴雨"，并对此表示同情。以后，他又两次登门继续倾听他对电话公司的不满和抱怨。当他第三次去时，那位顾客已经"风平浪静"，不仅缴了电话费，还和推销员成了好朋友。

(三)位置和距离

推销员与顾客在交谈中所处的位置和距离如何，对推销的结果也或大或小地产生着微妙的影响。这种影响表现在对双方心理距离的影响上。因此推销员应注意与顾客交谈时位置的安排，若位置安排恰当，就有利于推销谈话的进行。

推销员与顾客同处一室，应把上座让给顾客。什么位置是上座呢？有两个扶手的沙发(或椅子)是上座，长沙发(或椅子)是下座；面对大门的是上座，接近门口处的位置是下座；靠墙壁的一方是上座，这在咖啡馆谈生意时尤为注意；在火车上，面对前进方向的是上座。当然，这些区分并不是硬性规定，但若推销员遵守了这些礼节，在一定程度上表示了对顾客的尊重和谦让之心，自然是顾客十分高兴，会收到"投之以李，报之以桃"的效果。在遵守上述礼仪的前提下，推销员与顾客进行交谈时，还面临着空间距离的把握问题。

人们所处的空间可以分为 4 个层次：

(1)亲密空间 15～46cm，这是最亲的人，如父母、恋人、爱人。

(2)个人空间 46cm～1.2m，一般亲朋好友之间，促膝谈心，拉家常。

(3)社交空间 1.2m～3.6m，社交场合与人接触，上下级之间保持距离，会产生威严感、庄重感；

(4)公众空间＞3.6m，社交场合与人接触，上下级之间保持距离。

显然，推销员与顾客进行交谈时，最适宜的空间距离应该在 1.2m～3.6m 范围内，当然这一空间距离范围并不是硬性规定，具体的空间距离还得视推销员与顾客关系的密切程度来进行选择。

五、宴请礼仪

推销员在推销工作中，经常会有主持宴请客户或出席客户主持的宴会等应酬，在这些活动中，无论是应邀赴宴，还是招待宴请顾客，都要注意遵循相应礼仪，以使推销员在轻松愉快的举杯把盏中，能够比较容易地取得销售业绩。

(一)招待宴请的礼节

推销组织或个人为答谢、庆功或开展特定的推销活动都会考虑设宴活动。推销人员如果懂得并运用好招待宴请礼节，会收到事半功倍的效果。

1. 宴会目的、宴请对象

推销组织或个人举行宴会都是为了通过一定时间或活动来联络感情和加强交流，比如答谢和庆功等，为此应考虑邀请与此有关的代表人物参加，并且要求参加宴会的人在身份、地位和年龄上大致相当，这样彼此会得到一定的认同感和满足感，也便于交流。否则，会降低宴会的作用。

2. 宴请时间、地点

招待顾客的时间、地点最好在宴请前与顾客商定。地点一般不易选在顾客投诉的旅社或饭店举行。

3. 宴请函

宴会的邀请函或请柬一定要提前一周发出，若电话邀请也应提前几天进行，在紧迫的时间内请人赴约是不礼貌的。请柬内容包括活动形式、举行时间及地点、主人名称(若以单位名义邀请，可用单位名称)。请柬行文不用标点符号，所提到的人名、单位名称、节日名称等均用全称。中文请柬行文中不提被邀请者的姓名。其姓名和职务写在请柬信封上，主人姓名放在落款处。请柬可以印刷，亦可手写，但手写字迹要美观、清晰。

4. 订菜

订菜不应以主人的爱好为准，要考虑到来宾的口味、年龄、习惯、健康状况等，也可以适当地考虑本地的一些特色。

5. 迎接

宴会开始之前，主人应在门口迎接来宾，有时还可有少数其他主要人员陪同主人列队欢迎客人，客人抵达后，宾主相互握手问候，随即由工作人员将客人引至休息厅小憩。在休息厅内应用相应身份者照应客人。若无休息厅，可请客人直接进入宴会厅，但不可马上落座。主要宾客到达后，主人应陪同他进入休息厅或宴会厅与其他客人会面，此时全体人员方可入座，宴会即可开始。

6. 入座

推销人员作为主人，在客人到达前要安排好席位以便客人来时入座。按照国际习惯，席位安排原则为：同一桌上，席位高低依距离主人的座位远近而定，右高左低；外国习惯男女穿插安排，亦女主人为准，主宾在女主人右上方，次主宾在男主人右上方。按照我国习惯，入座一般按照个人本身职务排列，以便谈话。如夫人出席，通常把女方排在一起，记住并坐在男主人右上方，其夫人坐在女主人右上方。陪同人员要坐在末端，避免让客人坐末端。

7. 进餐

上菜后，主人应该注意招呼客人进餐，要与同座的人普遍交谈，敬酒不要强求，饮酒过量可能会失言、失态，给宴请起反作用。

8. 送客

客人离去时，主人迎送至门口，与客人们一一握手热情告别，表达欢送之意。在比较正式的场合，在门口列队欢迎的工作人员此时还应当列队于门口欢送客人。

(二)出席宴请的礼节

(1)接到正式宴会请柬或邀请信，能否出席应提前答复主人，以便主人安排。在接受邀请之后，不要随意改动。万一遇到不得已的特殊情况不能出席，尤其是主宾，应尽早向主人解释、道歉，甚至亲自登门表示歉意。

(2)遵守赴宴时间。抵达时间的迟早，不仅反映这个人的性格、修养，在一定程度上反映出对主人的尊重。因此,推销人员出席宴会应正点或提前两三分钟到达。

(3)抵达。抵达宴请地点,先到衣帽间脱下大衣和帽子,然后前往主人迎宾处,主动向主人问好。如是节庆活动,应表示祝贺。

(4)入座。到达后不要随意乱坐,应听从主人安排。如是宴会,进入宴会厅之前,先了解自己的桌次和座位,入座时注意桌上座位卡是否写着自己的名字。如邻座是年长者或妇女,应主动协助他们先坐下。

(5)仪表。服装应整洁大方,头发要梳理,胡须要修刮。男士着西装或中山装,女士着西装、旗袍、连衣裙或其他礼服。不要穿大衣、戴帽子、围巾进宴会厅。

(6)进餐。推销人员应待主人招呼后,才开始进餐。吃东西要文雅。闭嘴咀嚼,喝汤不要啜,吃东西不要发出声音。吃剩的菜,用过的餐具牙签,都应放在盘内,勿置桌上。嘴内有食物时,切勿说话。剔牙时,用手或餐巾遮口。

(7)退席。退席时,一定要等主要客人先走或者留意主人的暗示,如提前退席则应悄悄向主人说明一下,或提前打招呼,以不惊动别的客人为原则。

(8)致谢。握手不要戴手套(但女士可以不脱薄手套)。握手时不要歪头侧视旁人,握手后不要当着对方面擦手。

六、体态礼仪

体态又称举止,是指人的行为动作和表情,日常生活中的站、坐、走的姿态,一举手一投足,一颦一笑都可以称为举止。体态与人的风度密切相关,是构成人们特有风度的主要方面。体态是一种不说话的"语言",是内涵极为丰富的语言。举止的高雅得体与否,直接反映出人的内在素养,举止的规范到位与否,直接影响他人对自己的印象和评价。"行为举止是心灵的外衣",它不仅反映一个人的外表,也可以反映一个人的品格和精神气质。有些人尽管相貌一般,甚至有生理缺陷,但举止端庄文雅、落落大方,也能给人以深刻良好的印象,获得他人的好感。推销员要塑造良好的交际形象,必须注意自己的行为举止。推销员的行为举止要做到彬彬有礼、落落大方,必须遵守必要的体态礼仪,尽量避免各种不礼貌或不文明的行为举止。

(一)形体姿态

1. 站姿

站立是人们生活交往中的一项最基本的举止,是生活静力造型的动作。优美而典雅的造型,是优雅举止的基础。男士要求"站如松",刚毅洒脱;女士则应秀雅优美,亭亭玉立。

标准的站姿是:(1)头正,双目平视,嘴角微闭,下颌微收,面容平和自然。(2)双肩放松,稍向下沉,人有向上的感觉。(3)躯干挺直,挺胸,收腹,立腰。(4)双臂自然下垂于身体两侧,中指贴拢裤缝,两手自然放松。(5)双腿立直、并拢,脚跟相靠,两脚尖张开约60度,身体重心落于两脚正中。

正确健美的站姿会给人以挺拔笔直、舒展俊美、庄重大方、精力充沛、信心十足、积极向上的印象。不同的工作岗位对站姿的规定不尽相同,但作为一种基本姿势和体态训练之需要,站姿应遵循的基本要求是一致的。由站姿的基本要求构成的站姿,似有呆板之嫌,其实不然,按这些要求经过反复训练后,能从体态上形成一种优雅挺拔、神采奕奕的体态。站姿的基本范式是其他各种工作姿势的基础,也是发展不同质感美的起点,是优雅端庄的举止的基础。

2. 坐姿

坐是举止的主要内容之一。坐,作为一种举止,有着美与丑、优雅与粗俗之分。坐姿要求

“坐如钟”，指人的坐姿像座钟般端直，当然这里的端直指上体的端直。优美的坐姿让人觉得安详、舒适、端正、舒展大方。

正确的坐姿：(1)入座时要轻、稳、缓。走到座位前，转身后轻稳地坐下。女子入座时，若是裙装，应用手将裙子稍稍拢一下，不要坐下后再拉拽衣裙，那样不优雅。正式场合一般从椅子的左边入座，离座时也要从椅子左边离开，这是一种礼貌。女士入座尤要娴雅、文静、柔美。如果椅子位置不合适，需要挪动椅子的位置时，应当先把椅子移至欲就座处，然后入座。而坐在椅子上移动位置，是有违社交礼仪的。(2)神态从容自如（嘴唇微闭，下颌微收，面容平和自然）。(3)双肩平正放松，两臂自然弯曲放在腿上，亦可放在椅子或是沙发扶手上，以自然得体为宜，掌心向下。(4)坐在椅子上，要立腰，挺胸，上体自然挺直。(5)双膝自然并拢，双腿正放或侧放，双脚并拢或交叠或成小“V”字形。男士两膝间可分开一拳左右的距离，脚可取小八字步或稍分开以显自然洒脱之美，但不可尽情打开腿脚，那样会显得粗俗和傲慢。(6)坐在椅子上，应至少坐满椅子的2/3，宽座沙发则至少坐1/2。落座后至少10分钟左右时间不要靠椅背。时间久了，可轻靠椅背。(7)谈话时应根据交谈者方位，将上体双膝侧转向交谈者，上身仍保持挺直，不要出现自卑、恭维、讨好的姿态。讲究礼仪要尊重别人但不能失去自尊。(8)离座时，要自然稳当，右脚向后收半步，而后站起。

3. 走姿

走姿又称步态。走姿要求“行如风”，是指人行走时，如风行水上，有一种轻快自然的美。人们走路的样子千姿百态、各不相同，给人的感觉也有很大的差别。有的步伐矫健、轻松灵活、富有弹性，令人精神振奋；有的步伐稳健、端庄、自然、大方，给人以沉着、庄重、斯文之感；有的步伐雄壮、铿锵有力，给人以英武、勇敢、无畏的印象；有的步伐轻盈、敏捷，给人以轻巧、欢悦、柔和之感。但也有的人不重视步态美，行路时弯腰驼背、低头无神、步履蹒跚，给人以倦怠、老态龙钟的感觉；还有的摇着八字脚，晃着“鸭子”步，这些步态都十分难看。走姿的基本要求应是从容、平稳，应走出直线。

（二）手势和表情

1. 手势

手势是人们交往时不可缺少的动作，是最有表现力的一种“体态语言”，俗话说：“心有所思，手有所指”。手的魅力并不亚于眼睛，甚至可以说手就是人的第二双眼睛。手势表现的含义非常丰富，表达的感情也非常微妙复杂。如招手致意，挥手告别，拍手称赞，拱手致谢，举手赞同，摆手拒绝；手抚是爱，手指是怒，手搂是亲，手捧是敬，手遮是羞等。手势的含义，或是发出信息，或是表示喜恶、表达感情，能够恰当地运用手势表情达意，会为交际形象增辉。

手势是推销员与顾客交往中使用最平凡的一种非口语活动，运用得恰当，会大大增加推销员传递信息的清晰度。恰当地利用手势，可以起到加强交谈内容的作用。因此，了解和恰当地运用一定的手势礼仪，也是一个推销者必不可少的技能。使用手势应该注意以下问题。

(1)大小适度，自然亲切。在与顾客交往中，手势不宜过多，动作不宜过大，切忌“指手画脚”和“手舞足蹈”。手势的上界一般不应超过对方的视线，下界不低于自己的胸区，左右摆的范围不要太宽，应在人的胸前或右方进行。

(2)打招呼、致意、告别、欢呼、鼓掌应该注意其力度大小、速度的快慢、时间的长短，不可过度。

(3)掌心向上的手势有诚恳、尊重他人的含义；掌心向下的手势意味着不够坦率、缺乏诚意等；攥紧拳头暗示进攻和自卫，也表示愤怒；伸出手指来指点，是要引起他人的注意，含有教训人的意味。因此，在介绍某人、为某人引路指示方向、请人做某事时，应该掌心向上，以肘关节为轴，上身稍向前倾，以示尊敬。这种手势被认为是诚恳、恭敬、有礼貌的。

(4)避免不良手势。在任何情况下都不要用大拇指指自己的鼻尖和用手指指点他人。谈到自己时应用手掌轻按自己的左胸，那样会显得端庄、大方、可信。用手指指点他人的手势是不礼貌的；初见新客户时，避免抓头发、玩饰物、掏鼻孔、剔牙齿、抬腕看表、高兴时拉袖子等粗鲁的手势动作。

【小常识 2—3—2】

有些手势在使用时应注意区域和各国的不同习惯，不可以乱用。因为各地习俗迥异，相同的手势表达的意思，不仅有所不同，而且有的大相径庭。如在某些国家认为竖起大拇指、其余四指蜷曲表示称赞夸奖，但澳大利亚则认为竖起大拇指、尤其是横向伸出大拇指是一种污辱。英国人跷起大拇指是拦车要求搭车的意思。用大拇指和食指构成一个圆圈，其他三指伸直，就是“OK”的手势，这一手势在欧洲表示赞扬和允诺的意思，特别在青年学生中广为流行，然而在法国南部、希腊、撒丁岛等地，它的意思恰好相反，在巴西，人们打“OK”这个手势表示的是“肛门”。阿拉伯人用两个小手指拉在一起表示断交，吉卜赛人掸去肩上的尘土表示你快滚开。

2. 面部表情

【名人名言】

“要推销出去自己，面部表情很重要。它可以拒人千里，也可以使陌生人立即成为朋友。”

——乔·吉拉德

表情是人内心的情感在面部、声音或身体姿态上的表现。当外部客观事物以物体的、语言的、行为的方式刺激大脑时，人就会产生各种内在反映即情感，这种情感会通过人体相应的表情呈现出来，表现在人的面部、身体、姿态、声音上。人们常说情动之于心、形之于外、传之于声就是这个意思。人的面部表情是复杂的。现代心理学家总结过一个公式：感情的表达＝言语(7%)＋声音(38%)＋表情(55%)。比如打电话时并看不到打电话的人，但表情却影响传过来的声音，没有哪一个人能以愤怒的表情说出优美和蔼的问候语。可见表情在人与人之间的感情沟通上占有相当重要的地位。健康的表情留给人们的印象是深刻的，它是优雅风度的重要组成部分，这里着重介绍面部表情中的眼神和微笑。

(1)眼神。眼神是推销人员在交谈中调节与顾客心理距离的手段。在与顾客推销交谈中，恳切、坦然、友好、坚定、宽容的眼神，会给人亲近、信任、受尊敬的感觉，而轻佻、游离、茫然、阴沉、轻蔑的眼神会使人感到失望，有不受重视的感觉。有研究表明，谈话中双方的双目对视一般只持续一秒钟左右，然后移开，不能死死盯住顾客不放，也不要东张西望、左顾右盼。

在与顾客洽谈、磋商、谈判等正式场合，注视的位置在对方脸部，以双眼为底线，上到前额的三角部分。这样会给人一种严肃认真的感觉，对方也会感到你有诚意，你就会把握谈话的主动权和控制权。

在与顾客在社交场合交流时，注视的位置在对方唇心到双眼之间的三角区域，当你的目光看着对方脸部这个区域时，会营造出一种社交气氛，让人感到轻松自然。切忌“聚焦”，死盯对方眼睛或脸上的某个部位，因为这样会使对方难受、不安，甚至有受侮之感，产生敌意，无意中积小恶而产生抵触、敌意情绪，很不值得。

(2)微笑。无论在任何时候在任何地点在任何人面前，尤其是在客户面前，都要保持微笑。微笑，不仅仅让他人轻松，也让自己轻松，是对自己也是对他人心理的一种积极的暗示，是开启压抑的心理之门的金钥匙，是驱散心中沉闷的潮湿的空气的雨后的阳光。微笑，是最好的销售说明书。

推销员与顾客交往中，最常见也最有用的面部表情就是笑容。笑可以增加你的面值。“当你笑时，整个世界都在笑。一脸苦相没有人愿意理睬你。”学会微笑，对推销员的工作大有裨益，以一种轻松愉悦的心情与客户谈话，即便是过去很棘手的问题，现在也可以变得容易很多。美国与日本的保险推销界各有一位“价值百万美元笑容”的推销家，他们是威廉·怀拉和原一平。因为拥有一张令客户无法抗拒的笑脸，他们的人均年收入高达百万美元，这也算是微笑的价值了。其实，他们并非天生就有迷人的微笑，而是经过长期苦练出来的。只要用心去练，你也能拥有他们那样迷人的微笑，但有一点很重要：发自内心的微笑才是最具魅力的，最让人无法抗拒的。

微笑是社交场合中最富吸引力、最令人愉悦、也最有价值的面部表情。它可以与语言和动作相互配合起互补作用，它不但表现着人际交往中友善、诚信、谦恭、和谐、融洽等最美好的感情因素，而且反映出交往人的自信、涵养与和睦的人际关系及健康的心理。对推销工作来说一个拥有纯真微笑的小学毕业生，比一个脸孔冷漠的哲学博士更有用。微笑是一个推销员的基本素质，也是公司最有效的商标，比任何广告都有用，只有它能深入人心。应该注意的是：微笑一定要发自内心、亲切自然。只有发自内心的微笑才富有魅力，让人愉悦欢心。不要为了讨好别人故作笑颜、满脸堆笑。

(三)递物和接物

递物与接物是生活中常常遇到的一种举止，一个小小的举止动作也能体现一个人的修养。礼仪的基本原则之一是尊重他人，而双手递物或接物恰恰体现了对对方的尊重。

1. 递交文件资料

工作中有文件资料需要上级领导过目签字时，应该用双手递上文件或资料，并且使文件的正面对着接物的一方。

2. 递交其他物品

把物品双手递交到对方手中体现对对方的尊重。递笔、刀剪之类尖利的物品时，需将尖端朝向自己握在手中，而不要指向对方。接受对方恭恭敬敬递过来的物品，都应该同样用双手去接，并以适当的方式致意或道谢。请注意：越是正式庄重的场合，初次相识的人之间，身份地位悬殊越大越要讲究礼仪。需提示的是，与外宾打交道，递接物品可先留意对方是用单手还是双手递接，随后再跟着摹仿。比如在泰国、印度、马来西亚和中东等一些国家都用右手拿东西，忌用左手。给别人递东西也都用右手以示尊重。他们认为左手是用来洗澡、上厕所的，是不干净的。日本人则喜欢用右手送自己的名片，左手接对方名片。

任务实施

对于第一次与顾客见面的王涛来说，能否给顾客留下良好印象，各个方面的礼仪礼节都很重要。

一、注重个人仪容仪表

(一)个人仪容

1. 王涛(男推销员)的仪容

发型:头发要有型且整齐,发型要显出你的大方,不能太长也不能太短;干净整洁,没有头屑;不要留时髦的发型。

脸洗干净:脸上的每一处都要认真清洗,特别是眼角、耳朵、鼻孔等部位。拜访客户前要对着镜子检查一遍。皮肤太干要涂护肤品,但不要让脸看起来油腻腻的。

胡子刮干净:不要留胡子,因为年轻人留胡子容易给人一种不修边幅的感觉,也会让顾客感觉你对工作不负责任。如果手臂上有刺青,最好遮住。

指甲干净:手指头要保持干净,及时修剪指甲。

2. 女推销员的仪容

头发整洁:头发自然有光泽;发型要显示出你的大方、高雅、干练,刘海不要遮住眼睛。

化淡妆:略施粉黛、轻描眉、唇浅红。

衣服端庄:衣服不要太透、太露。

衣服领口干净:衬衣领口不要太复杂和花哨,领口干净。

指甲干净:要经常修剪指甲,指甲造型不要太怪,也不能留的太长,指甲油不能太艳。

(二)个人仪表

王涛在掌握服饰的"TPO"原则基础上,还要注意以下问题:

1. 拜访客户不要穿高档名牌西装。在普通场合与顾客见面,穿太高档的西装反而弄巧成拙,引起顾客的反感,拉大和顾客之间的距离。

2. 王涛比较年轻,所以最好穿得稍微朴素一点,这样能给顾客一个稳重成熟的印象。如果是年纪稍大的推销员,则最好穿得比较时尚一点,这样可以避免给顾客一种老气横秋的感觉。

3. 外套、衬衣和领带的搭配要协调。

4. 注意皮鞋的光亮整洁。鞋不能有破损,鞋面要擦亮,不要留任何痕迹。女性推销员的鞋子款式要大方简洁,没有过多装饰与色彩,鞋跟不要太高太尖,不要穿破的丝袜。

二、拜访顾客要遵守社交礼仪

1. 拜访之前先与顾客进行联络,不告而访是非常失礼的行为。

2. 拜访应选择适当的时间和地点。如果双方有约,应准时赴约。万一因故不得不迟到或取消访问,应立即通知对方。

3. 讲究敲门的艺术。要用食指敲门,力度适中,间隔有序敲三下,等待回音。如无应声,可再稍加力度,再敲三下,如有应声,再侧身隐立于右门框一侧,待门开时再向前迈半步,与主人相对,经允许后进屋。

4. 到达拜访地点后,如果与客户是第一次见面,应主动递上名片,或做自我介绍。对熟人可握手问候。

5. 如果客户因故不能马上接待,应安静地等候,有抽烟习惯的人,要注意观察该场所是否有禁止吸烟的警示。如果等待时间过久,可向有关人员说明,并另定时间,不要显现出不耐烦。

6. 客户不让座不能随便坐下。如果客户是年长者或上级,主人不坐,自己不能先坐。客户让座之后，要口称“谢谢”，然后采用规矩的礼仪坐姿坐下。客户递上烟茶要双手接过并表示谢意。如果客户没有吸烟的习惯，要克制自己的烟瘾，尽量不吸，以示对他人习惯的尊重。

7. 名片与所需的资料要事先准备好，在客户面前到处翻找资料，既失礼又显得非常不专业。

8. 如果是会见重要客户，一定要关掉手机或静音。

9. 控制好拜访的时间，最好在约定的时间内完成拜访，如果客户表现出有其他要事的样子，千万不要再拖延时间，如未完成工作，可约定下次见面的时间。起身告辞时，要向主人表示：“打扰”之歉意。出门后，回身主动伸手与主人握别，说：“请留步。”待主人留步后，走几步，再回首挥手致意：“再见。”

三、言谈举止要符合礼仪规范

（一）与顾客交谈会熟练使用敬语、谦语和雅语

1. 掌握常用的敬语

“请”“您”“您好”“尊夫人”“贵方”“早上好”“谢谢” “对不起”“打扰您了”“请多关照”“承蒙关照”“拜托”“辛苦了”“您受累了”“太好了”“真让我高兴”“真难为你了”“一路顺风”等。

（1）称呼尊长可用老先生、老同志、老师傅、老领导、老首长、老伯、大叔、大娘等。

（2）称呼平辈可用：老兄、老弟、先生、女士、贤弟、贤妹等。

（3）称姓名敬辞可用：贵姓、尊姓大名、芳名（对女性）等。

（4）称年龄敬辞可用：高寿（对老人）、贵庚、尊庚、芳龄（对女性）等。

（5）住处可用：府上、尊寓、尊府等。

（6）见解可用：高见、高论等。

（7）身体可用：贵体、玉体等。

2. 掌握常用的谦语

（1）谦称自己用：在下、鄙人、晚生等。

（2）谦称家人可以用：家父、家母、家兄、舍妹、小儿、小侄、小婿等。

3. 掌握常用的雅语

表 2-3-1 常用的雅语

初次见面说：幸会	中途先走说：失陪
看望别人说：拜访	等候别人说：恭候
请人勿送说：留步	欢迎顾客说：光顾
麻烦别人说：打扰	请人帮忙说：烦请
求给方便说：借光	与人分别说：告辞
赠送作品说：雅正	托人办事说：拜托
他人指点说：赐教	赞人见解说：高见
请人解答说：请教	老人年龄说：高寿
小姐年龄用“芳龄”	客人来到说：光临
求人原谅说：包涵	求人帮忙说：劳驾
归还物品说：奉还	需要考虑说：斟酌

续表

好久不见说:久违	对方来信说:惠书
未及迎接说:失迎	请人接受说:笑纳
祝人健康说:保重	接受好意说:领情

(二)行为举止要符合礼仪规范

1. 注意形体姿态

使自己的走、坐、站姿符合礼仪规范的要求,不要引起顾客的反感。

(1)会使用以下几种常用的站姿:

表 2—3—2 常用的站姿

名 称	动作要求及使用场合
肃立	身体立直,双手置于身体两侧,双腿自然并拢,脚跟靠紧,脚掌分开呈“V”字形。面部表情严肃、庄重、自然。参加升降国旗仪式或庄重严肃的场合,参加遗体告别仪式应该用肃立站姿。
直立(男女都适用)	身体立直,右手搭在左手上,自然贴在腹部(前搭手式),或两手背后相搭在臀部(后背手式),两腿并拢,脚跟靠紧,脚掌分开呈“V”字形(男女都适用,男士两脚可以略分开站立更显洒脱)。
直立(女士)	身体立直,右手搭在左手上,自然贴在腹部,右脚略向前靠在左脚上成丁字步
直立(男士)	身体立直,两手背后相搭,贴在臀部,两腿分开,两脚平行,比肩宽略窄些。

(2)会使用以下几种规范坐姿

表 2—3—3 规范坐姿

名 称	动作要求
普通坐姿(男女都适用)	双腿并拢,上体挺直,坐正,两脚略向前伸,两手分别放在双膝上(男士双腿略分开)。
女士坐姿	坐正,上身挺直,双腿并拢,两脚交叉,双手叠放,置于左腿或右腿上。
搭腿式坐姿(男女都适用)	其方法是将左腿微向右倾,右大腿放在左大腿上,脚尖朝向地面(切忌右脚尖朝天)。这种坐姿给人以高贵、典雅的美感。但应特别注意与跷二郎腿区别开。跷二郎腿一般悬空脚,脚尖朝天脚底朝向人,并伴有上下抖动的不雅的动作,有的国家是忌讳脚底朝向人的,因为这表示挑衅、不满、轻视、愤怒的情感,是粗俗不雅的举止。

(3)走姿符合以下要求

双目向前平视,微收下颌,面容平和自然,不左顾右盼,不回头张望,不盯住行人乱打量。

双肩平稳、肩峰稍后张,大臂带动小臂自然前后摆动,肩勿摇晃;前摆时,手不要超衣扣垂直线,肘关节微屈约 30 度,掌心向内,勿甩小臂,后摆时勿甩手腕。

上身自然挺拔,头正、挺胸、收腹、立腰,重心稍向前倾。

注意步位。行走时,假设下方有条直线,男士两脚跟交替踩在直线上,脚跟先着地,然后迅速过渡到前脚掌,脚尖略向外,距离直线约 5 厘米。女式则应走一字步走姿,即两腿交替迈步,两脚交替踏在直线上(一字步走姿)。

步幅适当。男性步幅(前后脚之间的距离)约 25 厘米,女性步幅约 20 厘米。或者说前脚的脚跟与后脚尖相距约为一脚长。步幅与服饰也有关,如女士穿裙装(特别是穿旗袍、西服裙、礼服和穿高跟鞋)时步幅应小些，穿长裤时步幅可大些。

注意步态。步态，即行走的基本态势。性别不同，行走的态势应有所区别。男性步伐矫健、稳重、刚毅、洒脱、豪迈，好似雄壮的"进行曲"，气势磅礴，具有阳刚之美，步伐频率每分钟约100步；女性步伐轻盈、玲珑、贤淑，具有阴柔秀雅之美，步伐频率约每分钟90步。

注意步韵。跨出的步子应是全部脚掌着地，膝和脚腕不可过于僵直，应该富有弹性，膝盖要尽量绷直，双臂应自然轻松摆动，使步伐因有韵律节奏感而显优美柔韧。

行走时不可把手插进衣服口袋里，尤其不可插在裤袋里。

2. 会正确运用手势和表情

(1)与顾客交谈时正确使用手势。

(2)多用眼神与顾客交流。

(3)用微笑传递和表达友好、和善、歉意和谅解等。

四、迎送、宴请顾客做到有礼有节

1. 掌握迎客的礼仪和规范

2. 介绍自己和他人时遵从惯例

3. 掌握正确的递接名片的方法

4. 握手礼仪熟记心理

5. 掌握宴请礼仪

任务训练

一、模拟训练

要求：掌握服饰、拜访、迎送、交谈礼仪方面的礼仪。

实施：

(1)每个小组写一个完整的推销过程的情景模拟对话。

(2)每组选出两人进行表演，其他小组观摩，指出"推销员"在服饰、拜访、迎送、交谈礼仪等方面的不足，并提出改进建议。

(3)最后评出优胜小组。

二、案例讨论

某经销商听客户讲A公司的服装产品款式和质量不错，一直想与他们联系。有一天，他在办公室时听见有人敲门，就说请进。门开了，进来一个人，穿一套旧的皱皱巴巴的浅色西装，自称是A公司的推销员。该经销商打量着来人：他里面穿羊毛衫，打一条领带，领带飘在羊毛衫的外面，好像有油污。黑色皮鞋，没有擦，布满了灰尘。有好大一会，经销商都在打量他，心里在考虑别的事，根本听不清他在说什么，只隐约看见他的嘴巴在动，还不停地放些资料在办公桌上。等推销员介绍完了，没有说话，安静了。经销商马上对他说："把资料放在这里，我看一看，你回去吧！"就再也没有跟A公司联系过了。

问题

1. A公司推销员有哪些地方不符合推销礼仪？

2. 如果你是A公司的推销员，你会如何着装？

3. 我们应从中得到哪些启示,吸取哪些教训?

任务 4 推销工具准备

知识目标

◆ 了解推销工具的作用
◆ 熟悉推销工具的类别

能力目标

◆ 能够正确使用推销工具进行推销
◆ 会设计具有个性的推销工具

任务引入

经过公司专业培训之后的王涛,不仅熟悉了公司各类产品的性能、特点、生产工艺、制造流程,而且对公司的发展历程、组织结构、企业文化、规模与业绩、发展目标、运行程序有了一定的了解。特别是对销售组织、销售岗位的职责等有了比较深刻的认识和理解。他认为凭着自己在职业院校里培养的职业素质和礼仪训练,加上自己不俗的外在形象,一定会受到顾客的喜爱。正当他踌躇满志,准备出征拜访顾客时,负责带他的"师傅"告诉他,说他还有一项准备工作没有做好。

那么,王涛除了前面的准备工作之外,还需要做什么准备呢?

任务分析

运用工具来开展活动,以达到预期的目标,是人类智慧的体现。子曰:"工欲善其事,必先利其器。"同样,推销工作也需要运用工具。由于推销工作的特殊性,推销工具对于推销工作的重要性容易被人忽视,许多人认为推销所需的仅仅是一张嘴而已。其实不然。成功的推销员都有一个共同的特点:重视并善于运用推销工具,尤其是个性化的推销工具。可以说,优秀的推销员一靠技术,二靠工具。比如,一年拿下全世界 1/5 客机市场的空中客车超级推销员拉第尔,就是借助于一张幼年时全家与印度圣雄甘地合影的旧照片,而打开印度市场的。所以,王涛在做好素养准备、知识准备和礼仪准备的同时,还有一个重要的准备工作就是推销工具的准备,王涛要准备的推销工具有:

1. 身份认证工具。
2. 推销品介绍与认证工具。
3. 其他交易条件认证工具。
4. 增值服务工具。
5. 业务处理工具。

相关知识

一、推销工具的作用

【小案例 2—4—1】

湖南某酒厂生产的"伏特加"酒要到美国市场上出售。行动前，该厂将第一批生产的10 000瓶酒进行了编号，然后在圣诞节前夕准备了精美的贺年卡，分别寄给了100多名美国最著名的大企业家，并写明"我厂生产一批喜酒，准备将编号第××号至第××号留给您，如果您要，请回信"。由于节日前夕收到大洋彼岸的贺卡，这些企业家分外喜悦，纷纷回信表示愿要。然后，推销员拿着100多名大企业家的回信，再去找批发商进行推销，结果一举成功。这说明，推销员善于利用推销工具，可大大增强说服的效果，为推销成功助一臂之力。

从广义上说，所有可用来帮助推销员开展推销工作的器具，都可以称之为推销工具。从狭义上说，推销员可以随身携带的用于辅助推销的器具即为推销工具。

根据道格拉斯·G. 尼克劳斯的实验结果显示，人们对听来的信息，所能够理解的程度不过25%，而经由视觉传达的印象比纯靠听觉传达的印象持久，并且容易使人信服。因此，在销售行动中，如果推销员备有促进推销的小工具，则更能吸引顾客，激发他们的兴趣和好奇心，引发他们的购买欲。并且，人们有"耳听为虚，眼见为实"的心理，推销员要使顾客相信自己所说的一切是正确的，就要提供证据。没有证据的肯定，就犹如吹牛，是不能说服顾客的。使用"销售工具"的目的，在于有限空间内，以不浪费时间、不勉强他人的方式向顾客进行诉求，使对方轻易理解，从而顺利达到购买商品的目的。具体来说，使用推销工具有以下几个方面的作用：

1. 引起客户注意，萌发了解兴趣

推销员展示产品或者应用相关器具，进行产品功能示范等，都可以引起客户的注意和兴趣，从而激发其好奇心，进而了解产品、明晰自己的需求。

2. 介绍产品信息，传递人文关怀

介绍产品、企业的文件资料、邮寄广告等，可以向客户介绍企业及其推销品的有关信息，推销信、送给客户的贺卡、小赠品等则可以向客户传达人文关怀，有利于建立良好的客户关系。

3. 认证身份信息，提高推荐效果

名片、工作证、介绍信、产品验证、企业信用等级等证明文件可以帮助客户认证企业、推销员的身份及其发布的推销品信息的可靠性，以减少客户购买决策支持性信息的不确定性，提高其决策信息的充分度，有利于客户接纳和认可推销工作，促进成交。

4. 提供增值服务，增加商品引力

提供客户感兴趣的参考资料和针对客户问题的解决方案等，可以为客户提供增值服务，提高推销品对客户的吸引力。

5. 便利推销业务，提高工作效率

推销员随身携带的订单或合同书样本、各种业务表格、计算器、移动电脑，以及推销计划书、推销业绩报告单、推销手册等，为计算和浏览产品价格、交易额及其他交易数据，办理成交签约、指导和记录业务开展等推销业务提供了便利，提高了推销工作效率。

6. 方便信息收集，改善客户管理

推销员随身携带、实时填写的客户信息表卡等，方便了及时记录客户信息，为加强客户关系管理提供了帮助。

二、推销工具的种类

推销员推销的商品不同，所运用的推销工具也不同，推销员要根据自己的推销特点、环境条件等，去准备和运用各种推销工具。一个皮包里装满推销工具的推销员，一定能对顾客提出的问题给予满意的回答，顾客也会因此而信任并放心购买。

推销工具可以按不同的标志进行分类。如按不同的物质载体，可分为证明文件、介绍资料、业务表单、示范实物、馈赠物品等；按共性与否，可分为标准化推销工具和个性化推销工具等。按其功能不同，推销工具可分成以下 5 大类。

（一）身份认证工具

(1)个人身份认证工具：名片、身份证、工作证、介绍信、推荐信、推销员资格证书、企业推销员证书（待开发）、推销员信用等级证书（待开发）。

(2)企业身份认证工具：营业执照复印件、企业信用等级证明文件、企业荣誉证书、企业宣传资料（企业介绍图片、文字、光盘）、媒体报道资料等。

（二）推销品介绍与认证工具

(1)实物样品；(2)样本与产品说明书；(3)商品广告图集；(4)企业内部产品质量检测文件；(5)第三方独立权威机构的产品验证文件；(6)产品荣誉证书；(7)产品使用的示范工具；(8)用户反馈证明资料等。

（三）其他交易条件认证工具

(1)商品价目表；(2)同类商品价目比较表；(3)保险单样本；(4)买方信贷合同书样本；(5)仓储、运输文件等。

（四）增值服务工具

(1)现场测试工具，如对环境（如空气、温度、湿度、噪音、振动等）、人体、设备、事件等的现场测试工具；(2)咨询服务工具，如电脑的咨询软件及解决方案等；(3)产品使用拓展赠品，如菜谱、衣样、编织花样、光盘、参考书等；(4)日用小赠品，如小玩具、锁扣、笔等；(5)贺卡、贺信等人文关怀文件。

（五）业务处理工具

(1)订单或合同书样本；(2)其他业务手续文件；(3)计算器或移动电脑；(4)客户信息表卡；(5)推销计划书；(6)推销业绩报告单；(7)推销手册；(8)其他用于业务的表格等。

从上面的分类看，推销工具是多种多样、十分丰富的。它的种类及其应用随着科技的进步和推销员的创意而不断地花样翻新，锦上添花。

【小案例 2—4—2】

丰田汽车营销系统的推销员有一个不可动摇的原则：“优秀的推销员不单纯靠说话，还要利用各种推销工具。”这也是丰田系统推销员的一个成功诀窍。日本东京小丰田经销店教育科长青木久说：“基本上，顾客是凭推销员的介绍来购买商品的。但是从引发顾客兴趣这个意义上说，可供推销用的小工具是很多的。”

在丰田公司，推销工具大体上可分为两种：一是丰田汽车销售公司专为推销员使用而制造的，二是推销员本人按自己的意图制造的。丰田汽车销售公司制成后送交特约经销店应用的工具有：样品目录；彩色样本以及直接邮寄的新车展览会招待券之类，还有宣传杂志《汽车时代》《汽车》《汽车世界》《反光镜》《我的汽车》等；印有商标、标语以赠送顾客的礼品，如火柴、打火机、丰田汽车小玩具、香烟等。这些都是一般的宣传品。此外，丰田汽车销售公司还印制了给推销员用的印刷品：

(1)各种型号汽车推销手册（为使推销员对新型汽车具有丰富的商品知识而编写的说明书）。

(2)新型编号汽车说明书（关于新型牌号的详细技术说明书）。

(3)修理说明书（为技术人员编写的各种型号汽车的修理说明书）。

(4)推销工作快报（提供汽车行业的动态，新型车的最新消息。这种快报由丰田、小丰田、花冠、奥特等各经销店分别发行）。

(5)推销工作报（与全国汽车推销员都有关系的报纸）。

(6)推销工作报告（访问计划表、活动日报、计划、记录、报告文件等）。

(7)一周工作计划成绩表（以计划为中心内容的工作计划与实际销车成绩相对比的工作表）。

(8)客户资料卡片（兼作希望购买汽车的顾客以及车主的卡片）。

(9)推销员的笔记本（填写重要事项、用户意见、待办事项和计划等）。

从上列印刷品中可以看出，丰田公司考虑得很周到，可使推销员按照严密的计划来开展工作。这种做法是丰田公司的独到之处，它是根据丰田汽车公司和特约经销店之间签订的一年推销契约来设计的。

另一方面，应由推销员编写、绘制和制备的推销工具，有以下几项：

(1)名片（应印好三种：正式用的、接触顾客时用的以及对方不在家时用的）。

(2)汽车价目表（除印有本公司出售的全部汽车的价目表外，还备有其他汽车公司的价目表）。

(3)推销信（访问后的谢函等，通过自己的亲笔信，给客户留下良好印象，使他感到这封信与印刷的不同）。

(4)试乘的样品车（请顾客试乘汽车，以便吸引顾客）。

(5)买主名单一览表（让人家看看实际使用丰田汽车的顾客的名单，以增加劝购的作用）。

(6)各种汽车比较表（经常整理好本公司和外厂的最新资料）。

(7)有关资料和图表（将生产辆数、推销辆数、出口辆数、市场占有率以及各县、市进货辆数之类有利于推销的资料加以收集并制成图表）。

(8)照片（交货时拍照的汽车和买主家属的照片等。如果卖的是卡车，这种照片可作展览样品）。

(9)介绍信。

(10)报纸剪贴（刊载在一流报纸、杂志上的有关汽车的消息可提高对公司的信赖）。

(11)小礼品（答谢、慰问、道歉时用的）。

(12)订购单（接受订购车辆时使用）。

(13)幻灯片（商品说明。自己拍制的关于介绍本公司情况的幻灯片）。

(14)宣传杂志（自己的推销店编制的）。

此外，推销员还需准备的用品有合同单、登记表格、笔记用具、备忘用具、印鉴、地图、卷尺、照相机、打火机等。

丰田系统的推销员就是把这些各式各样的工具放在汽车和皮包里四处奔走的。借助于推销工具，一位老练的推销员，能对客户提出的任何问题立刻回答出来。

在这些推销工具中，为了提高推销访问的效率而特别予以重视的工具，是直接邮寄的广告和推销信。丰田公司将直接邮寄给客户的广告分为三种：接触客户的、促进接洽生意用的、照管客户用的。这三种广告根据客户的具体情况而分别使用。

与一般直接邮寄广告的做法不同，丰田公司推销员把广告寄给目标客户之后，一定要拜访人家，不像有的企业那样寄出去就不闻不问了。为了给客户留下更深刻的印象，推销员本人还要附带写上一封亲笔信。丰田公司如此周到的考虑，其直接邮寄广告和推销信甚至取得了和实际拜访一样的效果。推销信，就是推销员亲笔写的寄给客户的信件。邮寄广告无论是哪个推销员寄出去的，内容差不多都相同。但推销信是推销员本人寄给客户的亲笔信，所以具有一种不同于邮寄广告的劝购力量。

推销信主要是在推销员登门拜访而未能遇到对方时使用。上门拜访而未见到对方，是一件非同小可的事，令访问者感到沮丧，使用这种补救办法，能使推销员愿意再去拜访，同时也不至于使上次的拜访白白浪费。

三、最重要的推销工具——名片

【名人名言】

"如果我只能依靠一种推销工具来做生意，日子一定不太好过。我之所以有今天，是因为我总是在使用各种有用的推销工具。但是，如果有一天定要我做出这种不可能的选择，即只选一种工具的话，那么，在众多的推销工具中，我可能会选择名片。我所说的名片，并不是经销商印刷的那种名片，他们把推销员的名字印在名片的角落上，不惹人注目。我有我自己的名片，格式非常特殊，我的名字十分醒目，甚至上面还有我的照片。"

——乔·吉拉德

（一）名片的内容

名片是指与人交往时，向人介绍自己的一种纸片。名片上一般印有自己的姓名、职务、地址、联系电话，有些名片上还印有工作单位的经营思想、服务内容、个人照片等。在与客户初次会晤时，通过递交名片，推销员既可以增加自我介绍的力度，还可以让客户持久地记住推销员及相关信息。因此，名片作为现代商业交往过程中一种高雅的介绍方法，已成为推销员有力的推销辅助工具。名片的内容有：

1. 推销员个人信息

推销员在自己的名片上记载姓名、工作单位、职务、职称、理念、业绩、联络方式以及本人照片等方面的个人信息。其主要作用有二：一是向客户介绍自己；二是取信于人，向客户推销自己。

2. 推销业务信息

介绍企业业务范围，介绍产品服务及其承诺方面的文字与图形信息（如企业的品牌标志）等来传递有关业务信息。

3. 其他信息

除了上面说的个人信息和业务信息外，推销员认为有必要写在名片上、有助于推销的其他信息。

（二）个性化名片的设计

名片是推销人员的敲门砖。名片虽小，却是一件有力的推销工具。独特的、个性化的、有创意的名片首先能够给客户一个新鲜良好的印象，有助于销售工作的进一步深入发展。所以，在设计名片上花点功夫，对于推销员来说是非常值得的。日本丰田公司有个理念："推销工具不应该是别人提供的，而应该是推销员自己去创造。"这句话尤其适合于推销员的名片设计。

1. 文字方面

(1)选择能够表达自己思想的名人名言印制在自己的名片上。通过在名片上印制名人名言，来表达自己的一种精神追求或对工作、生活的态度，或是表明企业的经营理念，使客户产生共鸣，对推销人员、推销的产品及其企业留下深刻的印象。

(2)在名片上印制名人对行业的评价或是对本企业产品的评价，增强客户对企业或产品的认同。

【小案例 2-4-3】

某人寿保险公司的业务员就在自己的名片上印制了李嘉诚先生的一段话："别人都说我很富有，拥有很多的财富，其实真正属于我个人的财富是给自己和家人买了充足的人寿保险。"这段话，传递了这样的信息：我们生活的社会是充满变化、充满风险的，购买了保险就能有效地抵抗风险。亚洲首富都选择购买保险来抗击风险，芸芸众生对保险还有何疑虑？这对于保险意识还不强烈的中国大众而言，无疑是很好的宣传。

(3)可以在自己的名片上印制特别的字吸引顾客。这些特别的字不是随心所欲而写的，不仅要与所推销的产品密切相关，而且也要能够引起顾客的关注和兴趣。

【小案例 2-4-4】

日本有位推销人寿保险的S先生，在名片上印着一组数字——"81030"。顾客接看他的名片时，总是疑惑不解地问他："这个数字是什么意思？"他就反问道："您一生中吃几顿饭？几乎没有一个顾客能答出来。S先生便接着说："81030"顿饭嘛！假定退休年龄是55岁，按日本人的平均寿命74岁计算，您还剩下19年的饭，即20805顿……"

通过这种方式，他总能使一个本来不愿参加人寿保险的人深刻感受到人寿保险的必要性，从而签订保险合同。事实表明，彰显个性的名片，帮助他带来了不俗的业绩。

2. 图形标志方面

王涛如果还可以在名片上印制特别的图形，显示自己的独特理念，引起顾客的关注。如果在名片上加印自己的照片，也会加深顾客对自己的印象。

一张小小的纸片，有文字有图形，有个人基本资料，还有企业的相关信息，如何布局安排，才能使其有利于信息的传递和主题内容的表达，符合人们的接受心理和视觉要求，还能在体现一定美学要求的同时显示设计者的个性呢？

(1)做到主次分明，主要的说明要放在主要的位置上，如企业的名称、标志等。任何杂乱无章、平均对待都会使人眼花缭乱。

(2)要动静有致。过分强调动感，会造成混乱不堪；过分追求静感又显得死气沉沉。要做到动静有致，使图形、文字既统一又富有变化。

(3)要留有适当的空间,即要虚实相济,虚与实处理得好,就可以使主题更鲜明突出。此外还应保证名片上的文字和图形精炼简洁。

任务实施

一、用个性化的名片加深顾客的印象

为了让客户对自己留下深刻而美好的记忆,王涛设计了一张突出自己个性的名片。他在自己名片的上方印制特别的硬币模样的图形。另外,为了加深顾客对自己的印象,还在名片上加印上了自己的照片。

当客户收到他的名片时,看到这个图形,百思不得其解,就会询问这个硬币图形的含义。王涛就可以笑答:"这个圆代表你我的缘分,十三亿中国人,我们能见面就是缘。我希望通过这次面谈,能让咱们之间的缘分更加巩固和牢靠。"这样,王涛的身影就会深深地留在了客户的脑海中。

二、准备身份证明资料

身份证明资料是推销员与顾客初次会晤时重要的文件资料,它们可以帮助顾客认识推销员并确认推销员的真实身份。作为推销新人,王涛初次与顾客见面时一定要准备好身份证和介绍信。

介绍信是介绍王涛的身份和任务的专用信件。主要用于洽谈业务时的自我说明,具有介绍、证明双重作用;对客户来说,它比名片更具有可信度。王涛应随带公司介绍信,便于顾客识别他的身份。

三、准备产品广告样本和产品价目表

王涛不仅要准备空气净化器产品广告样本,还要准备广告样本上没有但又有助于推销工作的资料,如本公司空气净化器与竞争对手相比在产品质量、售后服务等方面的优势等资料。另外,除了带好本公司所有空气净化器产品价目表外,王涛最好还要准备一份其他企业同类产品质量、价格比较表,以方便客户进行质量与价格方面的比较。

四、准备一份买主名单

王涛还要收集已购买并使用本单位产品的买主的资料,这些资料能起到说服对方购买的作用。

五、准备推销证明材料

王涛要准备的推销证明包括:

(1)本公司有关产量、销量、质量、出口量、市场占有率、销售服务网点等内容的统计资料和图表统计;(2)用户来信;(3)专家内行证词;(4)权威机构的评价;(5)生产许可证;(6)获奖证书;(7)最新的检测报告;(8)鉴定书;(9)报纸上对产品的报道;(10)大客户使用情况等资料的复印件。

六、准备录音、视频资料

视听展示实施是推销工作中必不可少的辅助工具，它既可以弥补样品所无法展示的产品其他应有属性的缺陷，还可以使顾客对产品的了解更加直观、具体，从而缩短了推销时间，提高了成功率。公司为了让顾客更好地了解空气净化器产品的作用，特别拍摄了一个产品功能演示的广告视频。

采用录音、录像、幻灯等音响、影视资料是最大限度地调动顾客各种感觉，特别是视觉、听觉的有效方法。王涛可以随身携带笔记本电脑，利用这些辅助手段，生动、真实、可信地向顾客展示自己所推销的空气净化器系列产品，活跃推销气氛，使平淡的推销介绍变得饶有趣味，使自己的推销富有强烈的感染力。

七、自己制作"推销簿"

公司制作的产品广告样本若能与推销员精心制作的图片相结合，则更能强烈地突出产品的特点，产生良好的说服力和感染力，直接引发顾客的购买欲。如美国罗克公司的推销员，用印有大量彩照的册子来介绍多功能、大功率车床，引起了顾客的注意。在运用这种方法的6个月内，订货量增长了300%。在准备这些资料时，为使其更具有说服力，最好是引用用户表扬的原话或原件，还可以附一些照片资料，如服务状况场面、用户使用情况等。

王涛在公司资深业务人员的指导和帮助下，自行制作一本"推销簿"，这个"推销簿"是一本很便宜的素描本。王涛在上头贴了许许多多的彩色照片，这些照片都是公司几年来服务过的企业的近照，其中包括各厂商由小而大扩展成长的过程、店面的转变、橱窗等，甚至是公司老板、职员及家人的合影，极其吸引人。王涛准备每次拜访客户时，向顾客出示"推销簿"给顾客观赏，代替介绍产品，以引起对方的注意。他相信"推销簿"一定会帮助他取得良好的业绩。

八、制作客户资料卡

客户资料卡是将顾客的有关信息资料进行整理分类、编目、造册，并用文字的形式记载下来，反映顾客基本情况的基础性文件。为提高推销效果，王涛根据公司销售情况记录的数据，对顾客的状况进行仔细分析，登记造册，并打算根据推销活动情况的变化及时补充和修正。

九、随身携带销售合同

销售合同是指王涛与客户签订的购销合同。除了及时结清的情况以外，交易双方一般都应订立书面合同，只有合同签订后，才能确认业务已真正成交，交易才具有法律效力，所以，王涛应随身携带合同书，当客户表示出交易的意向时，应抓紧时机与客户签订合同。

十、其他工具

除以上工具外，王涛还需要准备小礼品、印鉴、地图、照相机、香烟、打火机、资料夹、小计算器、笔记本、圆珠笔、光盘、草稿纸等。

任务训练

一、技能训练

1. 每个同学为自己设计一张个性化的名片，在全班进行展示，评选出最具个性化和最有创意的名片。

2. 每个小组根据自己推销的产品准备好推销的工具，并由一个小组成员向全班同学汇报准备情况。

二、课堂讨论

一项关于视听示范实施的应用研究显示，推销员在使用视听展示设备后，客户了解产品的速度快了 200%，信息的保留度也提高了 38%；有 43%的客户可能当场被说服，他们愿意多付 26%的价钱购买自己认可的产品或服务，这意味着什么？

项 目 三

寻找顾客

任务1 寻找潜在顾客

知识目标

- 熟悉寻找潜在顾客的基本原则
- 掌握各种寻找潜在顾客的方法

能力目标

- 能够根据产品特点确定产品的销售对象
- 会用不同的方法寻找潜在的目标顾客

任务引入

爱科环保科技有限公司的推销员王涛，负责的销售区域是广东省广州市。广州市共辖11个区和2个县级市，常住人口超过1 400万人。对于刚刚从事销售工作的王涛来说，面对这么一个巨大的市场，他如何在茫茫人海中去寻找自己的潜在顾客呢？他心里没有一点底。

一天，销售公司李经理看到他垂头丧气的样子，就拉着他来到窗口，指着窗外问他："你看到了什么没有？""楼房啊！""除此之外呢？"

"除了楼房，还是楼房。"李经理再问："你再看一看。""还是楼房啊！"

李经理说："作为一个销售空气净化器的推销员，在这楼房之中，你难道没有看到自己的客户吗？"

王涛立刻明白了，从理论上来说，有多少个房间就有多少潜在用户，但他该使用什么方法和途径去找到这些潜在顾客呢？

任务分析

推销过程的第一个步骤就是寻找潜在顾客。推销员的一个重要任务就是:寻找潜在顾客并将潜在顾客变成自己的现实顾客。因此,有效地确定潜在的目标顾客,是成功推销的基本前提。一个完整的推销过程包括以下几个阶段:

寻找顾客 → 接近顾客 → 推销洽谈 → 处理异议 → 达成交易 → 售后管理

在竞争激烈的现代市场环境中,谁拥有的潜在顾客越多,谁的推销规模和业绩就越大,但潜在顾客又不是轻易能寻找到的。寻找潜在顾客使推销活动有了开始工作的对象,寻找、掌握与潜在顾客进行联系的方法与渠道,就使以后的推销活动程序有了限定的范围与明确的目标,避免推销工作的盲目性。

现在,王涛的任务就是采取有效的方法与途径来寻找潜在顾客。具体任务有:

1. 根据空气净化器产品的特点,确定潜在顾客的范围,即他们是谁?他们在哪里?

2. 利用尽可能多的方法和途径寻找潜在顾客。

相关知识

一、现实顾客与潜在顾客

现实顾客是指那些已经购买了公司产品的个人或组织。所谓潜在客户,就是指对公司的产品或服务存在需求并具有购买能力的任何个人或组织。推销人员按照某种要求评估合格的潜在顾客就成了实际销售的对象,即目标顾客。

寻找顾客实际上就是寻找潜在顾客,是推销工作的重要步骤,也是推销成败的关键。在推销活动中,推销人员面临的首要问题就是“把产品卖给谁”,即谁是自己的推销对象。一个推销员如果没有任何潜在顾客,即使他拥有超人的素质、突出的外表、理想的表现和丰富的知识,也不可能卖出一件产品。

二、寻找潜在顾客的重要性

1. 寻找潜在顾客是维持和提高销售额的需要

对企业来说,市场是由众多的潜在顾客所组成的,潜在顾客多,对产品的需求量就大。若要维持和提高销售额,使自己的销售业绩不断增长,推销员必须不断地、更多地发掘新潜在顾客。因此,努力寻找潜在顾客,使潜在顾客数量不断地增加,是推销员业务量长久不衰的有效保证,也是促进推销产品更新换代,激发市场新需求的长久动力。

2. 寻找潜在顾客是推销人员保持应有的顾客队伍和销售稳定的重要保证

由于市场竞争,人口流动,新产品不断出现,企业产品结构的改变,分销方式和方法的变化,大多数企业都不可能保持住所有的老顾客。因此,推销员需要寻找新的潜在顾客,不断地开拓新顾客作为补充。

三、寻找潜在顾客的原则

寻找潜在顾客是最具挑战性、开拓性和艰巨性的工作。推销员必须明白,寻找潜在顾客是一项讲究科学性的工作，是有一定的规律可循的。推销人员需遵循一定的规律，把握科学的准则，使寻找潜在顾客的工作科学化、高效化。我们通过借鉴前人总结的经验和创造的方法，使寻找潜在顾客的方法更加科学化和高效化。事实上，没有任何通用的原则可供指导任何公司或任何销售人员寻找潜在客户。本书只介绍一些具有共性的大方向的原则，希望大家在具体销售过程中能结合自己的实际情况来灵活借鉴或使用。

1. 量身定制的原则

即选择或定制一个满足你自己公司具体需要的寻找潜在客户的原则。不同的公司，对寻找潜在客户的要求不同，因此，销售人员必须结合自己公司的具体需要，灵活应对。任何拘泥于形式或条款的原则都可能有悖公司的发展方向。

2. 重点关注的原则，即 80∶20 原则

该原则指导我们事先确定寻找客户的轻重缓急，首要的是把重点放在具有高潜力的客户身上，把潜力低的潜在客户放在后边。

3. 循序渐进的原则

对具有潜力的潜在客户进行访问，最初的访问可能只是“混个脸熟”，交换一下名片，随着访问次数的增加，访问频率的加快，可以增加访问的深度。

四、寻找潜在顾客的要点

（一）确定潜在顾客的范围

在寻找潜在顾客前，首先要确定潜在顾客的范围，使寻找潜在顾客的范围相对集中，提高寻找效率，避免盲目性。准潜在顾客的范围包括两个方面：

(1)地理范围，即确定推销品的销售区域。

(2)交易对象的范围，即确定潜在顾客群体的范围。

（二）树立“随处留心皆顾客”的强烈意识

作为推销人员，要想在激烈的市场竞争中不断发展壮大自己的潜在顾客队伍，提升推销业绩，就要养成一种随时随地搜寻潜在顾客的习惯，牢固树立随时随地寻找潜在顾客的强烈意识。

【小案例 3－1－1】

有一次，一位推销员下班后到一家百货公司买东西，他看中了一件商品，但觉得太贵，拿不定主意是要还是不要。

正在这时，旁边有人问售货员：

“这个多少钱?”问话的人要的东西跟他要的东西一模一样。

“这个要 3 万元。”女售货员说。

“好的，我要了，麻烦你给我包起来。”那人爽快地说。推销员觉得这人奇怪，一定是有钱人，出手如此阔绰。

推销员心计一生，何不跟踪这位潜在顾客，以便寻找机会为他服务。

于是，他跟在那位潜在顾客的背后，他发现那个人走进了一幢办公大楼，大楼门卫对他甚为恭敬。推销员更坚定了信心，这个人一定是位有钱人。

于是，他去向门卫打听。

“你好，请问刚刚进去的那位先生是……”

“你是什么人?”门卫问。

“是这样的,刚才在百货公司时我掉了东西,他好心地捡起来给我,却不肯告诉我姓名,我想写封信感谢他。所以,请你告诉我他的姓名和公司详细地址。”

“哦,原来如此。他是××公司的总经理……”

推销员就这样又得到了一位潜在顾客。

(三)多种途径寻找潜在顾客

对于大多数商品而言,寻找潜在顾客的途径或渠道不止一条,究竟选择何种途径、采用哪些方法更为合适,还应将推销品的特点、推销对象的范围及产品的推销区域结合起来综合考虑。

五、寻找潜在顾客的方法

寻找潜在顾客的方法多种多样,不同行业、不同产品的寻找潜在顾客的方法也各不相同。事实上,没有任何一种方法能够普遍适用,只有推销员不断总结,不断创新,才能摸索出一套适合自己的方法。

(一)逐户访问法

1. 逐户访问法的含义

逐户访问法也称“地毯”式访问法、普遍寻找法、贸然访问法、挨门挨户访问法或走街串巷寻找法,是指推销人员在任务范围内或特定地区、行业内,用上门探访的形式,对预定的可能成为潜在顾客的单位、组织、家庭乃至个人无一遗漏地进行寻找并确定准潜在顾客的方法,也称“扫街”。

这种方法遵循的是“平均法则”,即推销员认为在被寻访的所有对象中,必定有他所要的顾客,而且分布均匀,顾客的数量与他访问的对象的数量成正比。推销员不可能与他拜访的每一位顾客达成交易,所以他应当努力去拜访更多的顾客来提高成交的概率。如拜访的10人中有1人会成交,那么100次拜访就会产生10笔交易。因此,只要对特定范围内所有对象无一遗漏地寻找查访,就一定可以找到足够数量的顾客。这种方法,通常是在他完全不熟悉或不太熟悉推销对象的情况下采用。

2. 逐户访问法的优缺点

表3—1—1 逐户访问法的优缺点

优 点	缺 点
(1)可以借机对市场进行全面的调查研究和分析,能够较客观和全面地了解顾客需求情况	(1)针对性不强,有一定的盲目性,比较费时费力,推销成功率比较低
(2)可以扩大企业的影响,提高产品的知名度	(2)推销人员在不了解潜在顾客情况下进行访问,带有较大的盲目性,推销人员与潜在顾客接触的效果也不可能很好
(3)可以积累推销工作经验,培养和锻炼推销人员,这种方法是新推销人员的必经之路	(3)推销人员的冒昧造访,会受到潜在顾客的拒绝甚至是厌恶,容易产生抵触情绪,也给推销人员造成很大的精神压力
(4)如果推销人员事先做了必要的选择和准备,推销技巧得法,往往会有意想不到的收获	

逐户访问法适用于制造企业对中间商的销售或者大型工业品的上门推销，也适用于日用消费品及服务的推销。在国外被广泛地应用到生活消费品的推销中，例如化妆品、食品、药品、保险服务等。总之，这种方法是现代推销人员最常用的寻找潜在顾客的方法之一。

（二）连锁介绍法

1. 连锁介绍法的含义

连锁介绍法又称为客户引荐法或无限连锁法，是指推销人员请求现有顾客介绍未来可能的潜在客户的方法。连锁介绍法在西方被认为是最有效的寻找潜在顾客的方法之一，被称为黄金客户开发法。购买者之间有着相似的购买动机，各个顾客之间也有着一定的联系和影响，连锁式介绍法就是据此依靠各位顾客之间的社会联系，通过顾客之间的连锁介绍，来寻找新顾客。介绍内容一般为提供名单及简单情况，介绍方法有口头介绍、写信介绍、电话介绍、名片介绍等。因此，了解和掌握每一个顾客的背景情况会随时给你带来新的推销机会。

该方法遵循的是“连锁反应”原则，即犹如化学上的“连锁反应”，假如推销员现在只有10个顾客，如果他请求每个现有顾客为他推荐2个潜在顾客的话，现在就增至30个顾客了，这新增的20个顾客每人再为他介绍1个顾客，发展下去可能的结果就是10、10＋20、30＋40……那么，到了第二轮推荐时他就有70个顾客了。

【名人名言】

“好好留住一位潜在顾客，可能就此增加许多潜在顾客；而失去老的潜在顾客，也就丧失了许多生意上的新机会。”

——松下幸之助

2. 连锁介绍法的优缺点

表3—1—2　连锁介绍法的优缺点

优　点	缺　点
(1)可以避免推销人员寻找潜在顾客的盲目性。不断地向纵深发展，使自己的客户群越来越大	(1)难以制定完整的推销访问计划
(2)现有顾客推荐的新客户大多是他们较为熟悉的单位或个人，甚至有着共同的利益，所以提供的信息准确、内容详细	(2)推销人员常处于被动等待的局面
(3)可以赢得被介绍顾客的信任，推销成功率比较高	

【高手示范3—1—1】

连锁介绍法是吉拉德使用的一个方法，只要任何人介绍客户向他买车，成交后，他会付给每个介绍人25美元，25美元虽不是一笔庞大的金额，但也能够吸引一些人，举手之劳即能赚到25美元。吉拉德的一句名言是：“买过我汽车的潜在顾客都会帮我推销。”他的60%的业绩就来自老的潜在顾客及的老潜在顾客所推荐的潜在顾客。他提出了一个“250定律”，就是在每个潜在顾客的背后都有“250人”，这些人是他们的亲戚、朋友、邻居、同事，如果你得罪了一个人，就等于得罪了250个人；反之，如果你能发挥自己的才能，利用一个潜在顾客，就等于得到250个关系，这250个关系中，就可能有要购买你的产品的潜在顾客。

每个顾客都有自己的信息来源，他可能会了解其他顾客的需求情况，而这些信息是推销员较难掌握的。研究表明，日常交往是耐用品消费者信息的主要来源，有50%以上的消费者是通过朋友的推荐而购买产品的，有62%的购买者是通过其他消费者得到新产品的信息的；朋友、专家及其他关系亲密的人向别人推荐产品，影响力高达80%，向由熟人推荐的顾客推销比向没有熟人推荐的顾客推销，成交率要高3～5倍。

【高手示范3－1－2】

世界一流推销大师金克拉在推销时，总是会随身携带两张白纸。一张纸满满地写着许多人的名字和别的东西；另一张纸是一张完全的白纸。他拿这两张纸有什么用呢？原来那张有字的纸是顾客的推荐词或推荐信，当他的销量遇到潜在顾客的拒绝时，他会说："××先生/女士，您认识杰克先生吧？您认识杰克先生的字迹吧？他是我的顾客，他用了我们的产品很满意，他希望他的朋友也享有这份满意。您不会认为这些人购买我们的产品是件错误的事情，是吧？"

"您不会介意把您的名字加入到他们的行列中去吧？"

有了这个推荐词，金克拉一般会取得戏剧性的效果。

那么，另一张白纸是做什么用的呢？

当成功地销售一套产品之后，金克拉会拿出一张白纸，说："××先生/女士，您觉得在您的朋友当中，还有哪几位可能需要我的产品？"

"请您介绍几个您的朋友让我认识，以便使他们也享受到与您一样的优质服务。"然后把纸递过去。

85%的情况下，顾客会为金克拉推荐2～3个新顾客。

金克拉就是这样运用顾客推荐系统建立自己的潜在顾客群的。

日本著名企业家松下幸之助曾说：好好留住一位顾客，可能就此增加许多顾客；而失去老顾客，也就丧失了许多生意上的新机会。因此，老顾客才是最好的顾客，只要留住了他们，他们就会成为企业促销最忠实的介绍人和最有效的推销员。

连锁介绍法对于有特定用途的产品、专业性强的产品、服务性产品都有较好的推销效果。

（三）中心人物法

1. 中心人物法的含义

中心人物法也叫中心开花法、名人介绍法、中心辐射法，是指推销员在某一特定推销范围内发展一些有影响力的中心人物，并在这些中心人物的协助下把该范围内的组织或个人变成潜在顾客的方法，是连锁介绍法的特殊形式。

该方法遵循的是"光辉效应法则"，即中心人物的购买与消费行为，就可能在他的崇拜者心目中形成示范作用与先导效应，从而引发崇拜者的购买与消费行为。在许多产品的销售领域，影响者或中心人物是客观存在的。特别是对于时尚性产品的销售，只要确定中心人物，使之成为现实的客户，就很有可能引出一批潜在客户。一般来说，中心人物包括在某些行业里具有一定的影响力的声誉良好的权威人士，具有对行业里的技术和市场深刻认识的专业人士，具有行业里的广泛人脉关系的信息灵通人士。

2. 中心人物法的优缺点及注意的问题

表 3—1—3　　中心人物法的优缺点及注意的问题

优　点	缺　点	注意的问题
(1)推销人员可以集中精力向少数中心人物做细致的说服工作，避免推销人员重复单调地向每一个潜在顾客进行宣传与推销过程，节省时间与精力	(1)中心人物往往较难接近和说服	(1)寻找中心人物是决定使用效果的关键
(2)既能通过中心人物的联系了解大批新潜在顾客，还可借助中心人物的社会地位来扩大商品的影响	(2)许多中心人物事务繁忙、难以接近，每个销售人员所认识的中心人物有限，若完全依赖此法，容易限制潜在顾客数量的发展	(2)推销员应努力争取中心人物的信任与合作
(3)可以提高销售人员的知名度、美誉度	(3)一定领域内的中心人物是谁，有时难以确定	(3)在现行政策允许范围内，千方百计地开展推销活动，与中心人物建立良好的人际关系

（四）个人观察法

1. 个人观察法的含义

个人观察法也叫现场观察法，是指推销人员依靠个人的知识、经验，通过对周围环境的直接观察和判断，寻找潜在顾客的方法。个人观察法主要是依据推销人员个人的职业素质和观察能力，通过察言观色，运用逻辑判断和推理来确定潜在顾客，是一种古老且基本的方法。

对推销员来说，观察法是寻找潜在顾客的一种简便、易行、可靠的方法。绝大部分推销员在许多情况下都要使用个人观察方法。不管是在何处与何人交谈，都要随时保持警觉，留意搜集潜在买主的线索。

2. 个人观察法的优缺点及注意的问题

表 3—1—4　　个人观察法的优缺点及注意的问题

优　点	缺　点	注意的问题
(1)它可以使推销人员直接面对现实，面对市场，排除一些中间干扰	(1)推销仅凭推销人员的直觉、视觉和经验进行观察和判断，受推销人员个人素质和能力的影响	(1)运用这种方法的关键在于培养推销员的职业素质。潜在的客户无处不在，有心的推销人员随时随地都可找到自己的客户
(2)推销员花费较少的时间、精力，就能够迅速地发现新潜在顾客，而且可以开拓新的推销领域，节省推销费用	(2)由于事先完全不了解客户对象，失败率比较高	(2)在利用个人观察法寻找客户时，推销人员要积极主动，处处留意，察言观色，既要用眼，又要用耳，更要用心
(3)可以培养推销人员的观察能力，积累推销经验，提高推销能力		

【小案例 3—1—2】

＊生产防水化工产品的托赫·布里斯公司的现场调查员查尔斯·M. 斯特思说：“我四处走来走去寻找我们产品可以解决的问题。不久前。我在纽约中央公园附近漫步。发现一座新建公寓大楼地下室的窗框因受潮已经开始翘曲，我们的产品可以矫正这种状况。从那天开始，我已经向该房屋开发公司出售了长达 15 万英尺的防潮纸条。

＊新闻纸推销员翻阅各种杂志，寻找色调不足、光洁度不匀和印字起毛现象。他们发现的

这一类迹象可以证明出版社使用的纸种不对，因此，该出版社为了改进印刷效果就会成为购买某一种纸的主顾。

* 印第安纳州有一位办公家具推销员，他在夜间有时到大街上转悠，去寻找可能买主。他侦察好哪座办公大楼的灯光在下班后还久久不熄，第二天便去找在那里加夜班的人——他想这些人可能需要买张写字台在家里加班。

* 一个保险员使用以下方法来寻找可以在白天去家拜访的男性买主：傍晚，他跑到工厂的停车场里抄录汽车牌照上的号码。然后把汽车主人的名字查出来。因为工人是倒班制，他便可在次日上午晚些时候或午后去这些人家里找他们兜售。

* 房地产推销员驾车在大街上巡查可能买主的线索：哪些房子贴着"出售"的招牌，哪些楼房空着无人住，哪里又挂出了新的"出租"招牌，哪里又出现了新的建筑工地等。一个专门处理工业财产的企业房地产推销员找到了一种特别有效的方法来发现哪个制造商想迁往更大的生产场地。他经常开车在工业区里转悠，查看哪家工厂的汽车停车场已经放不下汽车，他推论如果一家公司的停车场已经不够用，它的厂房也一定不够用了。他的判断一般很准确。

要使个人观察方法达到预期效果，推销员就得时刻注意收集点点滴滴的信息：在上班路上，在办公室，在大街上，在等候会见时，在与可能买主交谈时，在饭店、在家中听人闲聊时，在读报看杂志时等，都要保持高度的警觉。可能买主到处都有，只要你睁大眼睛，竖起耳朵，就能学会如何发现他们。

【高手示范 3－1－3】

有一天，原一平工作极不顺利，到了黄昏的时候，他一无所获地回家。回家途中，要经过一个坟场。正巧在坟场入口处他看到几个穿着丧服的人走出来，然后，他又走到一座新坟前，发现墓碑前还燃烧着几支香，插着几束献花。他知道刚才那批人在这里拜祭过，应该是亲人。他也恭敬地朝着墓碑行礼致敬。他记下了刻在墓碑上的所有信息。

原一平高兴极了，他想利用这些信息去寻找他的准客户。于是，他去向墓地的管理者询问。

"请问，你知道有一座××的坟墓吗？"

"当然知道，他生前可是一位名人呀！"管理员说。

"你说得对极了，在他生前，我们是朋友，只是不知道他的家眷在哪里，我想去看看故人之后，我想你一定会知道的，是吗？"

管理员在档案袋里找到了坟墓主人家眷的地址，告诉了原一平。原一平拿着地址寻找，成功地开发了一名新客户。

【高手示范 3－1－4】

一天，原一平搭出租车出去办事，在一个红绿灯的十字路口，红灯亮起，他把车停在那儿。原一平无意中转头向窗外看了一眼，正好看到与他同行的一辆黑色豪华轿车，车里坐着一位很气派的老人。原一平心想，这老人一定大有来头。于是他让司机跟上那辆车，抄下那辆车的车牌号。随后，原一平打电话去交通监理所查这个车牌号的车主。原来这辆车的车主是一家大型公司的董事长。

然后他打电话到该公司，说："你好，是××公司吗？今天我在出租车看到坐在那辆黑色豪华车上的那位老先生，非常面熟，好像在哪见过，但我一时想不起来，您能帮忙提醒一下吗？我没有其他的意思。”对方说：“那是公司常务董事的车。”

原一平终于知道那辆车的车主是××公司的董事长山本先生。然后，原一平开始调查他的学历、出生地、兴趣、爱好等。

当一切都调查清楚后，就直接去拜访山本先生。由于原一平对山本先生情况的熟知以及对他公司的全面了解，这件事就容易入手了。后来，山本先生成了原一平的客户。

（五）委托助手法

1. 委托助手法的含义

委托助手法也称“猎犬法”，就是推销人员雇用他人寻找潜在顾客的一种方法。在西方国家，这种方法运用十分普遍。一些推销员常雇用有关人士来寻找潜在顾客，自己则集中精力从事具体的推销访问工作。这些受雇人员一旦发现潜在顾客，便立即通知推销员，安排推销访问。这些接受雇用的人员被称为推销助手。

委托助手法是依据经济学的最小、最大化原则与市场相关性原理。因为委托一些有关行业与外单位的人充当助手，在特定的销售地区与行业内寻找客户及收集情况，传递信息，然后由推销员去接见与洽谈，这样花费的费用与时间肯定比推销员亲自外出收集情况更合算些。越是高级的推销员就越应该委托助手进行销售，推销员只是接近那些影响大的关键客户，这样可以获得最大的经济效益。此外，行业间与企业间都存在着关联性，某一行业或企业生产经营情况的变化，首先会引起与其关系最密切的行业或企业的注意。适当地运用委托推销助手来发掘新客户，拓展市场，是一个行之有效的方法。

【小资料 3－1－1】

西方国家的汽车推销员，往往雇请汽车修理站的工作人员当“猎犬”，负责介绍潜在购买汽车者，车主很可能就是未来的购车人，这些推销助手发现有哪位修车的车主打算弃旧换新时，就立即介绍给汽车推销员。所以，他们掌握的情报稳、准、快，又以最了解汽车性能特点的内行身份进行介绍，容易取得潜在顾客的信任，效果一般都比较好。

2. 委托助手法的优缺点及注意的问题

表 3－1－5　委托助手法的优缺点及注意的问题

优　点	缺　点	注意的问题
(1)可以使推销人员把时间和精力用于有效的推销工作，避免大量浪费时间的现象	(1)推销助手的人选难以确定，实际工作中，理想的推销助手难以寻找	(1)要选择理想的推销助手
(2)可以节省大量的推销费用	(2)推销人员会处于被动状态，其推销绩效在很大程度上取决于推销助手的合作	(2)推销助手帮助推销人员做成了一笔生意，推销人员要立即向推销助手支付报酬，而且要感谢推销助手的友好合作

续表

优　点	缺　点	注意的问题
(3)可以使专业推销员及时获得有效的推销情报,有利于开拓新的推销区域	(3)推销人员必须给推销助手提供必备的推销用具和必要的推销训练,推销助手更换频繁,培训费用就会增加	(3)当推销助手提供一位准客户名单时,推销人员应该立即告诉推销助手,这位客户是否已经列在自己的客户名册上,尤其要告诉是否已经被其他推销人员所掌握
(4)可以借助推销助手的说服力量,扩大产品的社会影响		

(六)广告开拓法

1. 广告开拓法的含义

广告开拓又称广告拉引法、广告吸引法,是指推销人员利用各种广告媒介寻找潜在顾客的方法。这种方法依据的是广告学的原理,即利用广告的宣传攻势,把有关产品的信息传递给广大的消费者,刺激或诱导消费者的购买动机和行为,然后推销人员再向被广告宣传所吸引的潜在顾客进行一系列的推销活动。根据传播方式不同,广告可分为开放式广告和封闭式广告两类。开放式广告又称为被动式广告,如电视广告、电台广告、报纸杂志广告、招贴广告、路牌广告等,当潜在对象接触或注意其传播媒体时,它能被看见或听到。封闭式广告又称为主动式广告,它的传播直接传至特定的目标对象,与开放式广告相比,具有一定的主动性,如邮寄广告、电话广告等。一般来说,对于使用面广泛的产品,如生活消费品等,适宜运用开放式广告寻找潜在顾客,而对于使用面窄的产品(如一些特殊设备、仪器)和潜在顾客范围比较小的情况,则适宜采用封闭式广告来寻找潜在顾客。在西方国家,推销人员用来寻找客户的主要广告媒介是直接邮寄广告和电话广告。

【小案例 3—1—3】

一位女推销员认为潜在的顾客太多,她希望把自己宝贵的时间花在一些最佳的潜在顾客身上,于是她向所辖推销区域内的每一个人都寄去推销信,然后首先拜访那些邀请她的客户。再如,一位房地产经纪人,定期向所辖推销区里每一个居民寄去一封推销信,打听是否有人准备出售自己的房屋,每一次邮寄都会发现新的潜在顾客。除了邮寄广告之外,西方推销人员还普遍利用电话广告寻找客户。推销人员每天出门访问之前,先给所辖推销区里的每一个可能的客户打电话,询问当天有谁需要推销品。

西方推销员的这些做法,不一定适合我们,却可以借鉴。

2. 广告开拓法的优缺点及注意的问题

表 3—1—6　　广告开拓法的优缺点及注意的问题

优　点	缺　点	注意的问题
(1)可以借助各种现代化手段大规模地传播推销信息,推销员可以坐在家里推销各种商品	(1)推销对象的选择性不易掌握	(1)注意选择正确的广告媒介

续表

优　点	缺　点	注意的问题
(2)广告媒介的信息量之大、传递速度之快、接触客户面之广，是其他推销方式所无法比拟的	(2)有些产品不宜或不准使用广告开拓法寻找客户	(2)推销员要认真搞好市场调查，制订周密的计划，并配以其他方法，以免出现大的失误
(3)广告不仅可以寻找客户，还具有推销说服的功能	(3)在大多数情况下，利用广告开拓法寻找客户，难以测定实际效果	
(4)节省推销时间和费用，提高推销效率		

(七)资料查阅法

1. 资料查阅法的含义

资料查阅寻找法又称文案调查法，是指推销人员通过收集、整理、查阅各种现有文献资料，来寻找潜在顾客的方法。这种方法是利用他人所提供的资料或机构内已经存在的、可以提供线索的一些资料，这些资料可帮助推销员较快地了解到大致的市场容量及潜在顾客的分布等情况，然后通过电话拜访、信函拜访等方式进行探查，对有机会发展业务关系的顾客开展进一步调研，将调研资料整理成潜在客户资料卡，就形成了一个庞大的顾客资源库。

【小资料 3—1—2】

保险员应注意有关升职、订婚、婚礼、出生、死亡和涉及企业和金融的新闻；机械和工厂设备推销员应注意有关筑路、建房合同、建筑特许权的新闻和扩大招工的广告，以及有关工厂遭受火灾和开发新产品的消息；对家具、服装、珠宝等推销员来说，报纸社会版上刊登着许多很有用的报道；为递送牛奶开辟新路线的人应当注意出生和结婚的消息；房地产经纪人应当特别注意什么人将要结婚，哪些高级经营管理人员将要调入或调出以及有关当地企业的扩展计划和人员提升晋职的消息，有关城市区界变更和法院查询驱逐房客情况的新闻对他们尤为重要。

2. 资料查阅法的优缺点

表 3—1—7　　资料查阅法的优缺点

优　点	缺　点
(1)通过资料查阅寻找客户可以降低信息获取的成本，节约了时间和精力，提高了工作效率	(1)二手信息资料多为公开发布的资料，一些资料的时效性较差
(2)政府管理部门、银行、统计部门提供的资料可信度很高，可以减少寻访潜在顾客的盲目性，提高潜在顾客资料的可靠性	(2)有些资料内容简略，信息容量小，使这种寻找潜在顾客的方法具有一定的局限性
(3)有些资料查阅亦比较方便，如图书馆、展览室的资料、电话簿等	

(八)市场咨询法

1. 市场咨询法的含义

市场咨询法，是指推销人员利用社会上各种专门的行业组织、市场信息咨询服务等部门所提供的信息来寻找潜在顾客的办法。一些组织，特别是行业组织、技术服务组织、咨询单位等，他们手中往往集中了大量的客户资料和资源以及相关行业和市场信息，通过咨询的方式寻找潜在顾客是一个行之有效的方法。

推销人员可以从以下部门获得市场信息：

(1)专业信息咨询公司。如一些专业建筑信息公司能提供详细的在建工程信息，包括：工程类别、建筑成本、工程时间表和发展商项目经理建筑师等联系方式且信息每天更新。这为建材生产企业的销售人员节约了大量时间。虽然要向信息公司付一些费用，但总体成本还是合算的。

(2)工商行政管理部门。该部门涉及面十分广阔，包括工业、商业、交通运输等各个行业，是一个理想的市场咨询单位。

(3)各级统计和信息部门。这些部门提供的信息准确、可靠。

(4)其他相关部门，如银行、税务、物价、公安、大专院校、科研单位等。

(5)当地行业协会。每个行业基本上都有自己的行业协会，如：软件行业协会、电子元件行业协会、仪器仪表行业协会等，虽然行业协会只是一种民间组织，但恐怕没有人能比行业协会更了解行业内的情况了。如果你的潜在客户恰好是某协会的成员，能得到协会的帮助是你直接接触到潜在客户的有效方法。

2. 市场咨询法的优缺点

表 3—1—8 市场咨询法的优缺点

优　点	缺　点
(1)方便迅速，费用低廉，信息可靠	(1)推销人员处于被动地位
(2)节省推销人员的推销时间，全力以赴进行实际推销	(2)咨询人员所提供的信息具有间接性，会存在许多主观片面的因素，甚至出现一些与实际情况大相径庭的错误信息
(3)有些资料查阅亦比较方便，如图书馆、展览室的资料、电话簿等	(3)市场咨询法的适用范围有一定限制性

(九)网络搜寻法

1. 网络搜寻法的含义

网络搜寻法就是推销人员运用各种现代信息技术与互联网通信平台来搜索潜在顾客的方法。它是信息时代一种非常重要的寻找潜在顾客的方法。随着互联网技术的不断发展与完善，各种形式的电子商务和网络推销也开始盛行起来，市场交易双方都在利用互联网搜寻潜在顾客。互联网的普及使得在网上搜索潜在顾客变得十分的方便，可以搜寻到大量的潜在顾客。

2. 网络搜寻法的优缺点

表 3—1—9 网络搜寻法的优缺点

优　点	缺　点
(1)网络搜寻法是一种非常便捷的潜在顾客搜寻法	(1)由于网络信息更新较快，在一定程度上会影响推销人员在网上所检索到的潜在顾客资料的准确性
(2)可以降低推销成本和市场风险	(2)出于信息安全的考虑，一些重要资料并不在网上公布
(3)可以较全面地搜寻到有关潜在顾客的资料	(3)运用互联网这一现代化信息手段查找资料时，难免会遭遇到假情报的干扰，从而不能完全保证目标准潜在顾客资料的真实性和可靠性。

(十)交易会寻找法

1. 交易会寻找法的含义

交易会寻找法是指利用各种交易会寻找潜在顾客的方法。国际国内每年都有不少交易会,如广交会、高交会、中小企业博览会等。充分利用交易会寻找潜在顾客、与潜在顾客联络感情、沟通了解,是一种很好的获得潜在顾客的方法。参加展览会往往会让销售人员在短时间内接触到大量的潜在客户,而且可以获得相关的关键信息,对于重点意向的顾客也可以做重点说明,约好拜访的时间。例如,假如你想获得在印刷机械行业的潜在客户,可以参加国际印刷机械展,你将在那里遇到中国乃至世界上最著名的印刷机械制造商,几乎所有的大厂商都会参加,你只需要去看一个展览会,就会得到这个行业几乎最有价值的那部分潜在客户。经常去参观某个行业的展览会,你甚至会发现每次你都看到那些潜在顾客,这对以后向客户推销是非常有利的。

销售人员应该在每年的年末将未来一年相关行业的展览会进行罗列,通过互联网、展览公司的朋友都可以做到这些,然后贴在工作间的醒目处并在日程表上进行标注,届时提醒自己要抽时间去参观一下。

2. 交易会寻找法的优缺点及注意的问题

表 3—1—10　　交易会寻找法的优缺点及注意的问题

优缺点	注意的问题
优点:效率高,能在最短时间接触到最多的准潜在顾客	(1)要得到潜在顾客相关人员的名片,在尽可能的情况下与潜在顾客的现场技术人员交流,明确主管
缺点:费用较高,参加交易会要给主办单位交一定的展位费	(2)在展览会结束后,尽快取得联系,免得记忆失效而增加后期接触难度
	(3)将客户的产品资料拿回来仔细分析,寻找机会

(十一)电话寻找法

1. 电话寻找法的含义

电话寻找法是指推销人员在掌握了潜在顾客的名称和电话号码后,用打电话的方式与潜在顾客联系而寻找潜在顾客的方法。

2. 电话寻找法的优缺点及注意的问题

表 3—1—11　　电话寻找法的优缺点及注意的问题

优　点	缺　点	注意的问题
(1)寻找速度快	(1)费用仍较高,沟通困难,个别地区通信设施落后,电话接通率低	(1)推销人员应该选择好打电话的时间
(2)信息反馈快	(2)一些推销人员的方言土语经过电话传递后更难以沟通	(2)应该讲究打电话的礼仪与效果
(3)不会被拒绝	(3)在电话尚不普及的地方,电话寻找法的应用还受到限制	(3)做好准备,讲究效果

一般情况下,接电话的人肯定是全神贯注地听电话,只要掌握好讲话的内容与顺序,会收到很好的效果。因为打电话属"单线联系",不受外人干扰。因此,电话寻找潜在顾客的方法被称为是推销人员的"金矿"。

以上介绍了常用的寻找潜在顾客的方法与技巧，它们均具有很大的适用性，但是在具体使用时又因产品、企业、推销人员的不同而有所差异。推销员要根据实际情况选择具体的方法，并根据市场变化而随时调整。推销人员则应将多种方法融会贯通，灵活运用，在运用中进一步理解，并争取有所发展和创新。

【小案例 3—1—4】

景田百岁山矿泉水寻找潜在顾客方案

一、产品认识

1. 景田百岁山矿泉水主要是瓶装的，有 348ml 和 570ml 两种规格。来自惠州市博罗县。

2. 百岁山天然矿泉水采自地下深层的岩石断裂带之中，在特定的地质环境作用下，水源经百余年深层循环及涌动，富含了偏硅酸、锂、锶、钙、钾等多种有益于健康的微量元素，尤其是被誉为“水中黄金元素”的偏硅酸含量远超国际标准，经专家鉴定为世上少见的优质矿泉水水源。

3. 偏硅酸对人体主动脉硬化具有软化作用，对心脏病、高血压、动脉硬化、神经功能紊乱、胃病及胃溃疡等均有保健作用，并具有抗癌抗衰老的功能。

4. 高贵的产品当然少不了高端的装配，生产线采用全套德国克朗斯的生产线，这不仅在水行业，在整个食品行业，也是罕见的。之前敢于采用克朗斯全套生产线的多是资金雄厚的跨国医药或食品巨头。

二、寻找潜在顾客方法

1. 逐户访问法

我们可以派出一些专业的推销人员针对某些居民密集的住宅区内的所有家庭进行逐户访问。访问的内容包括：(1)他们对饮用水的需求情况。(2)他们对饮用水的认识程度。(3)向他们介绍 3 种饮用水的区别和作用。(4)向他们介绍景田百岁山矿泉水的知识和好处。

2. 个人观察法

派出一些有经验的推销人员分别到各个地区进行现场观察，然后根据各自的经验对该地区的社会文化环境、经济环境、自然环境和生活习惯等进行分析和总结，从而寻找潜在顾客。

3. 交易会寻找法

派出销售人员参加各种交易会，通过参加交易会认识广大商家，然后向他们介绍景田百岁山公司的具体状况和发展前景，从而寻找潜在顾客。

4. 电话寻找法

先派推销人员出去寻找一些有销售矿泉水的经销商或大型超市，获取他们的负责人电话号码，然后让专门的客服人员打电话和经销商或大型超市的负责人商量要不要与景田百岁山公司合作。

5. 连锁介绍法

景田百岁山公司拥有一些忠实的顾客，我们可以从这些顾客入手，让他们把百岁山矿泉水介绍给其他批发商，只要批发商介绍其他顾客购买百岁山，成交后，批发商可以享受不同程度的折扣和优惠。

6. 中心人物法

邀请一些在饮用水方面有研究，而且比较有名气的专家举行一些有关饮用水健康的讲座，介绍各种饮用水的成分和对健康的影响。然后向大众推举景田百岁山矿泉水，从而寻找潜在顾客。

7. 委托助手法

我们矿泉水销售人员要寻找的一大类顾客为一些自营商铺，我们可以招一批兼职人员，让他们为我们寻找缺少这个产品的商铺，记录下地址与联系方式，再由销售人员与这些店铺负责人沟通，达到成交的目的。

8. 市场咨询法

饮用水销售的渠道要足够宽，为获得大量批发商或零售商的资料和各个地区的需求量，我们可以向一些专业做饮用水市场分析的部门或工商管理部门等咨询有关信息，从而分析并寻找潜在顾客。

9. 广告开拓法

(1)联合其他矿泉水品牌制作一个关于矿泉水的公益广告，在央视和各大卫视播出，提高公众对安全且健康的饮用水的认知，认识到矿物质水与纯净水中，矿泉水是最有安全保障的，且富含天然矿物质，更为健康。以此合作共同做大矿泉水市场。

(2)在矿泉水市场中，把我们水中贵族的品牌形象通过各种媒体传播出去。可以以赞助的方式继续打响我们的品牌，赞助《爸爸去哪儿了》等旅游节目，让人感觉百岁山矿泉水是最高贵的，拥有的水源地是非常珍贵的。还可以赞助一些知名的体育赛事等。

10. 资料查阅法

我们的目的是，寻找那些需要真正安全、健康饮用水的顾客或群体。就需求量而言，当然是群体的需求量较大。我们可以通过收集一些旅游团的信息，摸清他们旅游团旅游的时间、地点、人数等，在他们旅游服务期间，为他们提供矿泉水服务，甚至慢慢跟一些旅行团形成固定的合作关系，以此来推销自己的产品。

11. 网络搜寻法

(1)运用互联网收集一些将要举办的大型活动，然后和他们的举办方沟通，和他们合作，免费送去我们的矿泉水，在开发潜在顾客的同时培养中产阶级对我们品牌的忠诚度。

(2)收集一些没有我们产品的商场、超市等，跟他们沟通，和他们合作，特别要在各大高校的附近铺满我们的产品，让这一群体觉得这一款矿泉水是真正安全和健康的。

三、方法总结

由于我们公司的产品是饮用水，在寻找潜在顾客方面比较困难，可行的方法也不多，比如逐户访问法、交易会寻找法、连锁介绍法和电话寻找法等对我们来说可行性都不大，效果也不好。所以我们经过综合考虑和分析，设计出一种比较可行的方案。首先运用广告进行宣传推广，让更多的人知道和了解景田百岁山这种饮用水，然后请一些对饮用水有研究并且比较有影响力的专家开展一些有关饮用水安全健康的讲座，让他们在讲座上介绍景田百岁山矿泉水的特点并推荐人们饮用景田百岁山矿泉水，接着上网搜寻一些没有销售景田百岁山矿泉水的经销商或超市，通过查找资料或市场咨询的方法得到他们的信息，最后和他们沟通进而得到潜在顾客。

任务实施

一、确定产品推销的区域和潜在顾客的范围

根据公司销售部门的统一分配，王涛负责的销售区域是广州市。具体包括越秀区、东山

区、荔湾区、海珠区、天河区、芳村区、白云区、黄埔区、番禺区、南沙区、花都区、增城市和从化市。

在现实推销活动中，就绝大多数产品来说，推销员不可能知道所有的潜在顾客。王涛推销的空气净化器，使用的范围非常广泛，可以说每个家庭都有需要。但王涛没有必要也不可能接触每一个潜在的顾客。就个人和家庭用户而言，如果他们需要购买空气净化器，会选择到附近的经销商那里购买，如综合超市、电器商城、百货公司等，顾客是不可能直接与生产商发生交易的。因此，王涛要寻找潜在顾客主要有两类：一类是经销商，如家电销售公司、综合超市和百货公司等；另一类是团体用户，如网吧、学校等。

二、利用各种途径寻找潜在顾客

(一)通过媒介寻找潜在顾客

1. 通过名单或电话簿寻找潜在顾客

这种方法是刚刚走上推销道路的推销员寻找顾客的常用方法。

(1)利用各种名册。这类名册有客户名录(现有客户、旧客户、失去的客户)、行业企业名录、工商企业目录和产品目录、同学名录、会员名录、协会名录、职员名录、名人录、电话黄页、公司年鉴、企业年鉴等。

(2)利用统计资料：主要有国家相关部门的统计调查报告、统计年鉴、行业在报刊或期刊等上面刊登的统计调查资料、行业团体公布的调查统计资料等。

(3)各种媒体类资料：电视、广播、报纸、杂志等大众媒体上公开的信息很多，王涛可以获得大量潜在顾客的名单。

(4)其他资料：如客户发布的消息、产品介绍、企业内刊等。

王涛在查阅资料寻找潜在顾客时，首先对资料的来源及提供者进行了可信度分析，如果这些资料的来源或提供者的可信度较低，他就放弃这些资料。同时，还注意了这些资料的时间问题，他尽量使用近两年最新的有价值的资料。王涛知道，如果是反映以前情况的资料，对他的帮助不会很大，因为市场是不断变化的。

2. 通过会议、活动寻找潜在顾客

利用各种涉及空气净化器产品的展销会、洽谈会、博览会、信息发布会等各种类型的商务会议寻找潜在顾客。王涛应该将每年与本公司产品有关的商务会议列出来，然后贴在办公室的醒目地方并在日程表上进行标注，到时提醒自己要抽时间去参观一下。这些会议信息通过上网查询或找展览公司的朋友就可以知道。

另外，还可以利用的活动有酒会、舞会、音乐会、喜宴、讲座等。

(二)利用网络搜寻潜在顾客

广州地区一些比较大的家电销售公司、综合超市、百货公司、网吧、学校等单位的相关信息，在网络上几乎都能找到。对于销售新人王涛来说，网上寻找潜在顾客是开展推销工作的最好选择。

1. 利用各种专业综合搜索引擎

王涛首先在这些专业综合搜索引擎用关键词搜索；他使用了不同的搜索引擎，发现同样的关键词，在不同的搜索引擎会有不同的结果。

2. 利用行业的专业网站搜索

王涛还利用一些专业网站如慧聪国际、阿里巴巴等，这些专业网站提供了各行业的企业名录，按照区域进行划分，有比较详细的信息。王涛根据专业网站提供的企业名录，寻找到了广州家电销售公司、综合超市、百货公司等的基本联系方式（具体部门的负责人的联系方式还需要用电话配合）和基本情况（如公司目前的规模、实力和经营情况）。

（三）通过发送和邮寄广告寻找潜在顾客

王涛准备向广州市所有电器经销商、综合超市、网吧等邮寄公司产品广告和样本。他还打算通过电子邮件向他所认识的人发送产品的电子广告。使用这种方法，他需要进行认真的市场调查，制订周密的计划，掌握了一定数量的潜在顾客的通信方式。同时，他还计划在广州一些大的住宅小区、超市等地设立摊位，向小区居民发放产品的广告宣传资料，寻找潜在顾客。

（四）通过电话寻找潜在顾客

电话是最经济、有效率的接触客户的工具，王涛给自己规定每天至少打 5 个电话，一年下来就能增加 1 500 个与潜在客户接触的机会。

（五）通过关系寻找潜在顾客

1. 通过人际关系寻找潜在顾客

每个人都有自己的人际关系网络，王涛可以借助的人际关系有以下这些：

(1)亲戚：花时间记下所有的亲戚关系，把所有可以利用的亲戚关系都利用起来。

(2)同学关系：小学、中学、大学时的同学，包括老师、师兄、师弟等在内。

(3)工作关系：目前与以往的上司、同事以及其他工作来往的人

(4)住宅关系：目前与以往的邻居、房东或房客，住在附近的商贩等。

(5)社团关系：同乡会、协会、俱乐部、QQ 群等。

(6)其他关系：如网友、球友、牌友、歌友等。

很多时候，一些朋友、同学表面看上去对你的生意没有什么太大的帮助，但是，他的朋友或他的朋友的朋友却可能会对你的生意很有帮助。从这个意义上来说，王涛的潜在顾客是“无穷无尽”的。

2. 请求现有老顾客介绍潜在顾客

王涛通过询问公司的老推销员或查看公司的资料，都可以获得老顾客的信息，通过拜访老顾客，请老顾客给他介绍新顾客。

3. 请那些拒绝购买产品的顾客介绍

王涛通过拜访顾客，请那些拒绝购买他产品的顾客介绍新顾客。因为拒绝过他的顾客，心理上或多或少会有些歉疚，尤其是在他服务十分热情的时候。因此，他们往往会介绍新顾客以补偿心里的歉疚。

（六）通过逐户访问寻找潜在顾客

王涛准备在广州地区有计划、有步骤地逐户访问一些较大的家电销售公司、综合超市、百货公司、网吧等。

1. 首先确定一个比较可行的潜在顾客的范围。他在广州市选择了几家规模较大的家电销售公司和综合超市进行访问。由于网吧数量太多，所以他决定在广州的十一个区和两个县级市各选几个规模较大的网吧进行访问。

2. 事先设计方案，提高访问的效益。为了提高上门访问有效性，王涛还设计好了谈话的方案与策略，尤其是斟酌了第一句话的说法与第一个动作的表现方式。

3. 为了避免被顾客拒之门外，他做好了访问的准备工作。他事先打听了进入不同公司所需要的手续，并进行了准备。

（七）通过个人观察寻找潜在顾客

王涛还可以通过自己积极主动，处处留意，察言观色寻找潜在顾客。在观察时既要用眼，又要用耳，更要用心，时刻注意搜集点点滴滴的信息。在上班路上，在办公室，在大街上，在等候会见时，在与人交谈时，在饭店听别人闲聊时，在读报看杂志时等，都要保持高度的警觉。可能潜在顾客到处都有，只要睁大眼睛，竖起耳朵，就一定能发现。

任务训练

一、模拟训练

要求：掌握寻找顾客的方法。

实施：

(1)每个项目小组根据所推销的产品，设计一个寻找潜在顾客的方案。

(2)以小组为单位用各种方法去寻找顾客，每小组派一名代表介绍自己小组寻找顾客的情况。

二、课堂讨论

1. 除了上述方法，王涛还可以使用什么方法寻找潜在顾客？

2. 不同行业推销人员寻找潜在顾客的方法是否相同？

3. 下面案例中，推销员所使用的寻找顾客的方法是什么？

小王曾经是某外贸公司的办公室文员，由于公司生意不景气，辞掉了公职，加盟雅芳公司，做了一名职业推销员。加入了一个新的行业，一切都必须从头开始，小王为自己没有客户而发愁，不得不每天背着一个大背包，里面装满了各种眉笔、唇膏、粉饼等化妆品，一家家地敲着陌生人的大门。可是能开门见她的人很少，多数人只是在门镜里看了看，就很不客气地在门里说："我不需要，快走吧！"一连几个月她的收入虽然有所提高，但仍不足以维持温饱，这深深刺痛了她那颗骄傲的心，她不相信在别人干得有声有色的行业中，自己只是一个"脓包"，一定有办法开创自己的新天地。

小王先向她的同学、亲友介绍雅芳化妆品，先请她们试用，并借机向她们推销产品，很快业绩有了上升，之后又请她们把她介绍给她们的同事，但是当用这些常规方法发展到近 50 人时，她的业务又出现了停滞。

接下来小王决定在自己的小区里展开推销活动，她写了几百封信："××号的李女士，您好！我是您的邻居王小丽，在雅芳公司工作，我很希望与您交个朋友。能在晚上 6 至 8 点钟之间能给我打个电话吗？我的电话是 87654321。"并附上一些化妆品的说明书，然后把信件塞进了各户的信箱。以后几天晚上陆续接到了 5 个电话，卖出了 3 支口红、4 个保湿粉底和 1 瓶收缩水。

就这样做了几个月，小王的推销成绩又有了很大进步，但她仍觉得销售增长的速度慢。怎样才能提高效率呢？她苦思冥想了很长时间也不得要领。后来在儿子的家长会上她偶然得知有一个孩子的妈妈是某单位的工会主席，姓王，突然有主意了，决定试一试。

机会来了，有一天下着大雨，工会主席还没来，看着孩子们一个个被家长接走了，她的孩子很着急，小王就主动上前安慰他，告诉他说："阿姨可以送你回家。你先给妈妈打个电话，告诉她不要着急，康明(小王的儿子)的妈妈送你回家。"小家伙照办了。小王把他送到家，记住了她家的地址。

她们成了好朋友，小王给她做了全套护肤美容和化妆，边做边讲解，并针对她的肤质特点提出建议，工会主席发现化妆后比平时漂亮多了。大家的赞美使她很高兴，自然成了小王的潜在顾客，她也帮助小王介绍了一些同事，在她的影响下，她们单位不少女同事也都开始使用雅芳化妆品了，小王的潜在顾客数量也达到了300人，收入大有增长。

王主席后来又帮小王与另外几个大企业的工会主席取得了联系，建立了友谊。通过这种方法，小王发展了几个公司的大量潜在顾客。她们中有的人买全套化妆品，有的人只买单件，不论怎样，她对她们一视同仁、不厌其烦，周到服务，大家对她非常满意。因此，她的潜在顾客量像滚雪球般越来越大，销售量直线上升，收入也有了极大提高。

任务2 审查潜在顾客资格

知识目标

- 掌握潜在顾客资格审查的内容
- 熟悉潜在顾客支付能力审查的方式

能力目标

- 能对潜在顾客信息进行筛选和分析
- 能够对潜在顾客的需求状况、支付能力、购买资格进行全面的审查

任务引入

王涛凭借自己灵活的头脑，采用了多种行之有效的方法寻找到了大量潜在顾客的信息，他特别高兴，准备尽快将这些信息整理出来，然后一一去拜访他们。但很快他就发现了问题，如果对这些潜在顾客不加审核和认定就去拜访的话，会花费大量的时间和精力，而且效果肯定不会理想。因为这些顾客资料中，并不是所有的潜在顾客对他推销的产品都有需求；有些潜在顾客有需求但缺乏购买力或购买决策权；还有些潜在顾客的支付能力也有问题。面对这些问题，王涛该如何处理呢？

任务分析

在产品推销过程中，并不是每一位潜在顾客都能成为推销人员的目标顾客。从潜在顾客到目标顾客还需要对其资格进行鉴定、选择，分析其是否具备成为目标顾客的条件。通过对潜在顾客的寻找，王涛获取了许多潜在顾客的名单，但是，所有这些潜在顾客是否都值得花费时间与精力去进行接触或拜访，这是推销员制订推销计划时必须予以考虑的一个关键性因素。为了避免出现盲目推销的情形，王涛应该选择拜访那些有较大可能会成为买主的潜在顾客，才能提高推销的工作效率。因此，在拜访顾客之前，要对潜在顾客进行评审和资格审查。在这个阶段，王涛要做的工作是：

1. 分析潜在顾客是否对你的产品有需求愿望？

2. 分析潜在顾客是否有购买能力?
3. 分析潜在顾客是否有购买决定权?
4. 分析潜在顾客是否有资格购买?

只有对上述问题都做出肯定的回答,才意味着你面对的是一名真正的目标顾客。

相关知识

一、潜在顾客资格审查

一个真正的潜在顾客必须具备三个基本条件:第一,购买产品或服务的个人或组织确实需要这样的产品(Desire),能从产品的消费中受益,或者能够为购买者解决某一方面的实际问题;第二,不管这样的个人或组织有多么强烈的购买欲望,也不管产品能给他或他们带来多么大的利益,他们必须具备购买该产品或服务的货币支付能力(Money);第三,潜在顾客必须有购买权或得到授权(Authority),具有在产品生产者、种类和具体型号等方面的选择权。

潜在顾客资格审查就是对潜在顾客筛选审查(Qualifying Prospect),指推销人员对寻找到的所有潜在顾客的线索进行分析判断的全部活动过程。潜在顾客资格审查并非与寻找潜在顾客截然分开,实际上它贯穿于寻找潜在顾客过程的始终。

【高手示范 3—2—1】

某企业的一位推销员小张干推销工作多年,经验丰富,关系户较多,加之他积极肯干,在过去的几年中,推销量在公司内始终首屈一指。谁知自从一位新推销员小刘参加推销员培训回来后,不到半年,其推销量直线上升,当年就超过小张。对此小张百思不得其解,问小刘:"你出门比较少,关系户没我多,为什么推销量比我大呢?"小刘指着手中的资料说:"我主要是在拜访前分析这些资料,有针对性地拜访,比如,我对 124 名老潜在顾客分析后,感到有购买可能的只有 94 户,根据以往经验,94 户中 21 户的订货量不大,所以,我只拜访 73 户,结果,订货率较高。其实,我的老潜在顾客 124 户中只有 57 户订货。订货率不足 50%,但是节约出大量时间去拜访新潜在顾客。当然,这些新潜在顾客也是经过挑选的,尽管订货概率不高,但建立了关系,还是值得的。"从小刘这些话可见,其成功之处,就在于重视目标潜在顾客的选择。

二、潜在顾客资格审查的作用

潜在顾客资格认定是推销人员根据推销品的用途、价格及其他各个方面的特性,对掌握的顾客名单进行全面分析和评价,把符合购买条件的顾客列入自身的潜在顾客名册中去,把不符合购买条件的顾客从目录中剔除出去。潜在顾客资格认定主要包括对潜在顾客需求的审查(Desire)、支付能力的审查(Money)、购买权限审查(Authority)。

上述对潜在顾客资格认定可定义为 MAD 模式,通过对这三个方面的审查,以最终决定访问对象。潜在顾客资格认定的作用,主要表现在以下几个方面:

1. 通过潜在顾客资格审查,提高推销访问的成功率

潜在顾客要成为目标顾客还必须具备一定的条件,不加以区分就进行访问,必然成功率低,推销效率差。通过初步的审查,避免或减少访问不可能成为目标顾客的潜在顾客,有利于

提高访问的成功率。

2. 通过潜在顾客资格认定，可以节省推销访问的费用

对一些不符合潜在顾客条件的用户，少访问或不访问，必然节省各种费用开支，如车旅费、访问费、管理费等。

3. 通过潜在顾客资格认定，有助于减少推销访问的时间

了解购买能力及购买决策者，可以直接明确访问对象，不必在接近过程中再去摸索，没有必要对不具备购买能力的顾客费口舌，从而使推销员的平均访问时间缩短，效益提高。

4. 通过潜在顾客资格认定，有利于有的放矢地实施推销策略

争取最可能的买主，避免把时间和精力平均分摊到那些不具备潜在顾客条件的顾客身上。潜在顾客资格认定的目的是为了减少推销工作的盲目性，提高推销的实际绩效。

三、潜在顾客资格审查的内容

（一）购买需求审查

潜在顾客购买需求审查是指推销人员通过对有关资料的分析，分析潜在顾客是否存在对推销产品的真实需求并做出审查与评估，从而确定具体推销对象的过程。

1. 潜在顾客需要什么

即对潜在顾客需要什么样的产品的描述。涉及潜在顾客购买产品的用途、使用要求、将在什么条件下使用等问题，这些问题决定了潜在顾客对产品的选择标准，并为推销员提供了推销说服的基点。

2. 品牌倾向

即潜在顾客是否有对某一品牌的特别偏好。当潜在顾客没有明确的品牌倾向时，表明任何厂商的产品都没有排他优势；当潜在顾客有较明确的品牌倾向时，如果自己的产品品牌与潜在顾客品牌倾向一致，表明自己已获得优先的排他优势，反之则表明自己的产品品牌已为潜在顾客所排斥。潜在顾客的品牌倾向可以在与客户有关人员的接触中直接询问而获得。

3. 期望的价格

即潜在顾客为实现某项购买而设定的心理价位或购买预算。大多数情况下，尤其是当潜在顾客具有明确的购买意图和购买计划时，都会有相应的期望价格。了解和掌握准潜在顾客的期望价格，对于推销员确定产品报价和议价的策略是非常重要的。

4. 需要多少

即潜在顾客需要购买产品的数量。购买的数量涉及推销员确定报价和议价策略及其他交易条件，推销员在考察准潜在顾客有多少的问题时，既要考察当前的交易量，也要考察潜在的购买量。

5. 何时需要

即潜在顾客做购买决策、签约及履行合约的时间。时间问题可通过准潜在顾客的购买计划和采购计划日程做出相应的判断。

在潜在顾客需求审查中，如果发现具有特殊需要的准潜在顾客，应该继续进行审查，确切了解特定潜在顾客的需求特点及其需求的意义，以便在以后的推销活动中给予满足。

（二）潜在顾客支付能力审查

潜在顾客支付能力审查是指推销人员通过对市场调查的有关资料的分析，确定潜在顾客是否具备购买推销品的经济能力。潜在顾客支付能力是指潜在顾客能够以货币形式支付货物

款项的能力，实质就是指潜在顾客具有的现实购买能力。潜在顾客购买能力审查的目的，在于选择有推销价值的目标顾客，防止出现被动局面。

1. 个人或家庭购买者的购买能力审查

主要是从影响个人或家庭购买力的各种因素，如实际收入、购买支出、消费储蓄与信贷等几个方面进行审查。

2. 组织购买者的支付能力审查

购买力审查的重点对象是组织与企业购买者。

推销人员对组织购买者的购买力的审查涉及组织购买者的生产状况、经营状况、资金状况、财务状况、信用状况等方面。从可操作性上讲，推销员对客户支付能力的审查，主要是通过了解客户此项购买的资金来源及到位情况，从而对客户的支付能力状况做出判断。不同的客户单位其资金来源渠道是不同的，不同渠道的资金来源，其支付保障性也有差异，而资金的到位情况则决定了客户是具有现实的支付能力还是潜在的支付能力，只有已到位的资金才形成现实支付能力，对潜在支付能力是否能按期转化为现实支付能力则要分不同情况予以对待。

当一项推销的订单金额与客户业务规模相比属于小额订单时，或可做到钱货两清时，只要观察客户是否有足够的现金维持其正常业务开支就可对客户的支付能力做出判断。但当订单金额太大，以至于客户需要专门为该项购买进行预算并在项目进行过程中筹集资金时，或当订单的执行周期较长并分为若干期支付贷款时，推销员就一定要对客户的支付能力进行专门的研究。既要了解客户的购买资金来源，又要了解其到位情况，对未到位的资金，还要了解和证实到位的可能性大小和可能到位的量与时间。对此，可向客户有关人员询问和向与该客户有业务往来的其他推销员咨询以相互证实。

(三)潜在顾客购买资格审查

对推销品具有购买需求和支付能力的潜在顾客，如果不具备购买资格，也不是合格的目标潜在顾客。因此，推销人员要对潜在顾客的购买资格进行审查，审查潜在顾客是否具有作为市场经营主体的行为能力以及对推销品的购买是否有某些限制。由于购买者主要有个体购买者与组织购买者，所以购买人资格审查的主要内容，就是审查以家庭为主的购买者和以法人资格进行购买的组织与企业购买者。

1. 家庭及个人的购买人资格审查

对家庭及个人购买人资格的审查，主要搞清楚以下两个问题：

(1)家庭购买决策类型。家庭购买决策的类型有：丈夫支配型、妻子支配型和共同支配型。

(2)购买角色。家庭的购买角色有五个：发起者、影响者、决策者、购买者和使用者。

2. 组织购买的决策者资格审查

在当前的市场上，组织型客户的购买多以集体决策的形式进行，推销员往往要接近和说服客户决策集体中涉及不同职能部门、不同职位的若干对象。这些对象由于在整个采购活动中的角色和分工不同，自然形成了一定的决策程度和决策权力结构。

(1)决策程序。即客户采购活动在不同职能部门及相应人员之间的作业流程。如在客户单位中往往由常设的供应部负责收集供应信息，接待推销员；由产品使用单位和使用者提出对产品的使用要求；由总工程师负责拟定产品的技术和选型标准；由行政领导负责最终的购买决策。这就构成了该客户的采购活动的作业流程。

准确把握客户采购的决策程序，能帮助推销员在推销活动的不同阶段找准接近和说服的对象，明白这些不同的对象在整个决策程序中能起到的作用，避免对某个特定对象的过分期望或忽视。如对提出使用要求的使用者，我们不可能寄望于使自己的产品获得选型认可，但能通过他充分了解客户的需要性；对作为技术负责人的总工程师，我们可争取到选型认可，但往往不能因此就得到订单。

推销员可根据本产品在销售中的一般规律结合对客户的采购常设机构有关人员及其他类似性质产品推销员的询问来了解客户的决策程序。

(2)决策权力结构。即客户内部决策流程中有关人员之间的决策权力制约关系。这通常是一个极其复杂而又微妙的问题，往往在无形中就决定了推销的成败。推销员必须极其慎重而准确地做出判断。

决策权力结构是一个与决策程序密切相关的问题。一般而言，客户决策程序中各决策环节上的职能部门主要行政负责人或项目负责人就是相应的决策权力人，他们分段决策、各负其责。但实际情况往往要复杂并微妙得多。例如，一个管理上高度集权的客户，上述决策权力人会变成名义决策权力人和事实上的执行人；而一个严格实行分权管理的客户，则情况就会相反。此外，由于历史的原因，有时这些决策权力人之间会产生一种十分微妙的权力制约关系。

对客户决策权力结构的审查不能仅以年龄长幼、职务高低、部门职责等表象来做主观判断，以免成为特殊的客户决策权力结构的牺牲品。

(3)信用度。客户单位及其主要决策人和合同执行人的可信任程度。在推销活动过程中，推销员与客户之间会彼此做出一系列的承诺，这些承诺是否得到兑现，很大程度上取决于客户的信用度。信用度越低的客户，交易风险越大。为尽量避免交易风险，推销员要尽可能对客户信用度做出自己独立而准确的判断，并通过谈判而实现自我保护。

任务实施

一、拟定一份可能成为潜在顾客的名单

王涛采用各种方法和途径获得了大量的潜在顾客的线索之后，接下来的任务就是要对这些线索最终是否能成为真正的潜在顾客进行分析判断。他根据“MNA 法则”和自己推销品的特征进行了筛选衡量。对于组织顾客，他还增加了审查他们的法律要件和信用情况。最后他拟定了一份组织客户的名单。

二、审查潜在顾客的资格

(一)购买需求审查

1. 潜在顾客需要什么。通过对几家规模较大的连锁超市和电器经销商的调查，发现他们对经销空气净化器产品很有兴趣，存在很大的需求。

2. 品牌倾向。目前有许多家庭和个人没有使用过空气净化器产品，所以没有什么品牌偏好，这对王涛的推销很有利。

3. 期望的价格。经过调查得知，顾客期望的家用空气净化器价格是 300～500 元。

4. 需要多少。由于一些经销商对空气净化器产品的认知不足，所以需求的数量不是很大。但王涛相信，随着人们对生活质量要求越来越高，空气净化器产品必将会成为市场上的畅销产品。经销商的需求也一定会随之增加。

5. 何时需要。由于空气净化器产品一年四季都能使用，所以经销商会随时需要。

(二)潜在顾客支付能力审查

1. 个人或家庭购买者的购买能力审查。王涛通过影响个人或家庭购买力的各种因素,如实际收入、购买支出、消费储蓄与信贷等几个方面进行审查。

2. 组织购买者的支付能力审查。王涛可以通过以下渠道审查组织与企业购买者。

(1)通过主管部门了解;

(2)向注册会计师事务所了解;

(3)从推销对象内部了解;

(4)通过其他同行了解;

(5)通过银行了解;

(6)通过大众传播媒体了解;

(7)推销人员自我观察。

(三)潜在顾客购买资格审查

王涛重点审查的对象是组织购买的决策者资格,他从决策程序、决策权力法律、要件和信用度结构三个方面进行审查。

就决策程序来看,他发现连锁超市、家电销售公司、网吧和学校的决策程序各有不同,如家电销售公司的商品采购程序一般是集体决策,即通过各部门的主管、技术专家来投票表决;就决策权力结构来看,连锁超市一般都是统一配送,决策权力在采购中心;而一些网吧的购买决策人往往是网吧经理。

王涛对名单中的组织客户的营业执照、税务登记证、企业代码、各种许可证等法律要件进行了审查,发现这些客户都属于正当经营。在名单中所列的潜在客户,有三家信用度较差,王涛决定剔除出去,其他客户都没有发现不良信用的情况。

任务训练

一、模拟训练

要求:顾客信息筛选和分析。

实施:

(1)每个项目小组对自己寻找到的潜在顾客进行审查和筛选,写出审查情况报告。

(2)列出一份潜在顾客的名单。

二、课堂讨论

1. 在日常生活中,可以通过哪些现象来判断消费者的购买力状况?

2. 在对组织顾客的资格审查中,你认为哪个审查项目最重要?请说出理由。

项目四

接近顾客

任务1 做好接近顾客的准备

知识目标

◆ 熟悉接近顾客前要准备的工作

能力目标

◆ 能够根据不同的顾客做好准备工作

任务引入

爱科环保科技有限公司的推销员王涛，经过严格的顾客资格审查之后，确定了计划拜访客户的名单，他准备针对这份客户名单，正式开始他的推销工作。在前一个月里，王涛跟着经验丰富的"师傅"熟悉了广州市场的环境，也拜访了一些重要的客户。从明天开始，王涛就要独自去访问客户。他计划将第一个拜访的对象确定为广州美家连锁超市有限公司的采购部负责人李宏经理。为了提高拜访的效率和成功的概率，他还需要做一些准备工作。除了前期的素养准备、知识准备、礼仪准备和工具准备外，王涛还需要做哪些拜访前的准备呢？

任务分析

为了更好地完成接近顾客的任务，王涛还需要在接近顾客前做一些准备工作。接近顾客准备工作的主要目的是搜集更多的潜在顾客的资料，为推销访问和面谈做好准备。

接近顾客的准备工作主要是收集潜在顾客的第一手资料。王涛要想获得接近的成功，就必须做到先全面了解自己的潜在顾客。俗话讲，"磨刀不误砍柴工"，在接近每一个潜在顾客之前，他都要抽出时间做好相关准备，准备得越充分，访问的效率就会越高，效果就会越好。王涛要做的接近顾客前的准备工作有：

1. 做好心理准备。
2. 准备好顾客资料。
3. 进行其他准备。

相关知识

所谓接近准备是指推销人员在接近某一潜在顾客之前进一步了解潜在顾客情况的过程。推销接近准备阶段实际上是顾客资格审查的延续。

一、接近个体顾客的准备

这里所谓的个体顾客，是指个人购买者。一般来说，接近个体顾客前要了解以下内容。

(1)姓名。接近个体准顾客时，如果能在一见面时就能准确地叫出对方姓名的话，会缩短推销人员与顾客的距离，产生一见如故的感觉。因此，弄清楚准顾客的姓名，是赢得准顾客信任，获得推销成功的第一步。

(2)年龄。不同年龄的人会有不同的个性差异和需求特征，因而会有不同的消费心理和购买行为。在接近顾客之前，推销人员应采取合适的方法和途径了解该顾客的真实年龄，便于分析、研究、把握顾客的消费心理，制定推销接近策略。

(3)性别。对待不同性别的准顾客时，应采取不同的推销方式。男女准顾客在其性格、气质、需要和交际等方面均有区别，推销人员应区别对待。

(4)民族。我国是一个多民族的国家。不同民族的人都有自己的民族风格和民族习惯。了解准顾客的民族属性，准备好有关各民族风俗习惯的材料，是接近准顾客的一个好方法。至于到少数民族地区去开展推销活动，更要入乡问俗，入乡随俗，切不可做出有违于民族风俗习惯的事，相互尊重对方的民族习惯是长期合作的重要基础。

(5)出生地。推销人员在接近准备时，应尽可能了解准顾客的籍贯和出生地。一个人出生和生长的地方，会给其生活习惯甚至性格打上很深的烙印，对他们都有较大的影响。了解准顾客的出生地，一来可以从侧面揣测其生活习惯和性格特征，二来可以以此为话题拉近与其的感情距离。

(6)相貌特征。推销人员在接近准备阶段，应了解准顾客的音容、相貌、身体等重要特征，最好能拥有一张准顾客的近期相片。掌握准顾客的身体相貌等特征，既可避免接近时出错，又便于销售人员提前进入洽谈状态。

(7)职业状况。不同职业的人在价值观念、生活习惯、购买行为和消费内容与消费方式等方面，都有着比较明显的区别。因此，针对不同职业的准顾客，我们在约见方式、认识方式、接近方式与洽谈方式上也应该有所不同。

(8)学习和工作经历。对于推销员来说，了解推销对象的学习和工作经历将有助于约见时与其寒暄，拉近双方间的距离。

(9)兴趣爱好。了解准顾客的兴趣爱好，不仅有利于针对性地向准顾客推销商品，以投其所好，而且有利于寻找更多的共同话题接近准顾客，融洽谈话气氛，并且可以避免冒犯准顾客。

【小案例 4-1-1】

有一位推销人员了解到，他所接近的顾客是一位厂长，此人喜好书法，于是，该推销人员决定从爱好入手开始推销接近。当在这位推销人员第一次走进厂长办公室后，首先发现墙上挂着几幅装裱精美的书法作品，而厂长正在小心翼翼地拂去一幅书立轴上的灰尘。见此情景他走上前去对厂长说："看来您对书法有一定的研究啊。唔，这幅书写真称得上'送脚如游鱼得水，舞笔如景山兴云'，妙！看这悬针垂露之法的用笔，就具有多样的变化美。好极了……"厂长一听，此人对书法很内行，一定是书法同好，便说："请坐，请坐下细谈……"

这样，两人便从书法开始谈起，越谈越投机，双方的距离迅速缩小，很快便建立起融洽的关系。时间不知不觉地流过，整整一个下午的时间很快就过去了，直到此时，这位厂长才想起来，还不知道来者的身份、姓名，所来何干。

到后来当推销员做了自我介绍，并且谈到合同时，自然就"好说"多了。推销自然取得了成功。

(10)需求内容。这是准顾客资格审查的重要内容之一，同时也是接近准顾客前准备工作的重要方面。推销人员应尽量了解准顾客需求的具体情况，如购买需求的特点、动机、购买决策权限以及购买行为的规律性等，便于有针对性地做好推销工作。

(11)办公及居住地址。准顾客的住址、办公地点和经常出入、停留的地方，对推销人员而言是很重要的资料。在接近准备阶段，一定要不厌其烦地核对清楚。例如，邮政编码、区名、街道名、楼宇名、门牌号码以及其周围环境特征。联系电话、传真机、手机号码等都要搞清楚，以便顺利到达接近地点和节省接近拜访时间。

(12)家庭及成员情况。了解准顾客的家庭情况，可以为接近准顾客和面谈提供一些话题。

二、接近团体顾客的准备

团体顾客是指除个体顾客以外的所有顾客，包括工商企业、政府机关、事业单位及其他社会团体组织。由于团体顾客的业务范围广，购买数量大，而且购买决策人与购买执行人往往是分离的，使得团体顾客的购买行为变得更为复杂，因此涉及的问题也比较多。同时，团体顾客的购买力强，生产周期与消费周期较长，对推销人员来说，完成团体顾客的推销接近计划显得更有价值，推销人员准备的资料应比个体顾客更充分。除了个体顾客的接近准备的内容之外，团体顾客的接近准备还应包括以下内容：

(1)基本情况。团体顾客的基本情况包括机构名称、品牌商标、营业地点、所有制性质、注册资本、职工人数等。除此之外还要掌握团体准顾客总部所在地及各分支机构所在地详细地址、邮政编码、传真号码、公司网址，具体人员的电话、手机号码，以及前往约见与接近时可以利用的交通路线及交通工具，进入的条件和手续等情况。

(2)生产经营情况。即产品品种、产量、生产能力及发挥水平，设备技术及技术改造方向，产品结构情况，产品加工工艺及配方，产品主要销售地点及市场反应，市场占有率及销售增长率，管理风格与水平，发展、竞争与定价策略等。如果顾客属于商业机构，应该了解顾客的营业面积、商品规模、商品等级、客流量、购买者的购买行为及商品特点等，并了解对方的资信情况。

(3)采购习惯和购买行为情况。不同顾客有各自不同的采购习惯，包括采购对象的选择、购买途径、购买周期、购买批量、结算方式等方面都可能有差异。在准备工作的过程中，推销人员要对团体顾客的采购习惯进行认真、全面、细致的分析，再结合推销品的特征和性能，确定能否向顾客提供新的利益以及团体顾客对推销品采购的可能性。

购买情况包括：在一般情况下，由哪些部门提出需求或提出购买申请；由哪个部门与机构对需求进行核准；由哪个部门与机构对需求及购买进行决策及选择供应厂家；客户目前向哪几个供应者进行购买;供求双方的关系及其发展前景如何等。

(4)组织情况。对团体顾客的推销,实际上是向机构决策人或执行人推销,而绝非向机构本身推销。但是,机构本身复杂的组织结构和人事关系,对推销能否成功有着重要的影响。因此,在接近团体准顾客之前,推销人员不仅要了解团体准顾客的近远期目标、规章制度和办事程序,而且还要了解它的组织结构和人事状况、人际关系以及关键人物的职权范围与工作作风等方面的内容。

(5)关键部门与关键人物情况。在购买行为与决策中起关键作用的部门和人物的有关情况也要了解清楚。

(6)其他情况。对影响顾客购买的其他情况也要了解。例如,购买决策的影响因素有哪些?目前进货有哪些渠道?维持原来的购买对象与可能改变的原因是什么?目前顾客与供应商的关系及发展前景如何?目前竞争对手给顾客的优惠条件是什么?顾客的满意程度如何?

三、接近老顾客的准备

老顾客是推销人员熟悉的、比较固定的买主。保持与老顾客的密切联系,是推销人员保证顾客队伍的稳定,取得良好推销业绩的重要条件。

对老顾客的接近准备工作与新顾客的接近准备工作有所不同,因为推销人员对老顾客已经有一定程度的了解,主要是对原有资料的补充、修订和调整,是对原有客户关系管理工作的延续。

【小案例 4-1-2】

推销人员小马打电话约见从前的老顾客某医院郝院长,内容如下:

小马:"郝院长,您好!好长时间没见了,今晚有空吗?我请您吃饭。"

郝院长:"不,谢谢。"

小马:"我们公司从国外刚进口一种新的心脏起搏器,我想向您介绍一下。"

郝院长:"有业务就想起找我啦?"

小马:"当然,我们是老朋友了嘛。"

郝院长:"我恐怕让你失望了。"

小马:"为什么?"

郝院长:"一年前我就改任书记,从事党务工作了。"

试分析一下小马约见老顾客的不当之处。

接近老顾客前,应该准备的资料有:

(1)基本情况。应该注意和重视在见面之前对老顾客原有情况进行温习与准备。通过温习,在见面时可以从这些内容入手进行寒暄,这样会使顾客感到很亲切。

(2)变动情况。对原来档案中的资料,最重要的一点就是对各项资料逐一审查,并加以核对,了解原有资料是否有变动。

(3)信息反馈情况。推销人员再次拜访老顾客之前,应该先了解老顾客(无论是个体顾客还是团体顾客)上一次成交后的信息反馈情况,包括供货时间、产品价格、产品质量、使用效果、和售后服务等情况。老顾客反应情况的内容和形式无非是两个方面:一是好的反应;一是不好的反应。无论老顾客反应好坏,推销人员都应该认真听取,并加以研究。

任务实施

一、做好接近前的心理准备

在接近顾客前，推销员最容易犯的毛病就是信心不足，总是担心是否会搅乱被访者的正常生活？顾客是否会接受推销访问？顾客拒绝成交怎么办？这种无形的“恐惧”如果表现在推销过程的言行举止中，会使顾客丧失对你个人及你所推销的产品的信心。王涛作为销售新人，在接近顾客前，首先要树立自信心，克服畏难情绪和逃避心理，做好被顾客拒绝的心理准备。

二、收集顾客的资料

王涛要收集的顾客资料如下：

1. 顾客的基本情况

由于王涛将要访问的团体顾客是广州美家连锁超市有限公司，为了确保能够赢得这个顾客，王涛首先登录到该连锁超市的网站，了解了该连锁超市营业地点、职工人数、电话、规模实力、经营情况、组织结构、经销商品的质量、市场定位、销售网点分布等情况。

为了了解更多的情况，王涛给自己的一个朋友打了一个电话，这个朋友也是做销售工作的，以前与这家连锁超市打过交道，对他们的采购习惯和购买行为情况比较了解。

2. 主要采购负责人的个人情况

王涛还从另一个熟人处了解到了现在负责采购的经理的情况如下：李宏，男，35 岁，汉族，出生在湖南长沙，中山大学毕业后分配在深圳工作，2005 年被广州美家连锁超市有限公司聘为采购部经理，爱好运动，喜欢打高尔夫球，办公室在公司的三楼，单独一间办公室，家住广州天河，妻子在广州某银行工作，一个儿子在读小学一年级。另外王涛还掌握了李经理的相貌特征。

3. 顾客的需求与顾客对产品的要求

王涛还了解到美家连锁超市有限公司对“纳米空气净化器”这种高科技产品很有兴趣，希望产品的花色品种齐全，规格多样，价格适中。

4. 竞争对手的品牌的情况

王涛还掌握了一些竞争对手的情况，如他们的代理商情况、他们的产品与本公司产品的区别在什么地方、价格的差异有多大、客户的口碑等。

三、做好必要的物质准备

王涛对第一次拜访工作很重视，他把自己好好地修饰了一番。为避免与李经理见面时手忙脚乱，王涛还做了一些必要的物质准备。他准备了名片、身份证、引荐信、产品样品以及相关的宣传资料，还有进行产品演示的辅助用具，用于记事用的本子和笔等。

任务训练

一、模拟训练

要求：做好接近顾客前的准备

实施：

1. 每个项目小组列出搜集到的顾客资料的详细情况。

2. 用 PPT 汇报接近顾客前的准备情况。

二、案例讨论

一位推销人员急匆匆地走进一家公司，找到经理室敲门后进屋。

推销员："您好，李先生。我叫李明，是美佳公司的推销员。"

曲经理："我姓曲，不姓李"。

推销员："噢，对不起。我没听清楚您的秘书说您姓曲还是姓李。我想向您介绍一下我们公司的彩色复印机……"

曲经理："我们现在还用不着彩色复印机。即使买了，可能一年也用不上几次。"

推销员："是这样……不过，我们还有别的型号的复印机。这是产品介绍资料。"（将印刷品放到桌上，然后掏出烟与打火机）"您来一支？"

曲经理："我不吸烟，我讨厌烟味。而且，这个办公室里不能吸烟。"

问题：

你认为本案例中李明的推销访问成功吗？为什么？

任务 2　约见顾客

知识目标

◆ 熟悉约见顾客的内容

◆ 掌握各种约见顾客的方法

能力目标

◆ 会用不同的方法顺利约见顾客

任务引入

经过了一系列的接近前的准备，王涛对即将拜访的广州美家连锁超市有限公司的采购部经理李宏的情况以及他们公司的情况有了一个基本的了解。为了避免突然拜访的盲目性，王涛想提前与李经理进行联系，以保证拜访的成功。那么王涛该如何约见李经理呢？

任务分析

在完成必要的接近准备工作之后，王涛就准备正式接近广州美家连锁超市有限公司的李经理。由于种种原因，有些推销对象是很难接近的，有些顾客谢绝推销访问，甚至干脆拒绝推销来访。因此，为了成功地接近顾客，王涛应该尽可能事先进行顾客约见。成功地约见顾客，可以有利于推销人员自然、顺利地接触顾客。王涛在这一阶段的任务是：

1. 确定约见的对象、事由、时间和地点。

2. 能够成功地约见要拜访的对象。

相关知识

顾客约见，是指推销人员事先征得顾客同意接见的推销行动过程。顾客约见是现代推销活动和现代推销方式的重要特征之一，是整个推销过程的一个重要环节，它既是接近准备工作的延续，又是正式接近顾客的开始。

一、顾客约见的作用

选择恰当的时机与顾客预约非常重要。推销员如果能够做到与顾客预约，就能知道顾客的时间安排情况，从而选择适合自己销售产品的时机去拜访客户。约见的作用具体表现在以下几个方面。

1. 有助于推销员如约见到被访人

如果不预先约见，推销员很可能见不到被访人。现在各单位都有严格的门卫和传达制度，如果不提前预约，推销员很可能在大门口就被拦住，使推销工作“出师不利”。尤其越是重要的人物越难会见。如果是住宅访问，客户的警惕性比较高，如果不做预约，你说是推销员，对方不相信，就会造成造访的失败。因此，拜访顾客一定要事先预约，才能使访问顺利进行。

2. 预约有助于深入洽谈

预约可以使推销员和顾客都能做好充分准备。对推销员来说，有助于制订会谈计划。比如，根据已经了解的有关顾客的一些情况，推测顾客对自己可能采取的态度，可能提出的问题，有针对性地做好充分准备，这将为会谈和推销的成功奠定基础。对顾客来说，采用预约的方式事先征得顾客的同意，既表示对顾客的尊重，又易于取得顾客的信任。消除了对陌生人的警戒心理，推销员访问时心情自然会轻松得多，容易形成融洽的谈话气氛。同时也让他们有时间理一理思绪，考虑想要了解哪些内容。在双方都有准备的情况下，会谈可以很快切入正题，双方距离可以缩短，洽谈就会深入下去。而深入的洽谈可以使推销员提高销售产品的可能性，这无疑对推销员的成绩提高有帮助。

3. 有助于推销员提高工作效率

在当今时代，“时间就是生命”“时间就是金钱”的概念已深入人心，人们的时间观念普遍增强，对每天的分分秒秒都做了安排，如果不预约就去访问，有可能打乱顾客的计划。有时出于礼貌，顾客勉强同意会谈，但可能说不上三句话就“拜拜”了，或者根本不见。对方不在时，推销员还有可能扑个空。如果经常这样徒劳往返，推销员推销工作的效率会大大降低。

二、约见内容

(一)约见对象

要进行推销访问，就要先确定具体的访问对象。约见对象指的是对购买行为具有决策权或对购买活动具有重大影响的人。如果推销的是个人用品，约见对象一般容易确定；如果推销的是生产用品，推销人员将面对一个采购中心，那么首选的约见对象是公司的董事长、总经理、厂长等企业或有关组织的决策者。推销人员若能成功地约见这些决策者，将为以后在该企业或组织里的推销打下良好的基础。但是在实际推销工作中，推销人员发现自己往往无法直接约见访问对象。因此，推销人员在尽力约见购买决策人的同时，也不要忽视那些对购买有影响力的人物，如总经理助理、秘书、办公室主任、部门经理等人。这些人虽然没有最终购买决定权，但他们接近决策层，可以在公司中行使较大的权力，对决策者的决策活动有很大的影响。

【高手示范 4—2—1】

原一平的推销"手记"中写到：根据打听来的消息，我前去拜访一家业务很活跃的贸易公司。但是，去了好几次，董事长不是不在就是在开会，总是无法见到面。好几次都是在接待小姐同情的目光之下，留下名片，怅然而返。不知道是在第几次的拜访中，我突然发觉接待小姐桌上的花瓶不见了。于是，下一次再去时，我便带了装着两朵菊花的小花瓶，送给接待小姐，以表示我心中的感激。又惊又喜的接待小姐告诉我，董事长常常推说不在，因此一定得这么守下去。

此后，接待小姐就成了我的内援，每隔 3 天，我就带着两朵菊花前去拜访。可是，依然没有任何的进展。时间一久，全公司里的人都认得我，并且戏称我为"菊花推销员"。但是，我还是见不到董事长。

大约经过两个月以后，有一天我照常前去拜访，接待小姐好像是自己的事情一样，兴高采烈地对我说："董事长等着你呢！"并立刻将我带入董事长的办公室。"本公司的员工都非常称赞你哟！"他只说了这么一句话，也不容我多言，即签下最高金额的合约。我永远也无法忘记当时不禁喜极而泣的情景。

（二）约见事由

约见的第二项主要内容就是明确约见的目的。任何人都不会接受没有理由的约见。特别是在双方从未谋面或不熟悉的情况下，所以推销人员在约见访问对象时，必须告诉对方访问的原因和需要商谈的事项。虽然约见顾客的最终目的是为了成功推销商品，但约见目的因顾客、推销进展阶段和具体推销任务的不同而不同，常见的约见目的和事由有：

(1)推销产品。推销访问的主要目的是直接向顾客推销商品。在约见顾客时，推销人员应设法引起顾客的注意和兴趣，着重说明所推销产品的用途、性能和特点等。若顾客的确需要推销的产品，自然会欢迎推销员的来访、并给予合作。若顾客确实不需要，推销人员最好不要强求。

(2)市场调查。市场调查是推销人员的重要职责之一。以市场调查为事由的约见，由于不需要顾客购买商品，往往容易被顾客接受，容易赢得顾客的信任、合作与支持，这样既有利于搜集市场情报和信息，为进一步推销做好准备，又可避免强行推销，往往还由市场调查转变为正式推销，甚至当面成交。

(3)提供服务。在现代市场竞争中，提供服务与推销产品同等重要。事实上，推销本身就是一种服务。把提供服务作为约见顾客的理由，往往比较受顾客的欢迎。通过这种方式既可以完成推销任务，又可扩大企业影响，树立企业及其推销员的良好形象，为今后的推销工作铺桥搭路。

(4)签订合同。推销人员与顾客经过多次推销洽谈，已达成购买意向，需要商讨一些具体细节，签订合同。以此为目的的约见，一定不要显得过于急切，要尊重顾客的时间。因为签订合同不仅意味着一次交易的结束，而且意味着下一次交易的良好开端，必须予以高度重视。

(5)收取货款。收取货款是推销过程中的重要环节。没有收回货款的推销是不完整的推销，无法收回货款的推销是失败的推销。收取货款作为访问事由，对方不好推托，但推销人员也应该体谅对方的困难，既要防止出现呆账，又不要过于逼账。

(6)走访用户。对于企业和推销人员来说，要保证基本顾客队伍的稳定与发展，不断提高销售业绩，不仅要不断寻找、发现、发展新客户，而且要不断巩固与老顾客的关系，以建立自己稳定的销售网。这种方式既可以引起顾客的好感、增进与顾客的感情，又可以使推销员赢得主动，还可以收集到真实的信息、合理化建议，甚至忠告等，为正式推销奠定良好基础。

总之，约见顾客有各种目的。推销人员应根据具体情况，创造各种机会约见、接近顾客。扩大自身影响，提高企业信誉，树立企业形象，并达到预期的推销目的。

(三)约见时间

约见顾客的时间安排是否适宜，会影响到约见顾客的效率，甚至关系到推销洽谈的成败。约见的时间应主要根据顾客的情况确定，尽量避免在顾客忙碌的时间前往。如果能够选择顾客较为轻松和闲暇的时候约见为最好。至于是上班时约见好还是休息时约见好，不能一概而论，需要良好的事先沟通与商定，或者是建立在对顾客生活规律的了解之上，应因人而异，因情而定。当遇有顾客的时间与推销员的时间发生矛盾时，应尽量考虑和照顾顾客的意图。当与顾客的约定时间敲定以后，推销员要立即记录下来，并且要严格按照约定时间准时到达，应坚决避免迟到或约而不到。

(四)约见地点

与准顾客约定在什么场合见面，这也是我们每一个推销员需要经常面对和处理好的。总的来说，要以顾客的意见和方便为主。除了工作场所和顾客家里以外，在公共场所约见也是可行的。比如茶馆、酒吧、咖啡馆等，以安静和便于谈话交流为宜，环境越雅致越好。

选择与确定约见地点应坚持方便顾客，有利于约见和推销的原则，这样才可能利于交易的达成。约见地点的选择方式一般有以下几种：

(1)办公室。对于推销生产用品的推销人员来说，最佳的地点一般是访问对象工作单位的办公室。因为在大多数情况下，顾客是被动的，而推销人员应该采取主动。在办公室约见方便双方讨论问题，进行反复商议以达成共识。

(2)居住地点。对于生活消费品的推销人员来说，则通常以顾客居住地为约见地点，既方便顾客，又显得亲切、自然。

(3)社交场合和公共场所。社交场合和公共场所如歌舞厅、酒会、座谈会、公园、广场等地方气氛轻松愉快，有利于拉近推销人员与顾客的距离。

三、顾客约见方法

约见不仅要占用顾客的时间，甚至会影响顾客的工作与生活。因此，推销员在约见顾客时，不仅要考虑约见对象、约见时间和地点，还必须讲究约见方式和方法。在实践推销活动中，常见的约见方法有以下几种：

(一)当面约见

当面约见是指推销员与顾客面对面约定见面的时间、地点、方式等事宜。这种约见简便易行，也极为常见。推销人员可以利用与顾客会面的各种机会进行面约，如在展销会或订货会上、在社交场所、在推销旅途中或在其他见面的场合与顾客不期而遇，推销人员都要借机面约。但是这种机会并不常有，这就要求推销人员时时留心，了解重要顾客的生活习惯、兴趣爱好，创造机会与顾客见面，进而约定正式见面的时间。

当面约见具有以下优点：

(1)有利于发展双方关系,加深双方感情。当面约见,能及时得到顾客的反应,缩短双方的距离,增加亲近感,甚至建立信任与友谊关系。

(2)有助于推销人员进一步做好接近准备,了解顾客的有关情况。

(3)面约一般比较可靠。有时约见情况比较复杂,非面约便说不清楚。当面预约,可以消除对方的顾虑。

(4)节约信息传递费用,简便易行,对双方都比较方便。

当然,当面约见也有一定的局限性:一是受地理限制,远距离的顾客往往很难面约;二是受时机的限制,有时很难碰巧遇到所要面约的顾客;三是效率限制,面约花费的时间与精力较多,面约较少的顾客还行,多了就很难在短时期内办到;四是一旦当面约见遭到顾客拒绝后,推销人员便处于被动局面,无法挽回败局。

(二)电话约见

电话约见即通过电话来约见顾客,这是现代推销活动中最常用的约见方法,它的优势在于经济便捷,能在短时间内接触更多的潜在顾客,是一种效率极高的约见方式。电话约见,由于顾客是不见其人,只闻其声,所以,推销员的重点应放在"话"上:首先,要精心设计开场白,激起对方足够的好奇心,使他们有继续交谈的愿望;其次,约见事由要充分,用词简明精炼、长话短说;再次,态度要诚恳,口齿清楚、语调亲切。

电话约见的一般步骤包括:问候、介绍自己和公司、感谢顾客倾听、道明约见目的、确定约见时间和地点、再一次致谢。在预约客户时,销售人员必须以与客户约定面谈时间和地点为主要目的,这一点是尤其需要注意的。

(三)信函约见

信函约见是销售人员利用书信约见顾客的一种方法。信函通常包括个人书信、会议通知、社交柬帖、广告函件等,其中采用个人通信的形式约见顾客的效果为最好。当然,书写个人信函一般要在与对方较熟识的情况下采用,否则,莽撞地给对方寄去个人书信,则有可能产生消极的结果。如碰到并不熟悉的顾客,寄去柬帖、会议通知、参观券或广告函则是比较理想的方式。如果选择信函作为销售手段,推销人员需要仔细挑选邮寄名单。为了提高信函约见的成功率,销售人员在写约见信函时应注意以下几个问题:

(1)信函形式亲切、措辞委婉恳切。约见信函要尽可能自己动手书写,而不使用冷冰冰的印刷品,信封上最好不要盖"邮资已付"的标志,要动手贴邮票。措辞委婉恳切的信函往往能博得顾客的信任与好感,容易使对方同意见面。

(2)内容要简洁、有重点。书信应尽可能言简意赅,只要把约见的时间、地点、事由写清即可,切不可长篇大论,不着边际。

(3)要引起顾客的兴趣及好奇心。约见书信要引起顾客的好奇心为中心,投其所好,以顾客的利益为主线劝说或建议其接受约见要求。

(4)不要过于表露希望拜访客户的迫切心。

(5)电话追踪。在信函发出一段时间后要打电话联系,询问顾客的想法与意见,把电话约见与信函约见结合起来使用,可大大提高约见效果。

(四)委托约见

委托约见是指推销人员委托第三者约见顾客的一种方法。受托人一般都是与访问对象本人有一定社会关系或社会交往的人,与访问对象关系密切的人或对访问对象有较大影响的人士是最为合适的受托人。受托人可以是推销员的同学、老师、同事、亲戚、朋友、邻居、上司、同行、接待人员、秘书等,也可以是各种中介机构。

委托约见的优点有:容易达到约见顾客的目的,有利于推销人员接近顾客;可以通过受托人与目标顾客的特殊关系对其施加影响,节省推销时间,提高推销效率;有利于推销人员明确重点,克服约见障碍,提高推销效果。委托约见的局限性主要是:受推销人员社交圈大小等因素的制约;不如自约亲切,顾客往往不给予足够的重视;不如自约可靠,如果受托人不太负责任,常常引起误约。

(五)网络约见

网络约见是推销人员利用互联网与顾客在网络上进行约见的一种方法。互联网的迅速发展为现代推销提供了快捷的沟通工具,不仅为网上推销提供了便利,而且为网上购物、商谈、联络情感提供了可能,尤其是电子信箱(E-mail)的普遍使用,加快了网上约见与洽谈的进程。

网络约见的优点是快捷、便利、费用低、范围广。但网络约见要受到推销人员对网络技术、顾客网址和电子信箱等情况的掌握程度等方面的限制。因此,现代推销人员要掌握有关的网络知识,学会利用现代化的信息手段和推销工具开发客户。

【小案例 4—2—1】

白洁长得很漂亮,从事推销工作没有多长时间。她知道电话约见是最快捷、最经济的方式之一,也知道打电话的技巧和方法。她几乎用 60%的时间去打电话,约访顾客。她努力去做了,可遗憾的是业绩还是不够理想。

她自认为自己的声音柔美、态度诚恳、谈吐优雅,可就是约不到顾客。

她想,打电话最大的弊端就是互相看不到对方,不知道对方长得什么模样,缺乏信赖感。她心生一计,为什么不想方设法让对方看到自己呢?

于是,她从影集里找出一张最具美感、最令人产生信赖感的照片,然后以电子邮件的形式发给顾客,适当加一些文字介绍。同时,她又把照片通过手机发到不方便接收电子邮件的顾客手机上去。

一般情况下,她打电话之前,先要告诉对方刚才顾客收到的电子邮件或短信上的照片就是她。当顾客打开邮件或短信看到她的美丽照片时,感觉立刻就不一样。对她多了几分亲近,多了几分信赖。从此,她的业绩扶摇直上。

任务实施

一、明确约见的内容

1. 约见对象。王涛要约见的对象是广州美家连锁超市有限公司负责采购的经理李宏。对购买行为有决策权。

2. 约见事由。王涛约见李宏的目的主要有两个:一是希望广州美家连锁超市有限公司对本公司生产的空气净化器有更加全面的认识,能够将产品推广到这家连锁超市所有分店的货架上;二是通过此次拜访能够对空气净化器产品的市场情况做一个全面了解,如本公司产品的知名度和认可度,竞争对手产品的销售情况等。

3. 约见时间。根据王涛了解的情况,李宏经理一周最忙的时间是周一和周五,一天中最忙的时间是上午,所以王涛打算在星期四下午去拜访李宏,但具体时间还要与李宏电话沟通确定。

4. 约见地点。由于与李宏是初次见面，所以王涛打算星期四下午直接去李宏的办公室与他见面，这样既不耽误李宏的工作，又可以方便双方讨论问题，进行反复商议以达成共识。

二、确定约见的方法——电话约见

王涛将各种约见的方法进行比较后确定采用电话约见的方法。因为王涛与李宏经理以前没有任何接触，没有当面约见的机会。王涛原打算请朋友引荐一下，但朋友说他与李经理也没有深交，恐怕起不了什么作用。由于拜访的时间就在本周的星期四，发电子邮件又怕李经理工作太忙不能及时上网看到。

王涛决定打电话约见李经理。王涛知道打电话的目标就是获得一个约会，因为他不可能在电话里介绍一种复杂的产品，当然也就没有必要在电话里讨价还价。最重要的是确定与李经理见面的时间。所以一定要简短，不要超过3分钟。王涛在使用电话约见李经理时，遵循的三个步骤是：(1)说明身份；(2)说明目的及约请面谈；(3)消除异议。

以下是王涛约见赵经理的电话内容：

【情景实例4－2－1】

王涛："您好，请问李宏经理在吗？"

李经理："我就是。"

王涛："李经理，您好！我是爱科环保科技有限公司的业务员王涛，相信您一定听说过我们公司生产的空气净化器吧？"

李经理："哦。我知道一些。"

王涛："我听说贵公司最近扩大了经营范围，希望经营一些科技含量高的电器产品，我想在本周的星期四下午来拜访您，就我们的新产品'纳米空气净化器'和您面谈一下。"

李经理："你先把产品样本和相关资料寄过来，我们研究一下再与你联系吧！我马上要去开会。"

王涛："李经理，正因为我知道您很忙，所以才打电话来跟您约个时间。我不会耽误您很多时间，只要几分钟就可以了。我想在这周的周四下午亲自将资料给您送来，同时带着我们的产品样品拜访您，您看怎么样？"

李经理："星期四下午？我先看看我有没有其他安排……哦，好吧，你过来吧。"

王涛："星期四下午您几点有空？"

李经理："3点左右吧"

王涛："好，那我们星期四下午3点在您办公室见！谢谢您，李经理！"

任务训练

一、模拟训练

要求：掌握约见顾客的方法。

实施：

1. 每个项目小组，分别用信函约见和委托约见的方法与李宏经理约见。

2. 写出信函约见的具体内容和委托约见的具体操作方法。

二、案例讨论

推销员："约翰先生，您好。我是××公司的推销员肖恩。我听说了在您太太身上发生的不幸，她的手部皮肤过敏好一些了吗？"

客户："没有多大的改变，你知道，这种病是很难痊愈的。"

推销员："那她的正常生活是不是也受到影响了呢？"

客户："是的。她不能使用洗手液洗手，洗碗的工作也不得不由我来承担，因为她的手一碰到洗洁精就疼痛难忍。"

推销员："真是不幸。不过不要着急，我这里有一些不会对您夫人的手造成伤害的清洗用品。您认为什么时间面谈方便呢。是这个星期三上午10点20分还是星期四？"

客户："你星期四下午3点到我家来吧。"

推销员："那好，约翰先生，请记住您星期四下午3点要接待××公司的推销员肖恩。没问题吧？"

客户："没问题。"

推销员："好，我们星期四见。"

问题：

这位推销员约见成功的原因是什么？

任务3　使用最有效方法接近顾客

知识目标

- 了解接近顾客的策略
- 掌握接近顾客的各种方法

能力目标

- 会用不同的方法接近目标顾客

任务引入

王涛与广州美家连锁超市有限公司的李宏经理通过电话后，确认在星期四下午3:00见面。王涛非常希望能与广州美家连锁超市有限公司合作，将产品推广到广州美家连锁超市的各个分店。为了争取这一客户，王涛一直在考虑：初次拜访李宏经理，该如何接近他呢？用什么样的方式接近才能打动他？用什么样的方法接近他才能引起他对产品的注意和兴趣？

任务分析

接近顾客是推销过程中的一个重要环节，它是推销人员为进行推销洽谈与目标顾客进行的初步接触。能否成功地接近顾客，直接关系到整个推销工作的成败，许多推销人员的成功与失败，往往都决定在最初的几秒钟。由于顾客的习惯、爱好、性格等情况各不相同，因此推销人员应依据事前获得的信息或接触瞬间的判断，选择合适的接近方法去接近不同类型的顾客。王涛在这一阶段的任务是：

1. 建立良好的第一印象。
2. 全面掌握接近顾客的各种方法。
3. 用最有效的方法接近顾客。

一、第一印象的作用

在心理学中，首因效应也叫"第一印象"效应。第一印象，是指在短时间内以片面的资料为依据形成的印象。心理学研究发现，与一个人初次会面，45 秒钟内就能产生第一印象。这一最先的印象对他人的社会知觉产生较强的影响，并且在对方的头脑中形成并占据着主导地位。并且这种先入为主的第一印象是人的普遍的主观性倾向，会直接影响到以后的一系列行为。

对于推销新人来说，当你第一次拜访客户时，一定要给客户留下最佳的第一印象。之所以要注重第一印象，并不是因为你从此就没有机会去改变你留给客户的印象，而是因为客户不一定会给你第二次机会了。即使客户给了你第二次机会，你也要为改变第一印象而付出额外的代价。推销的过程是与客户交流沟通的过程，是与客户建立关系的过程。如果你推销成功了，在这个过程中，你出色的语言和渊博的知识最多只起一半的作用。因为客户大部分时间都是在观察你的为人，看你的衣着打扮是否得体，言谈举止是否优雅。这些更能吸引客户的注意力。

二、接近顾客的基本策略

设计和运用正确的接近策略是推销洽谈顺利进行的保证。为保证推销接近的成功，推销人员必须把握以下策略：

1. 迎合顾客策略

推销人员应该以不同的方式、身份去接近不同类型的顾客。根据事前获得的信息或接触时瞬间的判断，选择合适的接近方法。推销人员应该扮演顾客乐意接受的角色，语言风格、服装仪表、情绪都应根据顾客的喜好做出一定的改变。

2. 调整心态策略

在与陌生顾客接近过程中，推销人员以各种形式表现出的紧张是很普遍的。许多人害怕接近，以种种借口避免接近，这种现象被称为"推销恐惧症"。其实有时候顾客的冷漠和拒绝是多方面原因造成的，应该对顾客充分理解并坦然接受。成功的推销人员应学会放松和专注的技巧，它能让自己设法克服压力；应预测可能发生的最坏情况，然后做好如何反应的准备。

3. 减轻顾客压力策略

推销人员必须尽快减轻顾客的心理压力。当推销人员接近时，顾客会产生一种无形的压力，似乎一旦接受推销人员就承担了购买的义务。正是这种心理压力，使一般顾客害怕接近推销人员，冷淡对待或拒绝推销人员的接近。这种心理压力实际上是推销人员接近顾客的阻力。推销人员只要能够减轻或消除顾客的心理压力，就可以减少接近的困难，顺利转入后面的洽谈。

4. 控制时间策略

推销人员必须善于控制接近时间，不失时机地转入正式洽谈。接近的最终目的是为了进一步的洽谈，而不仅仅是引起顾客的注意和兴趣。有些缺乏经验的推销人员，总不好意思谈论自己的推销话题，到顾客要走了，还没开始谈论正题，这种接近效果是不理想的。如何把握时间的长短，推销人员应视具体情况而定。

三、接近顾客的方法

推销人员在正式接近顾客时必须掌握一定的接近方法和技巧。

【小案例 4—3—1】

布得歇尔保险公司的推销人员在上门推销之前，首先给顾客寄各种保险说明书和简单的调查表，并附上一张优待券，写明："请您把调查表填好，撕下优待券后寄返给我们，我们便会赠送两枚罗马、希腊、中国等世界各国古代硬币（仿制）。这是答谢您的协助，并不是要您加入我们的保险。"推销人员总共寄出 30 000 多封信，收到 23 000 多封回信，推销人员便带着仿古钱币按回信地址上门拜访，亲手把硬币送给顾客。由于顾客现在面对的是前来送硬币的推销人员，自然不会有戒心，在道谢后，就高兴地从各种古色古香的硬币中挑选两枚自己喜欢的留下。推销人员这时就会不失时机地渗入推销话题。据说该公司因这次活动获得 6 000 名顾客加入保险，在当时曾引起轰动。

（一）介绍接近法

介绍接近法是指推销员通过自我介绍或他人介绍接近推销对象的方法。介绍的形式可以是口头介绍或者书面介绍。

自我介绍法是最常见的一种接近顾客的方法，大多数推销员都采用这种接近技巧。例如："你好。我是××，是××公司的代表，这是我的名片请过目。"

在一般情况下，推销员都是采用自我介绍法接近顾客。除了必要的自我介绍外，推销人员还应主动出示名片、身份证、工作证等以消除顾客心中的疑虑。交换名片是现在非常普遍的作法，给对方递上自己的一张名片也同样可以弥补口头介绍的不足，并且便于日后联系。出于礼节，对方回赠名片，由此又获得了顾客本人及企业的一些资料和信息，为今后进一步联系提高了机会。但是，因为这种接近方法使用过于普遍，所以难以给人留下深刻印象。最好与其他方法联合使用为宜。

他人介绍法是推销员利用与顾客熟悉的第三者，通过打电话、写信函字条或当面介绍的方式接近顾客。通过他人的帮助接近客户的方法是非常有效的方法。这一方法的背后是社会学中的熟识与喜爱原理，这个原理的意思是说，人们总是愿意答应自己熟识与喜爱的人提出的要求。采用这种方法接近客户的成功率高达 60%以上。这个方法分为他人亲自引荐和他人间接引荐两种。他人间接引荐主要包括电话、名片、信函、便条等形式。销售员拿着他人的间接介绍信物接近新客户时，需要注意谦虚，不要居高临下。也不要炫耀与介绍人之间的关系如何密切。可以以真诚地称赞客户本身的语言引出他人的介绍，比如：××老师说您是一个非常关心患者利益的好医生，他介绍我来拜访您，这里有他给您的一个便条。

【高手示范 4—3—1】

金牌推销员吉拉德喜欢去运动场上观看比赛，当万众欢腾时，他就大把大把地抛出自己的名片。在观看橄榄球比赛时，当人们手舞足蹈、摇旗呐喊、欢呼雀跃、忘乎所以的时候，吉拉德同样兴奋不已，只不过他同时还要抛出一沓沓的名片。

吉拉德认为："我把名片放在一个纸袋里，随时准备抛出去。也许有人以为我是在体育场上乱扔纸屑，制造名片垃圾。但是只要这几百张名片中有一张到了一个需要汽车的人的手中，或者他认识一个需要汽车的人，那么我就可以做成一单生意，赚到足够的现金，抛名片与打电话一样也可以制造推销机会。你知道，我的这种做法是一种有效的方法，我撒出自己的名片，也撒下了丰收的种子，我制造了纸屑垃圾，也制造了未来的生意。"

也许你会认为吉拉德的这种做法很奇怪，但是这种做法确实帮他做成了一些交易。很多买汽车的人对这种行为感兴趣，因为扔名片并不是一件平常的事，他们不会忘记这种与众不同的举动。

吉拉德能做出撒名片的惊人之举，他总是设法让所有与他有过接触的人都知道他是干什么的、推销什么东西的，即使是那些卖东西给他的人。甚至在餐馆付账时，他也把名片附在账款中。假如一餐饭的账单是20美元，一般人支付15%的小费是3美元；吉拉德常会留下4美元，并且附上他的名片，对所有的侍者，吉拉德都采用这种方式。

（二）产品接近法

产品接近法也称为实物接近法，是指推销员直接利用推销产品实物或者模型摆在顾客面前，以引起顾客对其推销的产品足够的注意与兴趣，进而转入洽谈的接近方法。精心策划的产品接近法能够调动潜在顾客的感觉器官，通过产品自身的魅力与特性引起顾客的兴趣，达到接近顾客的目的。

采用这种方法的关键之处在于：(1)产品本身必须要有一定的吸引力，能够引起顾客的注意和兴趣；(2)产品必须是易于携带、方便顾客参与操作；(3)产品本身功能效果明显，易于宣传；(4)宣传的产品与商品实物应该完全一致。如果宣传的产品与商品实物不一致就容易导致顾客误会。另外像车间机床、大型电动设备等产品不方便携带和顾客操作，不宜于采用此种方法。让真实的产品本身去做介绍，这种做法更符合顾客的认识与购买心理，因而接近顾客的效果比较好。

【小案例4—3—2】

一个女孩推销一种洗地毯的水，她敲开了一户人家的门，当时女主人很忙，对这位推销员确实不太感兴趣，而这个女孩子经过专业化的训练，她说："太太，你不买没有关系的，我只是告诉你，现在市场上已经有了这种洗地毯的水，你看一看，真的很好，你们家的房子那么大，地毯很漂亮，有没有什么地方有一点点脏，我帮你去清洗清洗。"结果这位妇女打开了大门，让她进来，餐厅的地毯上有小孩洒的可乐水，这位妇女说："那么你看看能不能帮我清洗掉。"这个女孩就把一点清洁剂倒在上面，擦一擦，然后再拿毛巾一抹，啊！那里的污渍就不见了，这位妇女也觉得很吃惊，一下买了两瓶。

（三）利益接近法

利益接近法是指推销人员以顾客所追求的利益为中心，简明扼要地向顾客介绍产品能为顾客带来的利益，满足顾客的需要，达到正式接近顾客目的的一种方法。这种推销方法接近顾客时不是从宣传自身商品的优点入手，而是从商品能给顾客带来什么好处，比如从经济、实用、功能等方面，站在顾客的角度，换位思考。

利益接近法的主要方式是直接陈述或提问，告诉顾客购买商品本身的实惠。语言不一定要有惊人之处，但必须引起顾客对商品利益的注意和兴趣。如新销售员可以这样说"我们厂生产的账册、簿记比其他厂的产品便宜三成，而质量比他们的好，肯定能帮贵公司在不降低质量的前提下减少成本，可以给我 5 分钟谈一谈吗？"

【小案例 4—3—3】

以前，政府机关的许多文书作业使用大八开的尺寸，大八开要比 B4 尺寸略大，一般复印机只能用 A3 复印后再裁剪，非常不方便。这个问题各家复印机厂商的销售人员都很清楚，但复印机都是自国外进口的，国外没有大八开的需求，因此进口的机器根本没有大八开的纸盘提供复印。

施乐(XEROX)的一名销售人员知道政府机关在复印上存在这个问题，因此，他在拜访某个政府机关的主管前，先去找施乐技术部的人员，询问是否能修改机器，使机器能复印大八开的尺寸，技术部人员略微研究后，发现某一个型号的复印机经稍微改进即可实现复印大八开，销售人员得到这个信息后，见到该单位的主管，告诉他施乐愿意特别替政府机关解决大八开复印的问题，客户听到后，对施乐产生无比的好感，在极短的时间内，施乐的这款机器成为政府机关的主力机种。

(四)服务接近法

销售员通过为客户提供有价值并符合客户需求的某项服务来接近客户。具体的方法包括：维修服务、信息服务、免费试用服务、咨询服务等。采用这种方法的关键在于服务应是客户所需求的，并与所销售的商品有关。比如，医药代表可以这样说，李老师，听王主任说，您最近正在研究××疾病的药物经济学问题，我这里带来了一些关于这方面的最新资料，我们需要占用您 10 分钟时间，可以吗？

(五)好奇接近法

好奇接近法是推销人员利用顾客的好奇心理而接近顾客的方法。好奇之心，人皆有之，好奇心理是人们的一种原始驱动力，这种驱动力促使人类去探索未知的事物。好奇接近法正是利用人类的好奇心，引起顾客对推销人员或推销品的注意和兴趣，从而接近顾客。好奇接近法需要的是推销员发挥创造性的灵感，制造好奇的问题与事情。

采用好奇接近法，应该注意的问题是：(1)引起顾客好奇的方式必须与推销活动有关；(2)必须做到出奇制胜；(3)引起顾客好奇的手段必须合情合理，奇妙而不荒诞。

【高手示范 4—3—2】

英国的十大推销高手之一约翰·凡顿的名片与众不同，每一张上面都印着一个大大的 25%，下面写的是约翰·凡顿，英国××公司。当他把名片递给客户的时候，几乎所有人的第一个反应都是相同的："25%，什么意思？"约翰·凡顿就告诉他们："如果使用我们的机器设备，您的成本就将会降低 25%。"这一下子就引起了客户的兴趣，约翰·凡顿还在名片的背面写上这么一句话："如果您有兴趣，请拨打电话××××××。"然后将这个名片装在信封里，寄给全国各地客户。结果把许多人的好奇心都激发出来了，客户纷纷打电话过来咨询。

（六）震惊接近法

所谓震惊接近法，是指推销人员设计一个令人吃惊或震撼人心的事物来引起顾客的兴趣，进而转入正式洽谈的接近方法。例如一个家庭防盗报警系统推销人员可能会这样开始他们的推销接近："您知道家庭被盗问题吗？根据公安机关公布的数据，今年家庭被盗比率比去年上升 15 个百分点。"

利用震惊接近法的关键在于推销员要收集大量的事实资料，并且对材料进行分析，提炼出一些具有危害性、严重性的问题，并且刚好自身产品可以杜绝或减小上述危害问题的发生。因此，如何选择问题便是重中之重。

推销员在使用这种方法时应该特别注意以下几个问题：(1)推销员利用有关客观事实、统计分析资料或其他手段来震撼顾客，应该与该项推销活动有关。(2)推销员无论利用何种手段震惊顾客，必须先使自己震惊，确保奏效，以取得一鸣惊人的效果。(3)推销员震惊顾客，应该适可而止，令人震惊而不引起恐惧。(4)必须讲究科学，尊重客观事实。切不可为震惊顾客而过分夸大事实真相，更不应信口开河。

（七）戏剧化接近法

戏剧化接近法也叫马戏接近法、表演接近法，是指推销人员利用各种戏剧性的表演技法引起顾客注意和兴趣，进而接近顾客方法。戏剧化接近法既有科学性又有艺术性，能迎合顾客求新求奇的心理，唤起人们的思想感情，需要慎重使用。

戏剧化接近法在应用时应注意：(1)表演一定要有戏剧效果，要能够引起顾客的兴趣和注意；(2)表演应该自然，打动顾客的心灵；(3)尽量使顾客参与戏剧中，使其身临其境；(4)使用的道具最好与所推销的商品有关，使表演与推销浑然一体。

【小案例 4—3—4】

日本一家铸砂厂的推销员为了重新打进已多年未曾往来的一家铸铁厂，多次前往该厂拜访采购课长。但是采购课长始终避而不见，推销员死缠不放，于是那位采购课长迫不得已给他 5 分钟的见面时间，希望这位推销员能够知难而退。

这位推销员胸有成竹，走进办公室后，在采购课长面前一声不响地摊开一张报纸，然后从皮包里取出一个砂袋，突然间推销员将里面的铸砂猛地倒在报纸上，顿时屋内砂尘飞扬，几乎令人窒息，呛得课长咳了几声。

采购课长十分恼火地大吼起来："你在干什么？"

这时推销员才不慌不忙地开口说话："这是贵公司目前所采用的铸砂，是上星期我从你们的生产现场向领班取来的样品。"

说着他又在地上另外铺上了一张报纸，然后又从皮包里取出另一袋铸砂倒在报纸上，这次却不见砂尘飞扬，面对静静躺在这张报纸上的这堆铸砂，采购课长十分惊异。

紧接着这位推销员又取出两袋样品，对其性能、硬度和外观都做了详细的对比和介绍，使那位采购课长惊叹不已。

就是在这场戏剧性的演示中，推销员将两种铸砂的质量以最直观的方式展现在客户面前，并顺利地赢得了这家大客户。

（八）提问接近法

提问接近法也叫问答式接近法或讨论接近法，是指推销人员通过直接提问来引起顾客注意和兴趣进而转入面谈的方法。提问接近法是推销中经常使用的一种很好的方法，可以单独使用，也可以在利用其他接近技术时穿插使用的一种方法，通过这种一问一答的形式，有利于拉近顾客与推销人员的距离，消除戒备心理。尤其适合在第一次约见陌生客户的情景中使用。

【小案例 4—3—5】

美国一位推销书籍的女士总是从容不迫，平心静气地提出三个问题：

"如果我送给你一小套有关个人效率的书籍，你打开书发现内容十分有趣，你会读一读吗？"

"如果你读了之后非常喜欢这套书，你会买下吗？"

"如果你没有发现其中的乐趣，你把书重新塞进这个包里寄回给我行吗？"。

这位推销女士的开场白简单明了，使顾客几乎找不到说"不"的理由。后来这三个问题被该公司的全体推销员所采用，成为标准的接近方法。

推销人员所提的问题必须精心构思，注意措辞。如"近来生意好吧？""最近很忙吧？"等诸如此类的问题就显得平淡、乏味，无法取得良好的接近效果。问题接近法虽然是比较有效的方法，但其要求也较高。推销人员在提问与讨论中应注意以下两点：

(1)提出的问题应表述明确，尽量具体，做到有的放矢。例如："你愿意节省一点成本吗？"这个问题就不够明确，只是说明"节省成本"，究竟节省什么成本？节省多少？多长时间？都没有加以说明，很难引起顾客的注意和兴趣。而"您希望明年内节省 7 万元材料成本吗？"这个问题就比较明白确切，容易达到接近顾客的目的。一般来说，问题越明确，接近效果越好。

(2)提出的问题应突出重点，扣人心弦。在实际生活中，每一个人都有许许多多的问题，推销员只有抓住最重要的问题，才能真正打动人心。推销员提出的问题，重点应放在顾客感兴趣的主要利益上。如果顾客的主要动机在于节省金钱，提问应着眼于经济性；如果顾客的主要动机在于求名，提问则宜着眼于品牌价值。因此，推销员必须设计适当的问题，把顾客的注意力集中于他所希望解决的问题上，缩短成交距离。

(3)所提的问题应全面考虑，迂回出击，不可出言不讳，避免出语伤人。

【小案例 4—3—6】

一名矿泉水推销员上门推销，下面是他与一位家庭住七楼的家庭主妇的对话。

推销员："夏天到了，自来水供应正常吗？水质如何？

家庭主妇："供应不正常，水质又不好。"

推销员："如果有一种既纯净又有保健功能的饮用水，您的家庭愿意接受吗？"

家庭主妇："可以考虑。"

推销员："如果我们每周两次送水上门，既经济又方便，这样的服务方式您会满意吗？"

家庭主妇："非常好，那我就订 3 个月的用量吧。"

(九)请教接近法

请教接近法是指推销人员虚心向客户讨教问题，利用这个机会，以达到接近顾客目的的一种方法。这种方法主要是利用了人们好为人师的特点。在实际推销工作中，多数客户都有一些"自以为是"的心态，推销员若能登门求教，自然会受欢迎。如："赵工程师，您是电子方面的专家,您看看我厂研制投产的这类电子设备在哪些方面优于同类老产品?""我是这方面的新手,我想知道你是否能够帮助我?""我的同事说我们公司的产品是同类中最好的,请问你是怎么看的?"采用这个方法需要注意的是,一定要问对方擅长回答的问题,以及在求教后及时将话题导入有利于促成交换的谈话中。

在具体应用时应注意:(1)赞美在先,求教在后;(2)求教在先,推销在后;(3)态度诚恳,语言谦虚。

【小案例 4—3—7】

格林先生是一家杂货店的老板,他非常顽固保守,非常讨厌别人向他推销。这次,香皂推销员彼得来到店铺前,还未开口,他就大声喝道:"你来干什么?"但这名推销员并未被吓倒,而是满脸笑容地说:"先生,您猜我今天是来干什么的?"

杂货店老板毫不客气地回敬他:"你不说我也知道,还不是向我推销你们那些破玩意儿的!"

彼得听后不仅没有生气,反而哈哈大笑起来,他微笑地说道:"您老人家聪明一世,糊涂一时,我今天可不是向您推销的,而是求您老向我推销。"

杂货店老板愣住了,"你要我向你推销什么?"

彼得颇为认真地回答:"我听说您是这一地区最会做生意的,香皂的销量最大,我今天是来讨教一下您老的推销方法?"

杂货店老板活了一辈子,其中大半生的时间都是在这间小杂货店中度过的,还从来没有人登门向他求教过,今天看到眼前这名年轻的推销员对他是如此的崇敬有加,心中不免得意万分。

于是,杂货店的老板便兴致勃勃地向彼得大谈其生意经,谈他的杂货店,从他小的时候跟随父亲做生意,谈到后来自己接过这间小店,最后一直说到现在:"人都已经老了,但我仍然每天守着这个杂货店,舍不得离开它。在这里我可以每天都能见到那些老朋友、老顾客,为他们提供服务,同他们一起聊聊天,我过得非常愉快。"

老人家与推销人员聊了整整一个下午,而且聊得非常开心,直到推销员起身告辞,刚到门口,老头子突然想起什么来了,大声说:"喂,请等一等,听说你们公司的香皂很受欢迎,给我订30 箱。"

【高手示范 4—3—3】

有一次,原一平经人介绍去拜访一位建筑公司的老总。可是那位老总并不买账,一开始就对原一平下逐客令。原一平并没有就此打退堂鼓,而是问:"××先生,我们的年龄差不多,你能告诉我你为什么这么成功吗?"

原一平很有诚意的语调和发自内心的求知渴望,让这位老总不好意思回绝他。然后就把他的经历告诉他。不想,这一说就是三个小时,原一平始终在认真地听着。

最后,原一平并没有提到保险方面的事,而是说想要为他的公司写一份计划书。这份计划书的内容非常丰富,资料详尽,而且他的建议也非常有价值,他整整花了三天三夜的时间才做出来。

这位建筑公司老总依照原一平的计划书,结合实际情况,具体地操作起来,效果非常好,业绩在第三个月后提高了30%。老总非常高兴,把原一平当作最好的朋友。结果原一平在这家建筑公司做下了100万日元的保险。

（十）馈赠接近法

馈赠接近法是指推销人员以一些小巧精致的礼品，赠送给顾客，进而和顾客认识并接近，借以达到接近顾客目的的一种方法。在某些情况下，推销员可以用一些小礼品来“收买”客户，以换取他们短时间的注意力。现实生活中，我们的推销员就经常发放一些特制的广告品，比如记事簿、签字笔、打火机、广告伞等。日本人最懂得赠送小礼物的奥妙，大多数公司都会费尽心机地制作一些小赠品，供推销人员初次拜访客户时赠送客户。小赠品的价值不高，却能发挥很大的效力，不管拿到赠品的客户喜欢与否，相信每个人受到别人尊重时，内心的好感必然会油然而生。

应用馈赠接近法需要注意的是：(1)慎重选择馈赠物品，推销员应该设法了解顾客的喜好，了解顾客对赠送礼品行为的看法；(2)赠送的小礼物不需要过于昂贵，以免造成对方心理负担，使其敬而远之；(3)赠送的礼品尽量与所推销的产品有某种联系，尽量与企业的整体形象和谐一致。

【小案例4—3—8】

一位推销员到某公司推销产品，被拒之门外。女秘书给他提供一个信息：总经理的宝贝女儿正在集邮。第二天推销员快速翻阅有关集邮的书刊，充实自己的集邮知识，然后带上几枚精美的邮票又去找经理，告诉他是专门为其女儿送邮票的。一听说有精美的邮票，经理热情相迎，还把女儿的照片拿给推销员看，推销员趁机夸其女儿漂亮可爱，于是两人大谈育儿经和集邮知识，非常投机，一下子熟识起来。

（十一）赞美接近法

【名人名言】

“每个人的天性都是喜欢别人赞美的。”

——卡耐基

赞美接近法是指推销员利用顾客的虚荣心来引起顾客的注意和兴趣，进而转入正式洽谈的接近方法。赞美接近法的实质是推销员利用人们希望赞美自己的心理来达到接近顾客的目的。喜欢听好话是人们的共性，用这种方法接近顾客，有时会收到意想不到的效果。当人们在心情愉快的时候，很容易接受他人的建议，这时，推销人员应抓住时机，正确地引导推销活动。让人产生优越感最有效的方法是对他自傲的事情加以赞美。顾客的优越感被满足，初次见面的警戒心也自然消失了，彼此距离拉近，能让双方的好感向前迈进一大步。

使用赞美接近法应注意以下几点：(1)选择适当的赞美目标，避免冒犯顾客。个人的长相、衣着、举止谈吐、风度气质、才华成就、家庭环境、亲戚朋友等，都可以给予赞美，若是顾客讲究穿着，您可向他请教如何搭配衣服；若顾客是知名公司的员工，您可表示羡慕他能在这么好的公司上班。如果推销员信口开河，胡吹乱捧，则必将弄巧成拙。(2)真诚赞美顾客，避免虚情假意。推销员赞美顾客，一定要诚心诚意，要把握分寸。事实上，不合实际的赞美，虚情假意的赞美，只会使顾客感到难堪，甚至导致顾客对推销员产生不好的印象。(3)针对不同顾客，选择不同的赞美方式。对于不同类型的顾客,赞美的方式也应不同。对于严肃型的顾客,赞语应自然朴实,点到为止;对于虚荣型顾客,则可以尽量发挥赞美的作用。对于年老的顾客,应该多用间接、委婉的赞美语言;对于年轻的顾客,则可以使用比较直接、热情的赞美语言。

【小案例 4—3—9】

有一次,一名推销员向一位律师推销保险。律师很年轻,对保险没有兴趣。但推销员离开时的一句话却引起了他的兴趣。

推销员说:"安德森先生,如果允许的话,我愿继续与您保持联络,我深信您前程远大。"

"前程远大,何以见得?"听口气,好像是怀疑推销员在讨好他。

几周前,我听了您在州长会议上的演讲,那是我听过的最好的一次演讲。这不是我一个人的意见,很多人都这么说。"

听了这番话,安德森竟有点喜形于色了。推销员请教他如何当众演讲,他的话匣子就打开了,说得眉飞色舞。临别时说:"欢迎您随时来访。"

没过几年,他就成为当地非常成功的一位律师。推销员和他保持联系,最后成了好朋友,保险生意自然也越来越多。

(十二)调查接近法

所谓调查接近法,是指推销人员利用调查机会接近顾客的一种接近方法。在许多情况下,无论推销人员事先如何进行准备,总有一些无法弄清的问题。因此,在正式洽谈之前,推销人员必须进行接近调查,以确定顾客是否可以真正受益于推销品。此方法可以看成一种销售服务或销售咨询法。采用这一方法比较容易消除顾客的戒心,成功率比较高。推销人员可以依据事先设计好的调查问卷,征询顾客的意见,调查了解顾客的真实需求,再从问卷比较自然、巧妙地转为推销。

在利用调查接近法时,推销人员必须注意三个问题:(1)突出推销重点,明确调查内容,争取顾客的支持和协助;(2)做好调查准备,消除顾客的防备心理,达到接近顾客的目的;三是运用适当的调查方法,确保调查成功,顺利接近顾客。总之,调查接近法作为一种比较可行的接近方法,既是为生产厂家服务,也是为消费者服务,既有利于推销人员收集市场情报,又有利于顾客获得最佳的推销服务。

【小案例 4—3—10】

香港华资银行准备进行联网时,需要购进一大批电脑,世界各地从事电脑业务的大公司都来接洽,一个世界性大公司没有急于接近华资银行,而是派了 13 名推销员到华资银行及其他金融机构中调查,最后,拿出一份关于华资金融机构客户规模、构成、分布、储蓄倾向性、储蓄特点等内容的调查报告以及 5 套电脑联网的设计安装方案。当推销人员提出:不管能否做成生意,公司技术人员都愿意当面向董事会成员做调查汇报时,董事会全体成员都愉快地答应了,自然生意也做成了。

(十三)搭讪与聊天接近法

搭讪与聊天接近法就是指利用搭讪与聊天的形式接近陌生顾客的方法。搭讪与聊天接近法不会很快进入聊天程序,有时要用很长时间追踪与寻找机会,因此要花费很多精力。所以,使用该方法时应该注意：一是要选准接近顾客的时机。最好的时机是顾客有较充裕的自由掌握的时间时。二是要积极主动。对于没有与之搭讪机会的重要顾客，推销人员应该在了解顾客生活习惯的情况下，主动创造条件和机会与之搭讪。三是尽量紧扣主题。

（十四）利用事件法

把事件作为契机，并作为接近客户的理由。这些事件可以是销售员自己企业的事件，也可以是客户（客户企业）的事件，也可以是社会上的事件。诸如庆典、酬宾、开业典礼、产品上市周年活动、客户的同学会、客户所在学校的校庆、各种节日与活动、奥运、高考、中考，甚至是自然灾害、危机事件等，都是接近客户的最好时机与素材，当然事先知道客户的资料背景以及社会偏好很重要。比如新销售员知道客户是××学校 1998 年毕业生，他们正在筹划同学会，客户是当年同学中活跃分子，就可以以同学会为理由接近客户。比如医药行业经常召开学术研讨会，新医药代表就可以用会议邀请为由接近医生。

在实际工作中，推销员应灵活运用接近顾客的技巧方法，既可以单独使用一种方法接近顾客，也可以多种方法配合使用，还可以自创独特方法接近顾客。

任务实施

一、给顾客留下良好的第一印象

接近顾客是推销成功的第一步，如果无法获得顾客面谈的机会，就谈不上成交和建立融洽的关系了。在拜访李宏经理之前，王涛特意把自己修饰了一番，还与同事进行了一番开场白的演练，希望能给李经理留下一个良好的第一印象。

二、选择适当的方法接近顾客

王涛首先把各种接近顾客的方法和特点进行了比较，掌握了这些方法要注意的问题和使用的要点。接下来，王涛就要确定到底使用什么方法接近李经理。

1. 分析拜访对象

王涛要拜访的是广州美家连锁超市有限公司的采购部负责人李宏。广州美家连锁超市有限公司是一家在广州有一定知名度和美誉度的连锁超市，根据王涛的调查，他们现在经销的空气净化器产品主要以家庭使用为主。一直没有经销过王涛他们公司的产品，该公司对王涛所推销的“纳米空气净化器”缺乏了解。

2. 分析推销品的特点

（1）王涛推销的“纳米空气净化器”是一种新型的高科技产品，采用的都是进口的原材料，净化空气的效果要优于普通的汽车空气净化器，对顾客有一定的吸引力，能够引起顾客的注意和兴趣；

（2）该产品可以携带，方便顾客参与操作；

（3）产品本身功能效果明显，通过展示，顾客就能感受到产品的效果。

经过以上分析，王涛准备通过多种方法配合使用来接近李经理。

3. 实施拜访

星期四的下午 14:50，王涛到达李经理的办公室门口。他在门口等到 15:00 才去敲门。一进门，王涛发现办公室有三个人，由于不知道另外两人的姓名和职务，也不知道谁是李经理，所以心里有些紧张。

王涛首先向正对着自己的人打招呼，然后再对两边的人打招呼，说“初次见面，请多关照”，然后慢慢地取出名片，双手将名片分别递给这三个人，同时说道：“大家好，我是爱科环保科技有限公司的业务代表王涛，这是我的名片，请过目。”这时，对方也交换了名片，王涛立刻知道了正对着自己的就是李经理。

李经理看了看王涛的名片，好奇地问：“你名片上印的99.90％是什么意思呢？”

王涛：“根据上海市疾病预防控制研究中心检测，我们公司生产的室内空气净化器对空气的净化率高达99.90％。”

李经理：“哦。”

王涛：“李经理，你好，久仰你们公司的大名，今天来拜访你，我感到非常荣幸。”

李经理：“你好，请坐。”

王涛：“李经理真是年轻有为呀！美家连锁超市在广州知名度越来越高，销售的产品也越来越丰富，您这个采购部经理是功不可没啊！”

李经理：“哪里哪里，这是我们公司全体员工共同努力的结果。”

王涛：“李经理，我今天给您带来了我公司最新研制的新产品——纳米空气净化器，这是产品数据资料，这是产品样品，请您过目。”王涛一边说一边将产品宣传资料递给李经理，同时将产品样品放在桌上面。

王涛接着说：“我们这款纳米多功能空气净化器属于一种新型空气环保电器，采用负离子净化作用、光催化原理和纳米空气杀菌机理对污染环境进行整体治理，原材料选用日本进口材料，能高效杀灭细菌、病毒微生物，快速去除甲醛、苯、氨等有害气体及烟雾，通过释放负氧离子创造森林氧吧般的空气质量。”

李经理：“现在许多产品都叫什么纳米，完全是概念炒作。”

看到李经理不屑一顾的样子，王涛从口袋里掏出一盒烟，把烟盒里剩下的几支烟倒出来，拆开烟盒，递给李经理。李经理不理解，问他什么意思，王涛让他闻一闻，李经理说烟味这么呛人，闻它干什么。听李经理这么一说，王涛打开空气净化器，把烟盒附在上面几分钟，关了净化器后，让李经理再闻烟盒。李经理一闻，烟盒纸上果然没有一点烟味了。就在他将信将疑的时候，王涛又说：“我这不是玩魔术表演，国家最权威机构的检测证书在这里。”李经理立刻表现出对产品的兴趣。

任务训练

一、模拟训练

要求：掌握接近顾客的方法。

实施：

1. 除了王涛使用过的方法外，每个小组为王涛设计3种以上接近李经理的方法。
2. 写出情景模拟对话的内容。
3. 各小组派代表在全班演示，其他小组在旁边予以指正。

二、课堂讨论

下面有关产品推销的6个实例各采用了什么接近顾客的方法？

1. 门铃响了，一个衣冠整齐的人站在大门的台阶上。当主人把门打开时，这个人问道："家里有高级的食品搅拌器吗?"男人怔住了，这突然的一问使主人不知怎样回答才好。他转过脸来问夫人，夫人有点窘迫但又好奇地回答说："我们家有一个食品搅拌器，不过不是特别高级的。"推销员回答说："我这里有一个高级的。"说着，他从提包里掏出一个高级食品搅拌器。如果顾客承认他缺少某种产品，推销是可以借题发挥的。假如这个推销员改变一下说话方式，一开口就说："我来是想问一下你们是否愿意购买一个新型食品搅拌器?"或者"您需要高级食品搅拌器吗?"你想一想，这种问法的推销效果又将会是如何呢？相比之下，两种不同方式的问话，效果是大有区别的。

2. 一个过去从事推销各种家庭日用品的推销员现在改为推销真空吸尘器。自他参加推销工作以来，他总是成功地用一句话就可以引起顾客的注意。这一句话是："我能向您介绍一下怎样才能减轻家务劳动吗?"

3. 加德纳正准备把他的汽车开进库房。由于近来天气很冷，斜坡道上结了厚厚的一层冰，给驾驶进库带来了一定困难。这时候，一位懂文明讲礼貌的过路行人顺势走过来帮助，他又是打手势又是指方向，在他的帮助下，汽车顺利地绕过了门柱。他凑过来问加德纳："你有拖绳吗?"加德纳回答说："没有。"然后加德纳又补充道："可能没有。不过，我一直想买一条，但总是没有时间。怎么啦？是否你的汽车坏了?"过路人回答说："不是的，我的车没有坏，但我可以给你提供一条尼龙拖绳。经试验，它的拉力是5吨。"这个过路人的问话即刻引起了加德纳的注意，并且使他意识到他确实需要一条拖绳。这个过路人采用这种方法销售了很多拖绳。

4. 一个推销各种进口食品罐头的推销员说：" 罗兰先生，我一直很欣赏你们的橱窗。你们购置了很多高质量的产品。在城市里，你们一定有一流的超级市场。"听了这些话，罗兰先生洋洋得意地点头表示同意。用这样的方式开始销售谈话，推销员就很有可能使顾客对他推销的罐头食品感兴趣并且向他订货。

5. 一个推销员把一块透明塑料布的样品递给一个汽车经销商，然后对他说："请你摸一摸这块塑料布，试试能否把它撕烂?"这个经销商有50辆新车存放在露天停车场。推销员建议他用塑料布把汽车分别盖起来，防风沙、防雨淋以保护汽车。塑料布不容易撕烂当然是盖车的好材料，但让顾客亲自检验一下质量，就会引起顾客的注意，坚定他购买的决心。

6. 推销员马休正想以老套话"我们又生产出一些新产品"来开始他的销售谈话，但他马上意识到这样是错误的。于是，他改口说："班尼斯特先生，如果一笔生意能为你节省125英镑，你会有兴趣吗?""我当然感兴趣了，你说吧!""今年秋天，香料和食品罐头的价格最起码要上涨20%。我已经算好了，今年你能出售多少香料和食品罐头，我告诉你……"然后他就把一些数据写了下来。多少年来，他对顾客的生意情况非常了解，这一次，他又得到了顾客很大一笔订货。

项目五

推销洽谈

任务1　明确推销洽谈的目标与原则

知识目标

- 明确推销洽谈的目标与内容
- 熟悉推销洽谈的原则与步骤

任务引入

爱科环保科技有限公司的推销员王涛与广州美家连锁超市有限公司采购部李宏经理的见面十分顺利，由于他仪表整洁得体、言谈举止有礼，对李经理个人和公司的情况事先都有一定的了解，加上他使用了适当的接近方法，所以，王涛在短短的时间里给李经理留下了不错的印象。王涛走的时候留下了产品样品，李经理说等他们研究之后再答复是否经销他们的产品。几天之后，李经理那里一直没有消息，王涛决定再次去拜访。第二次拜访之前，王涛一直在考虑：我此次拜访李经理，洽谈的原则是什么？应该达到怎样的目标呢？

任务分析

推销洽谈是买卖双方为达成交易，维护各自利益，满足各自的需要，而就共同关注的问题进行沟通与磋商的活动，又称"推销面议"。在现代推销环境里，推销洽谈的方式和方法也在不断变化，人们利用一切可以沟通的形式进行，除了传统意义上的面对面的洽谈外，还有电话、邮件、网络视频、电子邮件等形式。

推销洽谈是推销接近的后续阶段，它是一项较为复杂的推销业务工作，它受多种因素的影响，局面更加错综复杂。因此，推销洽谈各方要有效地去应对各种情况，必须进行充分的准备，才有可能实现推销洽谈的预期目的。在推销洽谈前必须制定一个可行的目标，有了明确的洽谈目标，才能弄清努力的方向，在洽谈中把握分寸，保证洽谈的顺利完成。

王涛在这个阶段的任务是：

1. 掌握推销洽谈的原则。
2. 明确推销洽谈的目标。
3. 了解推销洽谈的内容。

一、推销洽谈的原则

推销洽谈实际上是一个沟通和双赢的过程。推销人员都希望尽快实现自己的目标，但这并不意味着推销人员在洽谈过程中可以任意调整己方的目标，更不能为了满足顾客需求，不顾公司原则，随意夸下海口调高或调低洽谈目标。洽谈应坚持一定的原则，确保实现自己的目标。那么在推销洽谈中，应该遵循怎样的原则呢？

（一）针对性原则

所谓针对性原则是指推销洽谈应该服从推销目的，具有针对性。一般包括以下几个方面。

1. 针对顾客的动机特点开展洽谈

推销洽谈应该从顾客的动机出发，加以引导。顾客需要什么，推销人员就推销什么。按照顾客的渠道分类：有些是中间商顾客，他们购买的动机是市场上畅销对路、物美价廉；而有些是最终消费者，他们的动机是多种多样的，如有求实、求廉、求新、求美、求异、嗜好等，因此，推销人员应该以此为基础，组织洽谈内容。

2. 针对顾客的心理特征开展洽谈

不同的顾客具有不同的个性心理特征。例如有的内向，有的外向；有的随和，有的顽固；有的自卑，有的自傲；有的慎重，有的草率；有的冷淡，有的热情。推销人员只有针对不同个性心理的顾客采取不同的洽谈策略才能取得实效。

3. 针对顾客的敏感程度开展洽谈

不同的顾客对产品的敏感程度不一样，比如，有的顾客对价格特别敏感，尤其是一些中间商；有的顾客对产品的质量非常敏感。推销人员在组织洽谈的过程中，就必须根据顾客的特点，设计合理的洽谈方案，增强产品的竞争能力，从而力争取得成功。

（二）鼓动性原则

所谓鼓动性原则，是指推销人员在推销洽谈中用自己的信心、热心和诚心，以自己的丰富知识有效地感染顾客，说服和鼓动顾客采取购买行动。

作为一名推销人员，始终要抱定成功的信念，相信自己的产品和服务，热爱自己的事业、自己推销的产品和自己的顾客。同时在推销洽谈中要表现出专家的风范，用广博的知识去说服和鼓动顾客，更要善于用具有感染力和鼓动性的语言去生动形象地传递感性信息，打动顾客的心。

（三）倾听性原则

所谓倾听性原则是指推销人员在推销洽谈过程中，不要只向顾客传递推销品信息，而是要注意倾听顾客的意见与要求。

为了达到推销的目标，推销人员切忌滔滔不绝从企业自身的角度去介绍产品，要善于倾听，善于观察顾客的需求。其实，这也是一种推销的原则。许多成功的推销经验告诉我们，有时推销员说的越多反而越会使顾客产生反感情绪，相反尽量让顾客去表达自己的意愿，少说多听有时会取得意想不到的效果。

（四）参与性原则

参与性原则，是指推销人员在推销洽谈过程中，积极地设法引导顾客参与推销洽谈，促进信息双向沟通。推销人员要与顾客打成一片，使顾客产生认同感和归属感，以提高推销效率。有时推销人员还要设法引导顾客积极参与洽谈过程。例如，引导顾客发言，请顾客提出和回答问题，认真听取顾客的意见，让顾客试用推销品等。这些活动都能使顾客参与推销活动，使顾客产生满意感，从而充分调动顾客的积极性和主动性，创造有利的洽谈气氛，提高推销洽谈的成功率。

（五）诚实性原则

诚实性原则，是指推销人员在推销洽谈过程中切实对顾客负责，真心诚意与顾客进行推销洽谈。

（1）推销人员在出示有关证明文件时，不能伪造证明，欺骗顾客。当前，少数企业为了扩大产品的影响力，经常号称自己公司产品是经过××级别认证，销量排行第×位，国家××部门认定的合格产品等，但有少数企业这样的光辉头衔缺乏真实性，是一种误导顾客的行为。

（2）推销人员推销的推销品必须是与企业产品完全一致。有时为了达到推销的目的，有的推销人员故意将质量不同于原产品的样品带去跟顾客洽谈，这种做法完全是一种欺骗行为。

（3）推销人员在介绍产品时，要诚实守信，不能用假话欺骗顾客。

【小案例 5－1－1】

一房地产经纪商正在和顾客讨论有关一处房产的交易问题。他们一起去实地看房，房地产经纪商觉察到顾客对房产颇感兴趣。经纪商对顾客说："现在，当着你的面，我告诉你，这所房子有下列几个问题：①取暖设备要彻底检修；②车库需要粉刷；③房子后面的花园要整理。"顾客很感激经纪商把问题指出来，他们又继续讨论房产交易的其他一些问题。最后的交易结果是可想而知的。

二、推销洽谈的目标

推销洽谈是推销接近的后续阶段，它是一项较为复杂的推销业务工作，它受多种因素的影响，局面更加错综复杂。因此，推销洽谈各方要有效地去应对这种局面，必须进行充分的准备，才有可能实现推销洽谈的预期目的。推销洽谈前必须首先制定一个可行的目标。洽谈者只有明确了洽谈目标以后，才能弄清自己努力的方向，才能在洽谈中把握分寸，保证洽谈的顺利完成。具体来说，洽谈的目标包括：

（一）寻找顾客的需要

从市场营销的角度去考虑，企业的根本目的是实现最大利润，而实现利润的途径是满足消费者需求。推销是市场营销中促销的一种手段，那么推销人员在洽谈之前，也必须尽量设法找出顾客的真正需要，投其所好地开展推销。有的推销人员赢得了洽谈的机会后，只是从自身企业的角度去介绍自己产品的特点、自己的价格政策或对顾客的优惠措施，唯独不去思考、判断此刻顾客在考虑什么，顾客最关心的是什么。往往说了半天后，顾客会不耐烦地说："如果我需要你的产品，我会跟你联系的，再见。"其实，推销洽谈的最根本目的就是满足消费者（顾客）需求，那么推销人员要善于让顾客发表见解，从他们的话语中了解他们真正所需，这样才能增加成功的机会。

（二）介绍产品信息

推销的一个重要目的是让顾客了解自己的产品，最终实现购买行为。这时，推销人员就要根据不同顾客的需求，适宜地将产品的信息传递给对方，比方说企业规模、生产企业情况、产品功能、商标、质量、价格、服务、销售量等。此时切忌像产品说明书那样滔滔不绝地讲述自己产品的全部信息，一般来讲，顾客所面对的推销人员不止一个，市场上肯定存在竞争关系，传递那些最能满足顾客需求的信息或者是企业产品优于其他同类产品的信息才能有机会成功，当然，推销员在传递信息的时候务必客观真实、做到实事求是，才能赢得顾客的充分信任。

（三）处理顾客异议

在推销过程中，顾客难免会提出一些问题，如何恰当处理这些问题是推销成功的关键，切忌为了推销心切掩盖产品不好的信息而欺骗顾客。只有客观真实地解释说明，巧妙把产品的优点突出出来，才能解决顾客的诸多疑虑，比方说顾客认为产品的样式不好，此时推销人员如果明知道这确实是问题而却说："不会啊，我觉得我们公司的产品样式是最齐全、最完美的了。"这样只能增加顾客对推销人员的反感，甚至对这家公司的不信任。相反，如果推销人员此时换一个角度去回答可能效果会不同。比如，他可以这样回答："哦，的确我们公司产品样式单一，我也发现了这个问题，但由于这种产品的核心技术跟其他同类公司不一样，所用的材料不同，这样做的优点在于……，因此样式只能这样了。"这样的回答才能消除顾客心中的疑虑。因此，推销人员在诚实守信的基础上掌握适当的语言技巧，才能消除顾客的异议。

（四）有效促使顾客采取购买行为

推销活动的最终目的是要说服顾客采取购买行为。有时由于顾客选择机会很多，难免会犹豫不决，出现反复行为，甚至会产生复杂的心理冲突。在洽谈过程中，推销人员必须准确把握顾客购买决策的心理冲突，站在顾客的角度，有理有据地为他们分析利弊关系，通过优质的产品、良好的信誉、知名的品牌、完善的售后服务最终促使其尽快做出购买决策。

三、推销洽谈的内容

在洽谈方案中，必须事先确定洽谈可能涉及的内容。洽谈的内容也应围绕顾客所关心的问题来确定。一般包括以下方面：

1. 商品

包括商品本身及其规格、性能、款式、质量等，这是顾客最关心的内容。对于个体顾客和生产者顾客来说，购买商品的目的就是要得到一定的使用价值，满足其生活消费和生产消费的需要。对于中间商来说，购买商品的目的是为了转卖，满足其实现盈利的需要。不管是中间商还是最终顾客，他们每个人所关心的产品的侧重点和要求各有不同。就拿产品的质量来说，商品是否符合同类商品的质量标准，如国家标准、行业标准、地方标准。不同顾客对质量的要求也是不同的，质量高的商品能引起顾客的购买欲望，有时候质量低的商品也会引起一部分顾客购买。对于个体顾客和生产者顾客而言，推销人员介绍和洽谈应以商品的适用性为重点；对中间商来说，推销人员应着重介绍商品的市场前景。

2. 价格

价格是推销洽谈中最敏感的问题，因为它涉及买卖双方利益。推销人员应该认识到，价格并非越低越好，价格低的商品不一定畅销，价格高的商品也不一定没有销路。因为任何顾客对商品价格都有自己的理解，顾客对价格有时斤斤计较，有时又不十分敏感，主要取决于顾客需求的迫切程度、需求层次、支付能力和消费心理等。在价格洽谈中，推销人员要在不违反公司制定政策的基础上，灵活运用价格这一敏感的洽谈焦点，针对顾客的不同要求，巧妙定价。比如，对价格比较敏感的顾客，推销人员可以根据情况适当降价，或者提供性能、款式、价格略低于洽谈商品的策略供顾客选择；而对于价格不是很敏感的顾客，推销人员可以适当提高价格，同时完善产品相关的维修保养、售后服务等，让顾客有超值的感觉。

3. 服务

服务是营销中不可或缺的一个环节，推销人员要将自己公司所承诺的服务范围准确、真实地传递给顾客。告知消费者彼此之间的权责范围，以免发生不必要的麻烦。销售服务的内容一般包括以下几点：第一，兑现向顾客承诺的送货时间；第二，兑现向顾客承诺的送货方式、送货地点、运输方式等；第三，兑现向顾客承诺的提供零配件、工具、维修以及技术咨询和培训服务等；第四，兑现按照说明书的保修期限的免费安装、维修、退换、养护、保养等方面的服务等。

4. 结算条件

在洽谈方案中，结算问题都必须先明确，包括结算的方式和时间。双方应本着互利互惠、互相谅解、讲求信誉的原则进行磋商；洽谈中要确定的主要内容是：采用现款还是采用本票、汇票、支票方式支付；是一次付清、延期一次付清，还是分期付清以及每次付款的时间和数额；在付款时间方面，是提前预付，还是货到即付或其他方式。

5. 保证条款

保证条款是指在交易过程中，买卖双方对买进、售出的商品要承担某种义务、责任，以保证双方利益的担保手段。这种协议实质上也是为了进一步明确双方在交易中的权利和义务，它是一种担保措施，也是纠纷解决的办法。通常情况下，为了避免纠纷，双方都要严格、谨慎地签订一份协议来保证交易的顺利进行。一些比较大宗的交易，为了降低风险，谨慎的双方往往会就双方履行和违约等有关权利、义务、纠纷诉讼、处理办法等都事先进行协商，以免引起不必要的麻烦。

任务实施

一、把握推销洽谈的原则，明确推销洽谈的目标

经过第一次与广州美家连锁超市采购部负责人李宏经理的见面，王涛对顾客的需要有了一定的了解，此次见面的洽谈目标确定为：

1. 进一步介绍产品信息

第一次与李经理见面，由于李经理要去开会，所以王涛没有太多时间将更多信息传递给他，比如公司的背景、规模、经营范围、产品优势、服务、销售量等。所以他想借再次拜访的机会更进一步介绍公司和产品的信息。

2. 处理顾客提出的异议

王涛从老业务员那里了解到，顾客对“汽车空气净化器”产品最大的异议是价格方面，所以他对价格方面的异议有了准备，另外他还对顾客可能提出的其他异议都进行了设想和准备。

3. 有效促使顾客采取购买行为

王涛希望通过这次拜访，最终促使李经理做出购买的决策。

二、掌握推销洽谈的主要内容

明确了洽谈的目标之后，王涛还要掌握推销洽谈的内容，这样他才能在这次洽谈中做到有的放矢，实现最终目标。

1. 介绍公司

介绍公司不用面面俱到，可先用一句话对公司做一个概括性的介绍，然后列举一些能证明公司实力的主要荣誉、主要数据和事件让顾客知道就可以了。这些主要荣誉、主要数据和事件包括：获得中国驰名商标称号、中国名牌产品、上市公司、获得某权威机构的推荐、某权威机构的检测证明等。

2. 介绍产品

王涛主要从两个方面来介绍产品：

一是"纳米空气净化器"产品的基本情况，如为什么叫"纳米空气净化器"，是不是同一类产品别的公司叫其他的名字；它有多少个品种、规格和式样；它有哪些功能和用途，如何保养，使用年限有多长，在使用过程中有些什么特别注意事项等。

二是介绍产品的特点与优势，如爱科环保科技有限公司产品的特点是什么，本公司产品与其他企业产品相比，优势在哪里。在比较时，王涛要避免贬低其他企业。在入职培训的时候，公司的销售经理给所有的销售新人做出了规定：绝对不要攻击竞争对手，直接攻击竞争对手是一种自杀行为。

3. 介绍产品给顾客带来的利益

对于产品的最终适用者来说，"纳米空气净化器"带来的利益就是使他（她）拥有一个清新的环境，免受各种污浊空气的侵袭，保护自己身体的健康。但对于连锁超市的采购负责人李宏来说，这些利益远远不能打动他，他期望的利益是经销"纳米空气净化器"能够为自己的公司带来多少经济效益。所以王涛准备以"纳米空气净化器"产品的市场前景为重点，来介绍产品的利益。

4. 其他方面的介绍

除上述内容外，王涛还要向李经理介绍产品的价格、售后服务情况、结算条件、保证条款等。

任务训练

课堂讨论

某房地产公司的刘迪听说××公司的王科长近日有购房的打算，就立刻去王科长的家里进行拜访。

"王科长，听说您打算购置一栋住宅，不知是真是假？"

"是有这个打算。现在住房太挤，住着一点也不舒服。因此，我想另找住处！"

"我们公司现在有几栋房子，正准备出售，不知您有没有兴趣？质量和样式准能使你称心如意！"

然后，刘迪带王科长去了公司房子所在地。他边走边介绍，"这栋房子总价才××万元，这在市区内已经十分便宜了，您认为怎么样！"

"太贵了,太贵了!"

"您等一下,我再和主管商量商量。"

隔一段时间,刘迪又回来对王科长说:刚才,我和主管商量了一下。主管说,我们在××地也有一处类似的房子,样式和这也差不多,周围环境也不差,而价格适合于你的要求,您觉得怎样?"

"那去看看吧!"

当王科长看了××地的房子以后,感觉还可以,于是就和刘迪签了订购单。签单之后,刘迪顺便又适宜地补充了一句:"我们公司设计的房子有配套的装修服务,如果需要请联系我们。"不知后来王科长是否又购买了刘迪的装修材料,但不管怎样,刘迪的推销是成功的。

问题:刘迪的推销为什么能够成功?

任务2 掌握推销洽谈的方法和技巧

知识目标

- 掌握推销洽谈的方法
- 掌握洽谈的技巧

能力目标

- 能灵活运用推销洽谈的方法及技巧与顾客洽谈

任务引入

王涛在明确了推销洽谈目标和内容之后,于双方约定的时间,又一次来到广州美家连锁超市有限公司,与采购部经理李宏就"纳米空气净化器"产品的事宜进行洽谈。这次洽谈能否顺利?能否达到预期的目标?王涛应该采取什么样的方法和技巧来说服李经理最终采取购买行动呢?

任务分析

推销洽谈是整个推销活动的中心环节,是一项专业性和艺术性都很高的工作。它既需要推销洽谈人员有较深的专业知识,又要求推销人员掌握一定的洽谈方法和技巧。在做好洽谈的各项准备工作的前提下,王涛还必须针对不同的谈判对象和情境,恰当掌握和运用洽谈的各种方法,以说服顾客购买公司的产品。推销洽谈的方法可以分为提示法和演示法两类,合理选择不同的洽谈方法会促使洽谈达到预定目标。王涛在这一阶段的任务是:

1. 确认顾客对产品的需要。
2. 掌握各种推销洽谈的方法。
3. 能够合理选择不同的洽谈方法达到预期目的。
4. 在推销洽谈中会使用各种技巧。

相关知识

一、推销洽谈的方法

(一)提示洽谈法

所谓提示洽谈法，是指推销人员在推销洽谈中利用语言的形式启发，诱导顾客购买推销品的方法。提示法根据提示的方式不同还可分为以下几种方法。

1. 直接提示法

表 5—2—1　　直接提示法

概　念	特　点	注意的问题
是指推销人员直接向顾客呈现推销品的利益，劝说顾客购买推销品的洽谈方法，是一种被广泛运用的推销洽谈提示方法	推销人员接近顾客后立即向顾客介绍产品，陈述产品的优点与特征，然后建议顾客购买。因而这种方法简单明快，能节省时间，加快洽谈速度，符合现代人的生活节奏，所以很具优越性	1. 提示要突出推销重点 2. 提示内容真实可靠并易于顾客理解和接受

【高手示范 5—2—1】

推销试剂：请看一位推销员在推销一种试剂时对顾客的提示："听说你们在寻找一种反应速度更快的试剂。我们公司新近开发了一种新的试剂产品，它能将反应的速度提高5～6倍，这是这种试剂的实验报告。您看看，一定会达到您们的要求。如果您们满意，请快点订货。不然的话，因为订货太多，就难以保证交货期。"

推销橱柜：李先生，这款橱柜款式很靓丽，假如你现在下订单，国庆节前我们就可以帮您安装好，届时准为您的家居添色不少，请问您的厨房铺了瓷砖吗？"

2. 间接提示法

表 5—2—2　　间接提示法

概　念	特　点	注意的问题
推销人员间接地劝说顾客购买推销品的洽谈方法	这种方法可以有效地排除面谈压力，避重就轻，制造有利的面谈气氛。使用间接提示法的好处在于可以避免一些不太好直接提出的动机与原因，因而可以使顾客感到轻松、合理，从而容易接受推销人员的购买建议	1. 选准时机 2. 选准顾客 3. 语言含蓄、婉转

【高手示范 5—2—2】

一位推销成套设备的推销员指着某商报上的一篇关于一些企业进行设备更新的新闻报道对顾客说："你听说了吗？一个企业购买了这种产品之后，取得了很好的效益，其他一些企业都在考虑购买呢！连报纸都刊登了，看来不买是有点赶不上形势了。"推销人员既陈述了推销主题，又以关怀的口吻间接提示顾客购买推销品，使顾客没有了来自推销本身的压力，却有了满足自己需求的迫切感。

推销吸尘器：你听说过这款真空吸尘器吗？不仅外形时尚，而且最重要的是可以省时省电，减轻家务的繁重，很多家庭用过都说好呢！不买的话有点赶不上时代脚步。

3. 明星提示法

表 5—2—3 明星提示法

概　念	特　点	注意的问题
推销人员利用顾客对名人的崇拜心理，借助名人的声望来说服顾客购买推销品的洽谈方法	明星提示法迎合了人们求名的情感购买动机，借助名人权威效应，消除顾客的疑虑，影响顾客的态度，诱发顾客的购买欲望	1. 所提示的明星必须具有较高的知名度、美誉度，并被顾客所知、所接受 2. 所提示的明星应与推销品有内在的联系 3. 所提示的明星与推销品之间的关系必须真实

小王："小姐，您的头发看上去很干燥，平时有做什么保养吗？"

小陈："没有。"

小王：我可以为您推荐一款润发乳，就是潘婷。潘婷是全球第一的洗发护发领导品牌，一直以来，它以保护秀发健康，提供秀发最完美的呵护为原则，受到全球爱美人士的喜爱。其中，林心如、林志玲、刘亦菲、大 S(徐熙媛)、周迅、汤唯等明星都曾为潘婷做过代言，而且全新的潘婷将产品分为"深层修复"系列和"健康美发"系列，帮助修复各种秀发损伤问题，同时提供完美风格的秀发打造方案。让所有使用潘婷的人们感到满意，发现自身的闪亮点，找到自己的美丽与魅力，焕发自信光彩。

4. 鼓动提示法

表 5—2—4 鼓动提示法

概　念	注意的问题	举　例
推销人员通过传递推销信心、刺激顾客购买欲望的方式迫使顾客立即采取购买行为的洽谈方法	1. 要有针对性地采取这种提示策略，避免大范围使用，否则会给顾客留下虚伪的印象 2. 所鼓动的信息必须是真实准确的 3. 采用这种策略时应考虑顾客的个性	"今天是优惠期的最后一天" "只剩这最后一批产品了"

推销手机

"××手机，5.2 寸大屏幕，自带 64G 内存……心动了吗？为了回馈新老顾客，现在只需 1 999元，你没有听错，仅需 1 999 元。你还在等什么？心动不如马上行动。"

5. 积极提示法

表 5—2—5 积极提示法

概　念	注意的问题	举　例
推销人员用积极的语言或其他积极方式劝说顾客购买所推销产品的方法	1. 可先与顾客一起讨论，再给予正面的、肯定的答复，从而克服正面语言过于平坦的缺陷 2. 坚持正面提示，绝对不用反面、消极的语言，只用肯定的判断语句 3. 所用的语言与词句都应实事求是，是可以证实的	"欢迎参加我们社的旅游团，又安全又实惠，所看景点又多又好" "你看，这是摩托车手参加比赛的照片，小伙子们多神气！他们戴的是我们公司生产的头盔。"

【小案例 5—2—1】

小王是一家游览巴士公司的销售代表，专门提供游览巴士和个人接送的服务。与××夫人——一位准新娘的母亲在洽谈生意，这位母亲想租用游览巴士接送参加婚礼的外地宾客。

小王的前期工作做得很好，可她还是拿不定主意，总是能想出这样那样的反对意见来。

夫人："我不知道怎么回事，就是下不了决心。"

小王："这的确很难做决定。让我来帮你吧。"

这时小王从公文包内拿出一张纸来一面写上"正面"的考虑，另一面则是"反面"的考虑。

小王："我们把赞成和反对的理由写下来，应该有助于做决定吧。"

夫人(点头)："嗯，很好。"

小王："好，就这样。合约上规定，我们为你接送参加婚礼的客人。在这种欢乐的场合，多喝几杯很正常，有车统一接送很安全，你不希望有人酒醉驾车吧?"

夫人："对。"

小王："很好。"

夫人："你将这个安全的考虑及其他相关事项，全部写在'正面'的那一面。"

小王："我们也谈到，整个婚礼过程圆满，你也不希望所有的亲友都乘出租车前往，增加喜宴的麻烦。最后，由于我们的接送，不至于在婚礼过程中有人要赶着离开。这些就是你投资我们服务的好处，对不对?"

夫人："没错。"

小王："好极了，你看，上面我们谈到有关正面的考虑(这时你将纸递过去给她看)包括安全性、便利性以及对婚礼掌控性强等。现在你可以告诉我，反对的理由是什么?"

到此，小王已经帮客户找出这项产品的优点。不过可别再节外生枝，帮对方思考反对的理由。

当然，小王的客户也可能会说："我实在找不出什么反对的理由。"此时小王就准备成交吧!

但假如客户看了那张对照表，发觉不对劲，又有其他意见呢？至少她已经花工夫再仔细思考了一遍，接下来所提的理由都是比较具体实在的。小王也比较好理解。

推销外墙涂料：

顾客："你们公司生产的外墙涂料日晒雨淋后会出现褪色的情况吗?"

推销员："您请放心，我们公司的产品质量是一流的，中国平安保险给我们担保。另外，您是否看到东方大厦，它采用的就是本公司的产品，已经过去10年了，依然那么光彩。"

顾客："东方大厦啊，我知道，不过听说你们公司交货不及时，这样会影响到我们的工作的。"

推销员："先生，这是我们公司的产品说明书、国际质检标准复印件、产品价目表，这些是我们曾合作过的企业以及他们的评价。我为您介绍一下……"

6. 联想提示法

表 5—2—6　　联想提示法

概　念	特　点	注意的问题
推销人员通过提示事实，描述某些情景，使顾客产生某种联想，刺激顾客购买欲望的推销洽谈的方法	推销人员用行动或语言勾画出一幅梦幻般的情景，引导顾客去联想，使推销品具有吸引人的魅力，强化顾客的购买欲望	1. 推销人员的举止、表情要有助于顾客产生有益的联想 2. 提示的语言要有感染力，要有助于引导顾客产生联想 3. 提示的语言必须真实、贴切、可信

【小案例 5—2—2】

一位推销瓷片的推销员的一句话打动了顾客:"你把这种天蓝色的瓷片铺在淋浴室里,每当你洗澡的时候,就有种置身大海的感觉。"这一方法中,推销人员向顾客勾画出梦幻般的情景,让顾客去想象,使产品更具有吸引人的魅力,从而达到强化顾客购买欲望的良好效果。

【小案例 5—2—3】

一名推销灯光设备的推销员对顾客说:"这些光彩夺目的灯光设备,在白天您可能感觉不到它的好处,但是夜幕降临时,可以使所有的行人都看到贵店的橱窗。如果不安装这些灯光设备,即使人们从你的橱窗外面经过,也注意不到橱窗里的展品。反之,安装了这些灯光设备之后,会使贵店的外观比对面的商店显得更舒适、温馨。耀眼的灯光照射在橱窗内的展品上,行人都会清楚地看到。您想一想,要是这些灯光设备能为您吸引成千上万的顾客,那您会多做多少生意啊!"

推销沐浴露:"你闻一闻,牛奶的浓郁香味扑鼻而来,给你的感觉像是处于一个乳白色的世界。你再摸一摸,乳白色的液体给你软软的像棉花糖的感觉。使用它,让你每天像泡在牛奶里一样。"

7. 逻辑提示法

表 5—2—7　　逻辑提示法

概　念	特　点	注意的问题	举　例
推销人员使用逻辑推理来劝说顾客购买推销品的一种洽谈方法	通过逻辑的力量,促使顾客进行理智思考,从而明确购买的利益与好处,并最终做出理智的购买抉择	1. 逻辑提示法的适合有较强的理智购买动机的顾客 2. 要以理服人 3. 应做到情理并重	"现在市场竞争激烈,各企业都希望降低生产成本,我们这种材料能降低生产成本,提高贵厂产品的市场竞争力,贵厂应该采用这种新型材料。" "目前市场不景气,各企业都在努力开拓市场,找一家有实力、有水平的广告公司协助策划宣传是应该的、有利的。"

推销手表:"现在市场竞争激烈,每个企业都在努力开拓市场,推出各种降价措施,可是我们公司并不会这样做,我们的手表本就实价,不仅做工精湛,而且引领时尚,质量是一个企业成功的代表,您如果希望用得放心,我们的手表是值得选择的。"

(二)演示法

演示法又称直观示范法,是推销人员运用非语言的形式,通过实际操作推销品或辅助物品,让顾客通过视觉、听觉、味觉、嗅觉和触觉直接感受推销品信息,最终促使顾客购买推销品的洽谈方法。演示法主要有以下几种。

1. 产品演示法

表 5—2—8　　　　　　　　　　　　产品演示法

概　念	特　点	注意的问题
推销人员通过直接演示推销品本身来劝说顾客购买推销品的洽谈方法	推销员通过对产品的现场展示、操作表演等方式，把产品的性能、特色、优点表现出来，使顾客对产品有直观的了解，起到证实的作用	1. 应根据产品的特点选择演示的内容、方法、时间、地点等 2. 应根据推销洽谈进展的需要，选择适当的时机进行演示 3. 应注意演示的步骤与艺术，最好是边演示边讲解，并注意演示的气氛与情景效应 4. 应鼓动顾客一块参与，使顾客亲身体验产品的优点，从而产生认同感与占有欲望

【小案例 5—2—4】

郑州柴油机厂为打开该厂“金牛”牌柴油机在内蒙古的市场，举行了一场别开生面的“拔河赛”。一台装有“金牛”牌柴油机的拖拉机，与十几台装有相同马力、不同牌号柴油机的拖拉机轮番较量，无不取胜。该厂通过这种方式向顾客展示了“金牛”牌柴油机马力大的特点。

推销洗衣液：“夫人，对于孩子每天出去玩耍而弄得衣服脏兮兮，您一定感到很烦恼，不如就让我们试一试这款洗衣液，它不仅不伤手无刺激，而且快速去除污渍，并且给衣服带来清香气味。”现场洗衣服。

2. 文字、图片演示法

表 5—2—9　　　　　　　　　　　　文字、图片演示法

概　念	特　点	举　例
推销人员通过展示有关推销品的文字、图片资料来劝说顾客购买的洽谈方法	在不能或不便直接展示或用语言难以说明产品的情况下，推销人员通过向顾客展示推销品的文字、图片、图表、音像等资料，能更加生动、形象、真实可靠地向顾客介绍产品。比如一些商品工作原理、统计数据、价目表等，通过文字、图片可以做到动静结合，图文并茂，收到良好的推销效果	小李是一家家庭装饰公司的销售员，在接待顾客时，小李总是首先询问顾客对房间装饰的总体想法，了解各房间尺寸，然后通过电脑软件将装饰后的效果显示在电脑屏幕上让顾客看。由于顾客能够在房屋未完成装饰前就看到装饰后的效果，因此顾客很容易接受小张的建议，往往在与小张的洽谈中就签订了装饰协议

推销瓷砖。小黄是一家瓷砖公司的销售员：“先生，对于您家淋浴室的装饰有什么看法？”顾客：“我希望可以看上去很舒适的感觉，不用太奢华。”通过对顾客的了解，用软件将公司的产品一一对比给顾客选择。

3. 音响、影视演示法

表 5—2—10　　　　　　　　　　　　音响、影视演示法

概　念	特　点	举　例
推销人员利用录音、录像、光盘等现代工具进行演示，来劝说顾客购买推销品的洽谈方法	这种方法具有很强的说服力和感染力，是一种非常有效的演示方法，可以使顾客有身临其境的感觉	某旅行社的业务人员在向顾客介绍旅游线路时，播放旅行社推出的旅游线路电视介绍短片、产品生产流程短片等

(1)在许多百货商场里，顾客经常会听见“各位顾客，您好！欢迎您惠顾本商场！本店一楼

家用电器部正在出售各种名牌等离子彩电,欢迎您前往选购,谢谢!”

(2)许多制药厂为自己的产品推销拍摄健康系列讲座,以及电视直销、消费向导等,都是在为自己的产品做推销,效果都是不错的。

4. 证明演示法

表 5—2—11 证明演示法

概念	注意的问题	举例
指推销人员通过演示有关的证明资料或进行破坏性的表演,来劝说顾客购买推销品的洽谈方法,这是现代推销洽谈经常用到的方法	1. 准备很充分的证明资料 2. 演示的推销证明资料必须真实可靠 3. 选择恰当的时机和方法进行证明演示,令人信服	如推销员小刘给顾客展示生产许可证、产品质量鉴定书等

推销充电宝。小李:“您好,先生,我们这款充电宝不仅无损耗充电,温度低、充电快,而且电池使用寿命长。而且您一点也不用担心它的质量问题和安全问题。请看(从包里拿出来)这是生产许可证,产品质量证书……”

二、推销洽谈的技巧

(一)洽谈中的倾听技巧

在推销洽谈的过程中,推销人员不要一味地口若悬河、滔滔不绝,不给顾客表达的机会,要懂得善于倾听。在推销谈判中,倾听能发掘事实真相,探索顾客的真实想法,并且通过倾听能够赢得顾客的好感,容易判断顾客的意图,减少或避免推销中的失误。所以,听往往比说还重要。推销人员在倾听顾客谈话时要做到以下几点:

(1)听时要专注。一般来说,思维的速度比说话要快 4 倍。因此,人们往往容易在听的时候思考别人的问题,找到顾客的需求,从而寻找洽谈的方法策略。

(2)听时要鉴别。要善于听出顾客言语中所蕴含的观念和用意,若顾客故意含糊其辞,则可以要求对方解释清楚。

(3)要容忍听进一些可能触犯你的讲话,让对方讲完,不要中途打断或驳斥。

(4)倾听要积极回应。对方阐述的观点,在听的同时,推销人员要做出积极的回应,此时不需要长篇大论、喧宾夺主。可以用少量是非判断词语或语气词即可,如“啊、是、对”等。

(二)洽谈中的语言技巧

推销洽谈是推销人员与顾客双方在洽谈中不断磋商、互相妥协、解决分歧,以求最终达成双方均可接受、彼此获益的协议的过程。为此,推销人员应当熟练掌握一定的语言技巧,以保证推销洽谈的顺利进行。这种语言技巧具体可以分为阐述的技巧、提问的技巧、回答的技巧、处理僵局的技巧等。

1. 阐述的技巧

在洽谈中,阐述是说明自己一方的观点。但有时为了争取主动,切不可过早地表明己方的立场、观点、目标。因此往往请对方先做阐述,通过倾听了解对方的意图后己方再根据对方的立场有针对性地阐明观点。此时需要注意阐述时可以有针对性地叙述说明对方关心的问题,力求做到言语准确、翔实,不可用好像、大概、差不多等含混词语。有时涉及一些机密问题,即便对方问到也要做到滴水不漏。比如:该公司产品的成本价是多少?据说贵公司产品是从

××地区进货的等。

2. 提问的技巧

推销人员在洽谈中，为了摸清对方意图，表达己方的意愿，往往需要向顾客提出问题。在提问时，要做到：

(1)提出的问题最好是范围界限比较清楚的，使顾客的回答能有具体内容。

(2)提问要针对促进洽谈成功的关键点。

(3)提问时切忌提出令人难堪和不快，甚至有敌意的问题，以免伤害顾客感情，使洽谈陷入僵局。

(4)提问态度要谦和友好，用词要恰当、婉转，注意提问的时间点，不要随便打断顾客的讲话，要耐心听完对方的讲话再提问。

3. 回答的技巧

在推销洽谈中，对于顾客的提问，推销人员首先要坚持诚实的原则，给予客观真实的回答，赢得顾客的好感和信任。但是，有时顾客为了自己的利益，提出一些难题或涉及企业秘密的问题，推销人员就应该采用一些技巧来回答：

(1)回答时要有条有理，言简意赅，通俗易懂。

(2)对于一些不便回答的问题，应使用模糊语言，向对方透露一些不太确切的信息或者回避问话中的关键点，转移话题，偷换主题，也可采取反攻法，要求对方先回答自己的问题，或者找借口，找些客观理由表示无法或暂时无法回答对方的问题。

(3)倘若对方明确反对己方的观点，甚至言辞过于激动、情绪激昂。为避免直接的冲突，推销人员要用幽默的语言，委婉含蓄地表达。避免出现僵局导致洽谈破裂。

4. 处理僵局的技巧

在推销洽谈中，经常会出现推销人员与顾客双方的利益相互不肯让步，各抒己见，互不相让的僵持局面，使洽谈无法进行下去，甚至导致洽谈不欢而散，无法取得交易的成功。形成僵局的原因很多，在洽谈中，僵局随时都可能发生。只要我们掌握一些处理僵局的技巧，问题就会迎刃而解。

(1)要尽量避免僵局出现。推销人员是卖家，在现代市场环境中，卖家更应积极主动设法避免僵局出现，有时需要暂时放下既定目标，在原则允许的范围内，小范围地妥协退让，这也是一种高姿态的表现，这样做可以避免僵局的出现；此外，一旦推销人员发现现场气氛不对或者对方略有不满时，应该尽量寻找轻松和谐的话语，对于实在不能让步的条件可以先肯定顾客的部分意见，在大量引用事实证据的基础上谦虚、客气地列出问题的客观性来反驳对方，使其知难而退。

(2)要设法绕过僵局。在洽谈中，若僵局已形成，一时无法解决，可采用下列方法绕过僵局：暂时放下此问题，避而不谈，待时机成熟之后再商定；在发生分歧，出现僵局时，推心置腹交换意见，化解冲突；邀请有影响力的第三者作为公立方调解。

(3)打破僵局。在僵局形成之后，绕过僵局只是权宜之策，最终要想办法打破僵局。打破僵局的方法有：其一，扩展洽谈领域。单一的交易条件不能达成协议时，把洽谈的领域扩展，如价格上出现僵局时，可将交货期、付款方式方面适当让步。其二，更换洽谈人员。在洽谈陷入僵局时，人们为了顾全自己的面子和尊严，谁也不愿先让步，这时，聪明的推销团队会暂时停止洽谈，更换另外的推销人员再次进行洽谈。其三，让步。在不过分损害己方利益时，可以考虑以高姿态首先做一些小的让步。

任务实施

一、进一步确认顾客的需要

第一次拜访广州美家连锁超市有限公司的李宏经理后，王涛仔细地回忆了当天与李经理谈话的每一个细节。结合他先前掌握的情况，王涛更加确认了自己的判断：广州美家连锁超市有限公司对“纳米空气净化器”产品存在一定的需求。这更加坚定了再次拜访李经理的决心。

二、研究比较各种洽谈方法

王涛对各种推销洽谈的方法进行了研究和比较，他发现推销洽谈的两大类方法各有千秋。提示法主要是利用语言来劝说顾客购买，而演示法则主要是通过非语言的形式促使顾客下定购买的决心，仅单独使用其中的一种方法洽谈效果必然会受影响，所以他决定综合使用这两类方法进行洽谈。

三、选择最有效的推销洽谈方法

1. 利用直接提示法说明产品给顾客带来的好处和利益

王涛知道，要让李经理做出购买决策，仅仅展示产品的功能，一味强调产品或者服务的好处是打动不了他的。作为一家大中型连锁超市的采购部经理，李经理所关注的是产品或者服务能给他的公司带来的利益。所以，王涛就要“投其所好”，极力向客户推销“利益”，即“纳米空气净化器”的市场前景，并反复说明销售该产品能够给他们公司带来的最大利润，是给他们公司提供一条财路和发展的机会，追求的是双赢。只有这样，才能引起李经理的兴趣，使洽谈能够顺利地进行下去。

【情景实例 5－2－1】

王涛：“李经理，你知道美国人和日本人是怎么净化室内空气的吗？”

李经理：“听说他们使用的是空气净化器。”

王涛：“对！现在国人越来越意识到空气污染对人体健康的危害，使用空气净化器是未来家庭的一个潮流，也是家电市场的一个发展新方向，将来的市场容量将无法估量。”

李经理：“这个我早就意识到了，所以我们超市已经有空气净化器产品在销售。”

王涛：“李经理，现在市场上销售的室内空气净化器，主要作用是将污染的空气通过机内的空气过滤器过滤后，将各种污染物清除或吸附，从而起到净化的作用。而我们公司的纳米空气净化器在这个基础上，还在出风口处释放负离子，而同时负离子发生器将空气不断电离，产生大量负离子，被微风扇送出，形成负离子流，达到清洁、净化空气的目的。”

2. 通过演示法，说明产品的特点和益处

在第一次拜访李经理的时候，王涛已经初步向李经理展示了产品净化空气的功能。这次他带来了公司制作的展示产品功能、特点、不同款式、使用方法的光盘，用自己随身携带的笔记本电脑向李经理做进一步的展示。

【情景实例 5—2—2】

王涛："李经理，我这里有一张我公司制作的关于纳米空气净化器产品的光盘，这张光盘真实的演示了产品净化空气的原理、功能特点、使用方法，我现在可以放给你看吗？"

李经理："可以，请便。"

在播放的过程中，王涛又做了进一步的解释……

演示完毕后，王涛将有关产品的说明、数据等证明以及国家权威部门的检测报告呈现在李经理面前。以此来证明他前面所说的一切，进一步增强李经理对产品的认识和信心。

四、灵活运用推销洽谈技巧

在与李经理洽谈过程中，当李经理介绍情况时，王涛非常认真地倾听，并将重点记录下来，同时进行适当的提问，以了解客户的情况；在阐述观点时，注意使用积极的语言，说话自然、清晰、有条理；注意运用语调、语速和语言内容的变化，表现出相当的自信；回答李经理提问准确、精炼。

任务训练

一、模拟训练

要求：掌握推销洽谈的方法。

实施：

1. 根据各小组搜集到的某一顾客背景资料，以小组为单位进行推销洽谈模拟训练。

2. 写出情景模拟对话的内容。

3. 两人一组首先在小组中进行模拟演示，然后，每个小组推荐两位同学在全班进行展示。其他小组可以提出异议，最后由教师点评。

二、案例讨论

1964 年，世界造船业出现危机，法国造船业深受其害。阿奈特家族经营了两代的贝纳多船厂得不到资助，面临倒闭的灾难。父亲把船厂交给最精明的女儿阿奈特·鲁来经营，为了家族的荣誉与生计，并不喜爱造船行业的阿奈特·鲁只得挺身而出，坚定地向同行表示："我们兄妹属于贝纳多船厂的第三代，没有权利丢掉父辈亲手留下的宝贵技术财产，我们没有理由不争气！"

同行们都想知道这位年仅 22 岁的小姐怎样去实现这番雄心壮志，如何争夺少的可怜的订单，于是经常邀请她参加本行业的社交活动，很想从中打探点什么。然而阿奈特出场时始终带着迷人的微笑默默地听人谈论，当话题涉及造船技术和生意状况时，她便闭目养神，仿佛在打瞌睡，同行们从此不再把她放在眼里。

阿奈特开始调查、分析市场的需求变化，不久觉察到法国水上旅游将会逐渐兴起，于是她组织技术人员闭门设计，秘而不宣地制造游览、捕鱼两用船。对当地的同行，她仍是微笑和沉默，只是在会见、会谈中少了一些笑容，同行们都以为她步履维艰，已经笑不出来了。

一年以后，"法国水上用具展览"即将在巴黎隆重开幕的消息传到阿奈特居住的小镇，造船商大多反应冷淡，也无法拿出精品参展，阿奈特却悄悄地带上所研制的两用船直奔展馆，在会场转了一圈后发现没有一艘船跟自己研制的新船相同，她紧绷的神经终于松弛开来。不一会儿，喜好标新立异的富家子弟对两用船投来惊喜的目光，参观的人群也围了上来，阿奈特微笑着介绍驾驶新船的乐趣，一个客商跑来谈生意了。

客商问："小姐，这种船是你们厂造的吗？船厂在什么地方？"

阿奈特笑着回答："是我们贝纳多船厂造的，我们来自有着造船传统的拉克鲁瓦德维。"

"我能见见你的老板吗？"客商问。

"我就是。"阿奈特微笑着回答。

"我想订购100艘，价格能优惠吗？"客商显然利用当场谈价钱对卖主的不利，要轻易地杀价。

"先生，现在一艘船定价3 000镑是很优惠的。按这样的低价，您每艘船能轻松地赚300镑。如果不是考虑各种客观因素，我本来的定价可以高一些的，那样做就比较公平了。"阿奈特微笑着解释道。

"根据实际情况估计，我以为这种船的价钱至少还可以降低10%。"客商见对方当众算出转销营利，不好意思多还价了。

"先生，您说的价钱是机制船。我的船是手工制作的，不仅外表精细光洁，而且具有古老的传统韵味，这样成本就比机制船高了一些。"阿奈特含笑回答。

"现在造船业不景气，什么样的船都难卖出去，所以价格是我们销售商首先考虑的因素。"客商为压价寻找理由。

"当然。不过对于使用现代技术制造的游艇，价格容易受市场波动的影响。我想先生一定会注意到工艺品的制作，越是使用现代手段就越容易贬值，使用传统手段就容易保持价值。"阿奈特笑眯眯地争辩道。

"小姐，您真是能说会道，可是您的定价不能改变吗？"客商不甘心地问。

"价钱自然是可以改变的，不过很有限。这样吧，我另外赠送一艘特制的两用船，以表示对第一位订购者的谢意。您乐意接受吗？"

"看来我只能按照小姐的意思做这笔买卖了。买东西不还价，对我来说可是平生第一次。好吧，谢谢您的礼物。"

展览结束，贝纳多船厂收到了可以忙乎大半年的订单。消息传到拉克鲁瓦德维小镇，同行非常吃惊，不明白这位只会微笑的小姐凭什么干得如此出色。

1976年，善于观察、精于分析的阿奈特纵览以往十年世界游艇的发展经历，在预测未来趋势后，适时推出"孚斯特"帆船系列。这种船乍一看似乎是一种倒退，把舒适时髦的漂亮游艇变成了扯动风帆的一叶扁舟。竞争对手无法理解，当地的同行更是嗤之以鼻。"孚斯特"送到巴黎，销售商果然漠然处之，阿奈特便频频举行推销谈判。

"先生，这是最富有时代气息的帆船。"阿奈特微笑着说。

"不，这是一种复古的小船，只能使驾驶者劳累疲乏，而游客需要的是舒适安逸。"销售商们说。

"驾驶这种帆船确实容易劳累，但能使驾驶者体验搏击风浪的惊险和强烈刺激。"阿奈特解释说。

"旅游者们驾船目的是享受，谁愿意寻找磨难？"经销商反驳说。

"旅游者是各种各样的，需求也因人而异。大多数青年游客希望能在旅游中体验一种生命的力量。"阿奈特含笑说道。

"我不否认有这种情况，但你的帆船显得太简陋了。"销售商说。

“构造简单的帆船最能发挥驾驶者的潜能，而能体现出消费者机敏、灵活、刚毅、矫健的商品，销售起来不会很困难的。”阿奈特说道。

“你是说这种帆船是一种运动器械？”销售商们问。

“还可以用作旅游航行，驾驶者如果在江河湖泊里扯起风帆航行，就能产生一种享受田园风光的快感。”阿奈特微笑着说。

“这种船会有销路？”销售商疑惑地问。

“当然，这种船符合旅游者探险、猎奇、追求新异和刺激的心理需要，怎么会没有销路呢？不信的话可以试试，我同意代销，卖不出去还可以退货，佣金是很低的。”诚挚的介绍、友好的会谈、微笑的推销，终于使巴黎经销商接受了“孚斯特”。它销往欧洲各国之后立即引起年轻人的青睐，随之被世界帆船协会评为“最佳航帆”，从此便畅销不衰。

问题：

1. 案例中阿奈特是如何说服销售商的？
2. 阿奈特成功的原因是什么？

任务3 处理顾客异议

知识目标

- ◆ 认识顾客异议的成因
- ◆ 理解处理顾客异议的原则和思路

能力目标

- ◆ 能够使用一定的方法处理顾客异议

任务引入

由于王涛在洽谈之前做好了相应的准备，在洽谈中坚持了一定的原则，明确了洽谈的目标，并且选择了正确的洽谈方法，所以，刚开始的洽谈比较顺利，但随之李经理就有关产品的价格、质量等问题提出了异议。王涛究竟该如何看待这些异议？怎样来处理这些异议呢？

任务分析

在推销实践中，顾客迅速对推销品做出购买决策的情况非常少，大多数顾客都会对推销产品提出自己的意见、建议甚至是偏见，并以此为由拒绝购买。从销售成交的过程来看，顾客提出异议是很正常的事情，它既是成交的障碍，也是成交的前奏。一方面，推销人员可以通过顾客异议了解有关产品、公司以及推销人员本身存在的问题和不足以及顾客所关心的问题，从而促进推销工作的改进；另一方面，通过顾客异议，可以使顾客对推销品的了解更加全面，从而一步一步迈向推销所追求的目标——成交。

只有正视顾客异议，以最大的耐心和热情倾听顾客异议并认真分析顾客异议产生的原因，才能够采用适当的方法对顾客异议进行消除和转化，最终促成交易。所以王涛在这个阶段主要任务是：

1. 了解顾客异议的类型，认识顾客异议产生的原因。
2. 掌握顾客异议处理的策略。
3. 能够正确运用处理异议的方法。

相关知识

顾客异议产生的原因很多，发生的时间、地点和外部环境也各不相同，但是他们却有许多共同的特点，推销人员掌握一些处理顾客异议的基本原则和策略，将会使推销工作更加富有成效，并使顾客产生良好的印象。

【小案例 5—3—1】

有一名推销人员在拜访一位客户之前，打听到这位客户非常挑剔，总喜欢提出异议。于是，他经过精心准备之后，满怀信心地去拜访这位客户。一见面，这名推销人员就很礼貌地说："我知道您是一位非常有主见的人，对于我的推销一定会提出不少好的建议。"一边说着，一边将事先准备好的 36 张卡片摊在客户面前，说："请随便抽出一张来。"客户从中随手抽出一张卡片。卡片上写的正是一条异议。等这位客户把 36 条异议读完后，这名推销人员说，请把卡片翻过来读一下。每张异议的背后都标明了对异议的理解和解释。客户忍不住笑了起来。于是，双方成交了。

一、什么是顾客异议

顾客异议又叫推销障碍，是指在推销洽谈中被顾客用来作为拒绝购买理由的各种问题、意见和看法。在交易过程中，推销人员和顾客既是交易伙伴，又是利益竞争者，双方都希望通过谈判回避风险并最大化自己的利益。顾客异议就是顾客为争取有利的成交条件所采取的方法。在实际推销过程中，推销人员会经常遇到："对不起，我很忙""这个事情我做不了主""对不起，我没兴趣""价格太贵了""质量能保证吗?"等顾客设置的成交障碍，这些就是我们常见的顾客异议。

二、顾客异议的成因

(一)顾客方面的原因

1. 顾客的自我保护意识

每个人都有本能的自我保护意识，在没有搞清楚事情之前，自然会对陌生人心存警戒，摆出排斥的态度，以保护自我。

2. 顾客没有意识到自己的需要

由于顾客没有发现自己存在的问题，没有意识到需要改变现状，而固守原来的消费方式，缺乏对新产品、新服务、新供应商的需求与购买动机。

3. 顾客缺乏产品知识

随着现代科技的发展，产品的生命周期日趋缩短，新产品层出不穷。有些新产品，尤其是高科技产品的特点与优势，需要有一定的知识基础才能够了解，因此会造成一些顾客的认知障碍,从而造成顾客异议。一般来讲,顾客的文化素质越高,产生该类异议的机会就越少。

4. 顾客的情绪不好,心情欠佳

人的行为有时会受到情绪的影响。推销人员和顾客约好见面的,但是顾客临时遇到不开心的事情时,就很可能提出各种异议,甚至恶意反对,借题大发牢骚,肆意埋怨。

5. 顾客的决策权有限

在实际的推销洽谈过程中,推销人员会遇到顾客说:“对不起,这个我说了不算”“等我家里人回来再说吧”“我们再商量一下”等托词,这可能说明顾客确实决策权力不足,或顾客有权但不想承担责任,或者是找借口。

6. 顾客缺乏足够的购买力

如果顾客缺乏购买力,就会拒绝购买,或者希望得到一定的优惠。有时顾客也会以此作为借口来拒绝推销人员,有时也会利用其他异议来掩饰缺乏购买力的真正原因。

7. 顾客的购买经验与成见

顾客在日常购买活动中的经验往往用以指导后续的购买行为,如果顾客在以往购买实践中有过较大的经验教训,顾客可能会牢记心间并形成对某个或某类推销品或推销员的成见。成见是顾客认知中一个错误的知觉,在文化水平较低、购买经历较多而思想狭隘的顾客中较为常见。

【小案例 5—3—2】

一名汽车推销员正在电话里同顾客进行交谈。顾客虽然很有礼貌,但声音显得很强硬。“不,谢谢你啦!我现在不需要购买新汽车,如果需要的话,我自己会找汽车经销商的。记得一年前,我经不起一个推销员的百般劝说,就向他买了一辆小汽车,可是还没用多长时间,那辆汽车就坏了。老实对你说吧,吃亏上当只有一次,我再也不会听你们那套销售经了。”

8. 顾客有比较固定的采购渠道

大多数顾客在长期的生产、经营中,往往与某些推销人员及其所代表的企业形成了比较稳定的购销合作关系,组织购买者尤其如此。当新的推销人员及其企业不能使顾客确信可以从推销方得到更多的利益和更可靠的合作时,顾客是不愿冒险随便丢掉长期以来建立的固定的业务合作关系的,因而对陌生的推销员和推销品怀有疑惑、排斥的心理。

(二)推销品方面的原因

推销品自身的问题致使顾客对推销品产生异议的原因也有很多,大致可归纳为以下几方面。

1. 推销品的质量

包括:性能(适用性、有效性、可靠性、方便性等)、规格、颜色、型号、外观包装等。如果顾客对推销品的上述某一方面存在疑虑、不满,便会产生异议。当然,有些异议确实是推销品本身有质量问题,有的却是顾客对推销品的质量存在认识上的误区或成见,有的是顾客想获得价格或其他方面优惠的借口。

2. 推销品的价格

美国的一项调查显示:有 75.1%推销人员在推销过程中遇到有价格异议的顾客。顾客产生价格异议的原因主要有:顾客主观上认为推销品价格太高,物非所值;顾客希望通过价格异议达到其他目的;顾客无购买能力;等等。

3. 推销品的品牌及包装

商品的品牌一定程度上可以代表商品的质量和特色。一般来说，顾客为了安全起见，通常在购买商品时都会挑选名牌产品。一般顾客都喜欢购买包装精巧、大方、美观、环保的商品。无论是品牌还是包装，它们都是商品的有机组成部分。如果顾客对它们有什么不满，也可能引起顾客的异议。

4. 推销品的销售服务

顾客对推销品的服务异议主要有：推销人员未能向顾客提供足够的产品信息和企业信息；没能提供顾客满意的服务；对产品的售后服务不能提供一个明确的信息或不能得到顾客的认同等。对企业来讲，商品的销售服务是现在乃至将来市场竞争中的最有效的手段，推销人员为减少顾客的异议，应尽其所能，为顾客提供一流的、全方位的服务，以赢得顾客，扩大销售。

（三）推销人员方面的原因

顾客的异议可能是由于推销人员素质低、能力差造成的。例如，推销人员的推销礼仪不当；不注重自己的仪表；对推销品的知识一知半解，缺乏信心；推销技巧不熟练等。因此，推销人员能力、素质的高低，直接关系到推销洽谈的成功与否，推销人员一定要重视自身修养，提高业务能力及水平。

（四）企业方面的原因

在推销洽谈中，顾客的异议有时还会来源于企业。例如，企业经营管理水平低，产品质量不好，不守信用，企业知名度不高等。这些都会影响顾客的购买行为，顾客对企业没有好的印象，自然对企业所生产的商品就不会有好的评价，也就不会去购买。

三、处理顾客异议的原则

1. 事前做好准备

“不打无准备之仗”是推销人员对顾客异议时应遵循的一个基本原则。推销人员在走出公司大门之前就要将顾客可能会提出的各种异议列出来，然后考虑一个完善的答复。

推销人员也可以编制标准应答用语，具体程序如下：

（1）把大家每天遇到的顾客异议写下来。

（2）做分类统计，依照出现频率排序，出现频率最高的异议排在最前面。

（3）以集体讨论方式编制适当的应答用语，并编写、整理成文。

（4）请大家熟记在心。

（5）由老的推销员扮演顾客，大家轮流练习标准应答用语。

（6）对修改过的应答用语进行再练习，并最后定稿备用。最好是印成小册子发给大家，以供随时翻阅，达到运用自如、脱口而出的程度。

2. 选择适当时机

（1）在顾客异议尚未提出时解答：有时，顾客没有提出异议，但其表情、动作及措辞和声调却可能有所流露，推销人员觉察到这种变化时可以抢先解答。防患于未然是消除顾客异议的最好方法。

（2）在异议提出后立即回答：绝大多数异议需要立即回答，这样，既可以促使顾客购买，又表示对顾客的尊重。

（3）过一段时间再回答：当异议显得模棱两可、让人费解时，或超过了推销人员的能力水平时，推销员最好暂时保持沉默——急于回答顾客的此类异议是不明智的。

(4)不回答：如无法回答的奇谈怪论、容易造成争论的话题等，可一笑置之。

3. 永远不要与顾客争辩

不管顾客如何批评，永远不要与顾客争辩，推销员与顾客争辩，失败的永远是推销员。一句销售行话是："占争论的便宜越多，吃销售的亏越大。"

4. 站在顾客角度换位思考

在处理顾客异议时，我们始终要站在顾客的角度，表示理解他们考虑问题的立场和方法。当然，这并不意味着你完全赞同顾客的观点，但是，为了减少对立，首先要赢得顾客情感上的认同。

四、处理顾客异议的方法

顾客异议表现形式多种多样，异议原因错综复杂，推销人员要积极深入地分析根源，探寻有效解决异议的方法，为排除推销障碍，促成交易打下良好的基础。由于顾客异议发生的时间、地点、环境条件各不相同，因此处理顾客异议的方法应该而且必须是多种多样的，根据有关推销专著的概括和介绍，最常用的处理顾客异议的方法有以下几种。

1. 补偿法

又称抵销处理法、平衡处理法，是推销员在坦率地承认顾客异议所指出的问题的确存在，指出顾客可以从推销品及其购买条件中得到其他的好处，使异议所提问题造成的损失得到充分补偿，从而使顾客得到心理平衡，增强购买的信心。当客户提出异议且有事实依据时，推销人员应该承认并欣然接受，强力否认事实是不明智的举动，但要设法给客户一些补偿，让他取得心理上的平衡，即让他产生两种感觉：一是产品的价格与售价一致；二是产品的优点对客户重要，产品没有的优点对客户而言较不重要。世界上没有一样十全十美的产品，人们会认为产品的优点越多越好，其实，真正影响客户购买决策的关键点并不多，补偿法能有效地弥补产品本身的弱点。这一方法在推销工作中是普遍运用的方法，特别是顾客理智地提出有效真实的购买异议时。

【名人名言】

"如果客户在价格上要挟你，就和他们谈质量；如果对方在质量上苛求你，就和他们谈服务；如果对方在服务上提出挑剔，你就和他们谈条件；如果对方在条件上逼近你，就和他们谈价格。"

——约翰·温克勒尔

【小案例 5—3—3】

在一次冰箱展销会上，一位打算购买冰箱的顾客指着不远处一台冰箱对身旁的推销员说："那种 AE 牌的冰箱和你们的这种冰箱同一类型，同一规格，同一星级，可是它的制冷速度要比你们的快，噪音也要小一些，而且冷冻室比你们的大 12 升。看来你们的冰箱不如 AE 牌的呀！"推销员回答："是的，你说的不错。我们冰箱噪音是大点，但仍然在国家标准允许的范围以内，不会影响你家人的生活与健康。我们的冰箱制冷速度慢，可耗电量却比 AE 牌冰箱少得多。我们冰箱的冷冻室小但冷藏室很大，能储藏更多的食物。你一家三口人，每天能有多少东西需要冷冻呢？再说吧，我们的冰箱在价格上要比 AE 牌冰箱便宜 300 元，保修期也要长 6 年，我们还可以上门维修。"顾客听后，脸上露出欣然之色。

推销人员在运用这种方法时应当注意：使用此法的前提是顾客得到补偿的利益要大于异议涉及问题所造成的损失，否则得不偿失的结果反而会动摇顾客的购买决心；推销人员承认与肯定的顾客异议必须是真实而有效的，并对已经承认的顾客异议，及时提出推销品及其成交条件的有关优点和利益给予补偿；在劝说中，应淡化顾客异议，强化符合顾客主要购买动机的推销品优点，使顾客认为异议得到了补偿。

2. 问题引导处理法

问题引导处理法是指推销人员利用顾客提出的异议，直接以询问的方式向顾客提出问题，引导顾客在回答问题过程中不知不觉地回答了自己提出的异议，甚至否定自己，同意推销人员观点的处理方法。

(1)通过询问，可以把握住客户真正的异议点。销售人员在没有确认客户异议重点及程度前，直接回答客户的异议可能会引出更多的异议，从而使销售人员自困愁城。销售人员的字典中有一个非常珍贵、价值无穷的字眼“为什么?”请不要轻易放弃这个利器，也不要过于自信，认为自己已能猜出客户为什么会这样或为什么会那样，要让客户自己说出来。当你问为什么的时候，客户必然会做出以下反应：他必须回答自己提出反对意见的理由，说出自己内心的想法；他必须再次检视自己提出的反对意见是否妥当。此时，销售人员能听到客户真实的反对原因及明确地把握住反对的项目，他也能有较多的时间思考如何处理客户的反对意见。

(2)通过询问，直接化解客户的反对意见。有时，销售人员也能透过各客户提出反问的技巧，直接化解客户的异议。

但这种方法如果运用不当，可能会引发顾客的反感与抵触情绪，或在推销人员的多次询问或追问下，产生更多的异议，破坏推销气氛，阻碍推销工作的顺利进行。

【小案例 5－3－4】

顾客：“你的产品是不错，不过，现在我还不想买。”

推销人员：“经理先生，既然产品很好，您为什么现在不买呢?”

顾客：“产品虽然不错，可它不值 5 000 元一件啊!”

推销人员：“那您说说这样的产品应该卖什么价格?”

顾客：“反正太贵了，我们买不起。”

推销人员：“经理先生，看您说的！如果连您都买不起，还有什么人买得起？您给还个价。”

但这种方法如果运用不当，可能会引发顾客的反感与抵触情绪。顾客在推销人员的多次询问或追问下，可能会产生更多的异议，破坏推销气氛，阻碍推销工作的顺利进行。推销人员在运用这种方法时，对顾客的询问应当及时。因为只有及时询问顾客，才能了解顾客的真实想法以把握出现购买障碍的真实根源；询问应紧紧围绕顾客的有关异议，避开次要的、无效的顾客异议，以提高推销效率；追问应适可而止，并注意尊重顾客。对于不形成购买障碍的，顾客不愿意讲的，或者根本说不清楚根源的异议就不要再追问。

3. 忽视法

又叫沉默处理法、不理睬法，是推销员判明顾客所提出的异议与推销活动以及实现推销目的无关或无关紧要时避而不答的处理异议方法。当客户提出一些反对意见，并不是真的想要获得解决或讨论时，这些意见和眼前的交易扯不上直接的关系，你只要面带笑容同意他就好了。对于一些“为反对而反对”或“只是想表现自己的看法高人一等”的客户意见，你如果认真地处理，不但费时而且有旁生支节的可能，因此，你只要让客户满足了表达的欲望，就可以用忽视法迅速引开话题。常用的忽视方法有微笑点头（表示“同意”或表示“听了你的话”），“你真幽默”“嗯！高见！”等。这样做可以避免顾客觉得自己的异议没有得到应有的重视而产生不满。

这种方法可以使推销人员避免在一些无关、无效的异议上浪费时间和精力，也避免节外生枝，可以使推销员按照预定的推销计划、推销策略展开工作，把精力集中在推销的重点问题上，从而提高推销效率。

推销员运用这种方法时，要注意即使顾客述说的是无效或虚假的异议，也要耐心聆听，态度要温和谦恭，让顾客感到受尊重；在不理睬顾客的某一异议时，注意马上找到应该理睬的问题，避免顾客感到受冷落；有时为了沟通感情，也可以花费一点时间回答顾客一些无关紧要的问题。

4. 直接否定法

直接否定法又称反驳处理法。是推销人员根据比较明显的事实与充分的理由直接否定顾客异议的方法。有些情况你必须直接反驳以纠正客户的错误观点。例如，当客户对企业的服务、诚信有所怀疑或当客户引用的资料不正确时，你就必须直接反驳，因为客户若对你企业的服务、诚信有所怀疑，你拿到订单的机会几乎是零。例如，当保险企业的理赔诚信被怀疑时，你还会去向这家企业投保吗？如果客户引用的资料不正确，你能以正确的资料佐证你的说法，客户会很容易接受，反而对你更信任。使用直接反驳技巧时，在措辞方面要特别留意，态度要诚恳，本着对事不对人的原则，切勿伤害客户的自尊心，要让客户感受到你的专业与敬业。

直接否定法适用于处理由于顾客的误解、成见、信息不足等而导致的有明显错误、漏洞、自相矛盾的异议，不适合处理因个性、情感因素引起的顾客异议。

使用这种方法，要注意沟通方法的选择。采用比较和善的语气进行简单的铺垫，在反驳顾客的时候要站在顾客的立场上，摆事实、讲道理，让顾客消除疑虑，而不是靠强词夺理压服顾客。在说理的过程中，要特别注意给顾客提供更多的信息，推销员的言辞要坚定，态度要诚恳真挚、平易近人、尊重顾客。推销员反驳异议，是对事不对人，给顾客留下台阶和回旋余地。推销员应考虑到顾客的个性和与顾客的熟悉程度，对不熟悉和个性敏感的顾客应尽量避免使用这种方法。

【小案例 5－3－5】

美国一位顾客向一位房地产经纪人提出购买异议：“我听说这房子的财产税超过了 1 000 美元，太高了！”推销人员非常熟悉有关税收法令，知道这位顾客的购买异议并没有可靠的根据，于是有根有据地加以反驳：“这房子的财产税是 618.5 美元。如果您不放心，我们可以打电话问一问本地税务官。”

5. 间接否定法

间接否定法是推销人员根据有关事实和理由间接否定顾客异议的方法。采用这种方法时，推销人员首先要承认顾客异议的合理成分，然后用“但是”“不过”“然而”等转折词将话锋一转，对顾客异议予以婉转否定。这种方法适用于顾客因为有效信息不足而产生的片面经验、成见、主观意见，而且顾客能自圆其说的情况。

【小案例 5－3－6】

一位顾客在购买吸尘器时提出:“这种型号的吸尘器价格太贵,几乎比另外一个型号贵了一倍。”推销员回答道:“先生您说得很对,这个款式的价格确实是比较高。但是它的功能也是其他产品不能相比的,它有内置的可以灵活拆卸的垃圾桶,方便您及时清理吸尘器中的垃圾;它内置了雾化装置,确保吸尘过程中不会产生任何扬尘;而且它能够处理一些比较顽固的污垢,使吸尘效果更好,更加省时省力。所以,一分价钱一分货,它的性价比还是很高的。”

间接否定法也称回避处理法或转折处理法,是指推销人员根据有关事实和理由来间接否定顾客异议的一种方法。在使用这种方法处理顾客异议时,首先要表示对顾客异议的同情、理解,或者仅仅是简单地重复,使顾客心理暂时得到平衡,然后再用转折词,如“但是”“不过”等,把话锋一转,再用有关事实和理由否定顾客异议。例如:顾客说:“不行,这个价格太高了。”推销人员说:“先生,您说得是,许多人都这么认为,但是我们的这种产品比起同类产品多了三个功能,您看……”(给顾客演示)。

在推销实践中,间接否定法较之直接否定法使用得更为广泛。这种方法不是直截了当地否定顾客的异议,而是先退后进,语气比较委婉,一般不会冒犯顾客,容易被顾客接受,能够缩短推销人员与顾客的心理距离,使顾客感到被尊重、被承认、被理解,委婉而富有人情味,有利于保持良好的推销气氛和人际关系。

这种方法在实际运用中也有一定的局限性。推销人员首先做出的“退让”,可能会削减顾客购买的信心,降低推销人员及其推销说服的力量,也会促使顾客因为受到鼓励而提出更多的异议。特别是这种方法要求推销人员不要直接反驳顾客异议,而是回避顾客异议内容,转换推销话题的角度,可能会使顾客觉得推销人员圆滑、玩弄技巧而产生反感情绪。

6. 太极法

太极法取自于太极拳中的借力使力,太极法的基本做法是,当顾客提出一些不购买的异议时,这正是推销人员认为他要购买的理由,也就是推销人员能立刻把顾客的反对意见直接转换成他必须购买的理由。这就是借力使力的太极法。例如,一个经销店的老板说:“你们这个企业把太多的钱花在广告上,为什么不把钱省下来,作为我们进货的折扣,让我们多一点利润,那该多好呀。”销售人员却说:“就是因为我们投了大量的广告费用,客户才被吸引来购买我们的产品。这不但能节省您的销售时间,同时也能够顺便销售其他商品,您的总利润还是最大的?”

在现实生活中我们经常能碰到类似太极处理法的说辞。例如:

在保险业里,客户说:“我收入少,没钱买保险。”保险业务员却说:“就是因为您收入少才需要购买保险,以便从中获得更多的保障。”

服装业有顾客说:“我这种身材穿什么都不好看。”推销人员说:“正是因为自己感觉身材不是很好的人才更需要加以设计,来修饰不满意的地方。”

卖儿童图书时,顾客说:“我的小孩连学校的课本都没兴趣,怎么可能会看这种课外读物呢?”推销人员说:“我们这套图书就是为激发小朋友的学习兴趣而特别编写的。”

太极法处理的多半是顾客不十分坚定的异议,特别是顾客的一些借口,太极法最大的目的就是让推销人员能够借处理异议之机,迅速地陈述它能带给顾客的利益,以引起顾客购买的意愿。

【小案例 5—3—7】

顾客提出："你们的产品又涨价了，我们买不起。"推销员回答："你说得对，这些东西的价格又涨了。不过现在它所用的原材料的价格还在继续上涨，所以商品的价格还会涨得更高，现在不买，过一段时间价格会更贵。"

7. 预防处理法

预防处理法是指推销人员在推销拜访中，确信顾客会提出某种异议，就在顾客尚未提出异议时，自己先把问题说出来，继而适当地解释说明，予以回答。预防处理法的最大好处就是先发制人，有效地阻止顾客的异议。但采用这种方法，推销人员需要在推销活动的各个阶段对顾客可能提出的各种异议列出来，并详细准备好处理方法，在推销中视具体情况灵活组合运用。

【小案例 5—3—8】

推销人员希望顾客在 15 天内付款，"先生，您一眼就可以看出我们公司产品的质量是可靠的，并且价格也比较合理，在功能上也很有特点。您也知道，我们公司要维持合理价格，既凭借可靠的质量、高效率的操作，同时也采用企业界的一般做法，要求顾客在规定期限内付款，这样才能够保证我们资金的回流速度，从而把更多的实惠给到顾客，所以，虽然我们的付款要求比较严格，但事实上也是增加了顾客的利益。"

8. 定制处理法

定制处理法是指推销人员按照顾客异议的具体要求重新为顾客提供符合要求的产品，从而进行顾客异议处理。这一方法很好地体现了现代市场营销观念中"按需生产""以销定产"的观点，企业按照顾客异议的具体内容进行推销品的生产与销售，是满足顾客需求的最好方法，也是目前能够满足顾客需要的最高标准。另外，可以通过产品与推销的改进而带动企业生产与经营活动的进步，引发企业对新产品的开发与市场开拓，更好地体现企业及推销人员的服务精神，在当今竞争激烈的市场经济中，无疑也是一种比较有效的竞争方式。

在具体运用定制处理法来处理顾客异议时，要求企业及其员工应切实树立现代市场营销观念，把满足顾客需要作为企业的最高原则，在企业内部形成各部门各环节协调配合的整体运作体系，从而为兑现推销人员的允诺奠定各方面的基础，使定制处理法的实施有更大的可能性；另一方面，推销人员应掌握足够的信息，比如顾客异议的详细内容，顾客的真正需求，公司产品生产的有关情况等，然后确定能够为用户提供的定制内容，确保为客户承诺的事情能够最终落实。推销人员应讲究职业道德、讲究信用，在与顾客签订相关的合同之后，或是以其他形式做出承诺后，要千方百计地履行诺言。

处理顾客异议的方法还有很多种，如使用证据法、举证劝诱法、有效类比法、旁敲侧击法等。推销人员应注意在实践中根据不同的具体情况灵活运用各种方法，并创造出行之有效的新方法，以争取创造良好的推销业绩。

任务实施

一、搞清楚顾客异议产生的原因，采取不同对策

（一）处理因顾客原因引起的异议

1. 如果是由于顾客的自我保护意识而产生的异议，王涛要注意唤起顾客的兴趣，提醒顾客购买推销品所能带来的利益，消除顾客的不安，排除障碍，进而达成交易。

2. 对于没有意识到自己的需要而产生异议的顾客，王涛应通过深入全面的调查了解后确认顾客的需要，并从关心与服务顾客的角度出发，利用各种提示和演示技术，帮助顾客了解自己的需要和问题，刺激顾客的购买欲望，提供更多的推销信息，使顾客接受新的消费方式和生活方式。

3. 由于顾客缺乏产品知识而产生的异议，王涛应当以各种有效的展示与演示方式深入浅出地向顾客推荐商品，进行有关的启蒙及普及工作，使顾客对产品产生正确的认识，达到消除顾客异议的目的。

4. 由于顾客的情绪不好，心情欠佳而产生的异议，王涛需要理智和冷静，正视这类异议，做到以柔克刚，缓和气氛。

5. 对于因顾客的决策权有限而产生的异议，王涛要判断出顾客是否在找借口，然后针对不同的情况，区别对待。

6. 由于顾客缺乏足够的购买力而产生的异议，王涛要认真分析情况的真假，如果情况属实，要找出顾客缺乏购买力的原因，以便做出适宜的处理。

7. 由于顾客的购买经验与成见而产生的异议，王涛要从认知的角度进行科学的分析，做好转化与耐心的解释工作，以达到有效处理顾客异议的目的。

8. 对于有比较固定采购渠道的顾客，王涛要重点强调使用本公司产品给顾客带来的利益。

（二）处理因推销品方面原因引起的异议

推销品自身的问题致使顾客对推销品产生异议的原因也有很多，大致可归纳为以下几方面。

1. 顾客对推销品质量方面提出的异议，王涛要耐心听取顾客的异议，去伪存真，发掘其真实的原因，对症下药，设法消除异议。

2. 顾客对推销品价格方面提出的异议，王涛要根据自己掌握的商品知识和市场知识向顾客说明产品价格的合理性。

3. 顾客对推销品品牌及包装方面提出的异议，王涛应灵活处理，见机行事。

4. 顾客对推销品的销售服务提出异议，王涛要向顾客提供足够的产品销售服务方面的信息，让顾客充分了解公司的销售服务政策。

（三）处理因推销人员和企业方面原因引起的异议

为了避免因推销人员和企业方面原因引起的异议，王涛应做好充分的推销准备，包括礼仪准备、素养准备、知识准备和工具准备，推销准备工作是否充分，直接关系到推销洽谈的成功与否。

二、采用不同方法处理顾客异议

1. 用补偿法处理异议

【情景实例 5—3—1】

李经理："A 公司的 BC 牌空气净化器和你们的这种产品是同一类型的产品，可是它耗电比你们低，价格也比你们的便宜。"

王涛："是的，您说的不错。使用我们的空气净化器，每天的耗电量是 0.8 度，比 BC 牌的每天多耗电 0.1 度，不过像您这样的家庭，是完全能够承受的。我们的价格是比他们贵点，但我们的产品原材料全部都是日本进口，在国内组装的。我们这款是当今世界最先进的 UV 光触媒银离子空气净化器，它不仅能够除去生活环境中的各种异味净化空气，而且还可以有效地杀灭病毒、病菌，如各种流感病毒。"

二、通过问题引导处理异议

【情景实例 5—3—2】

王涛："李经理，对于我们的产品，您还有什么地方是需要我去解释的呢？"

李经理："你们公司的这款产品比××公司的价格要高一些，我还是考虑考虑吧。"

王涛："您说的那家公司我知道，那么您能告诉我从产品的质量和性能上看，我们公司的产品和那家公司的产品，哪一个更好些吗？"

李经理："这个嘛，好像他们公司的那款功能更齐全些。"

王涛："其实，我们公司的另外一款产品也具备刚才您说的那几种功能。但是对于一般家庭的使用来说，这款功能就足够用了。"

三、用忽视法处理异议

【情景实例 5—3—3】

李经理："我们没有经销过你们公司的产品，不知你们产品的质量怎么样？"

王涛："李经理，您请放心，我们公司的产品质量绝对有保证，我们的产品已经打入了南方电器城。"

李经理："南方电器城知道，不过听说你们公司售后服务不是很到位，如果真是这样的话，我们不能购买你们公司的产品，它会影响我们公司的声誉。"

王涛："李经理，这是我们公司售后服务保证条款。还有，这些是我们曾经合作过的企业以及他们对我们公司、产品的评价……"

四、直接否定法

【情景实例 5—3—4】

李经理："我前几天听说你们的产品质量好像出现了一点问题，情况属实吗？"

推销人员："绝对没有的事！一定是有人造谣。您看一下这是国家质检局给我们颁发的质量过关证书，我们的产品是经过国家的质量验证的，绝对没有问题。"

李经理："我还听说你们的这个新产品的销售不是很好啊。"

推销人员(拿出相关的文件):“李经理,这是我们产品在各大城市销售状况的数据资料,请您过目。”

任务训练

一、模拟训练

要求:掌握处理顾客异议的方法。

实施:如果遇到以下异议,你将如何化解?请写出情景模拟对话。

1.“没有时间”“我现在很忙”

2.“钱不够”或“预算不够”

3. 担心产品(或服务)品质不好

4.“不要,我已经有了”

二、课堂讨论

材料1:

“老先生,这是一种新型剃须刀,各方面性能指标较其他同类产品有较大的改进,它的主要配件都是进口的。”

顾客在仔细观察了一阵并且使用了一下后说:“这不太可能,进口剃须刀我挺熟悉的,这绝不可能是进口货,我看这倒像广东那边的产品。并且性能也不见得好,同我那个老机子也差不多。”

面对顾客如此肯定的态度,推销员没有继续同他强辩,而是说道:“是吗?这剃须刀确实是进口货,只是这个样品是不是有问题?我手头还有其他样品让您看看,可以吗?”

那位顾客听到推销员这样的口气感到十分意外,并且为自己不太客气的语气倒有点不好意思,他也客气地回答:“哦,搞不好我也看得不太准,换一个给我再看看吧。”

于是推销员又拿出一个样品,让顾客试用。这一回不同了,顾客赞不绝口地说:“不错,不错,效果蛮好,看来我刚才有些走眼了,价钱如何?”

问题:从上面的材料中,结合处理异议的方法和技巧,谈谈你受到的启发。

材料2:

一位中年女士来到化妆品柜台前,欲购护肤品,售货员向她推荐一种高级护肤霜。

顾客说:“我这个年纪买这么高档的化妆品干什么,我只是想保护皮肤,可不像年轻人那样要漂亮。”

售货员回答:“这种护肤霜的作用就是保护皮肤的。年轻人皮肤嫩,且生命力旺盛,用一些一般的护肤品即可。人上了年纪皮肤不如年轻时,正需要这种高级一点的护肤霜。”

问题:上面的案例中,推销员采用了什么方法化解顾客的异议?

三、请指出下列顾客异议的类型

顾客:“嗯,听起来不错,但我店里现在有7个品牌21种型号的牙膏了,没地方放你的高露洁牙膏了。”

顾客:“这种鞋设计太古板,颜色也不好看。”

顾客:“万达公司是我们的老关系户,我们没有理由中断和他们的购销关系,转而向你们公司购买这种产品。”

顾客:“给我 10%的折扣,我今天就给你下订单。”

顾客:“算了,连你(推销员)自己都不明白,我不买了。”

项 目 六

推销成交

任务 1　识别成交信号

知识目标

◆ 熟悉成交信号的内容

能力目标

◆ 能够识别成交的信号

任务引入

爱科环保科技有限公司的推销员王涛从推销准备、收集客户信息、约见客户、接近客户、推销洽谈的各个阶段，做了大量细致的工作，并且表现很好。现在到了与客户成交的关键阶段，能否拿到广州美家连锁超市有限公司的订单就看这最后的成交阶段了。王涛看出了客户李经理的犹豫不决，在这即将达成协议的阶段，王涛该如何识别成交信号？

任务分析

在推销过程中，推销成交阶段是一个特殊的阶段，它是整个推销工作的最终目标，其他阶段只是达到推销目标的手段。所谓成交信号是指顾客在语言、表情、行为等方面所表露出来的打算购买推销品的一切暗示或提示。在实际推销工作中，顾客为了保证实现自己所提出的交易条件，取得交易谈判的主动权，一般不会首先提出成交，更不愿主动、明确地提出成交。但是顾客的购买意向总会通过各种方式表现出来，对于推销人员而言，必须善于观察顾客的言行，捕捉各种成交信号，及时促成交易。

所以王涛应当通过察言观色，分析和判断李经理的需求、购买动机、行为特点，及时发现、识别和利用李经理表现出来的各种成交信号，识别李经理的成交意图。王涛在这个阶段的任务是：

1. 从顾客的语言中识别成交信号。

2. 从顾客的表情中识别成交信号。

3. 从顾客的行为中识别成交信号。

相关知识

一、什么是成交

成交就是推销员帮助顾客做出使买卖双方都能接受的交易条件的活动过程。推销员可以直接请求顾客购买来推动和帮助顾客做出购买决定。实际上，任何一个成功的推销员都清楚，在推销成交活动中，根本就不存在神奇无比的推销技巧，也没有感染力十分强烈的语言技巧。成交是洽谈所取得的最终成果，是洽谈的延续。如果在洽谈中解决了所有的顾客异议，则达成交易是顺其自然的事，成交只不过是整个推销过程中的一个环节而已。

二、什么是成交信号

成交信号是指顾客在语言、表情、行为等方面所表露出来的打算购买推销品的一切暗示或提示。在实际推销工作中，顾客为了保证实现自己所提出的交易条件，取得交易谈判的主动权，一般不会首先提出成交，更不愿主动、明确地提出成交。但是顾客的购买意向总会通过各种方式表现出来，对于推销人员而言，必须善于观察顾客的言行，捕捉各种成交信号，及时促成交易。

【名人名言】

“客户通常都会在不同的沟通阶段发出不同的信号。你必须留心这些信号，切勿错失良机，错过了邀请客户做出承诺的关键时刻。”

——诺曼·文森特·皮尔

三、成交信号的表现形式

(一)语言信号

顾客通过询问使用方法、价格、保养方法、使用注意事项、售后服务、交货期、交货手续、支付方式、新旧产品比较、竞争对手的产品及交货条件问题时等表露出来的成交信号。语言信号种类很多，推销人员必须具体情况具体分析，准确捕捉语言信号，顺利促成交易。

(1)客户开始讨价还价，而且很认真地就价格问题反复讨论。

(2)详细了解商品的具体情况，包括商品的特点、使用方法。

(3)询问交易方式、交货时间和付款条件。

(4)非常关心售后服务，如安装、维修、退换等。

(5)反复提一些已答复和已弄清了的问题。

(6)要求销售方提出承诺。

(7)对产品质量及加工过程提出质疑。

(8)明确说出"试一试、不错、好吧"等肯定用词。

(9)抱怨以前用过的产品。

(10)告诉销售人员他的朋友曾采购过,感觉良好。

(11)把目前的产品与竞争对手产品进行比较。

(二)动作信号

顾客仔细看说明书、要求推销人员展示样品,并亲手触摸、试用产品等所表露出来的购买信号。由于人的动作行为习惯,经常会有意无意地从动作行为上透漏一些对成交比较有价值的信息,当有以下信号发生的时候,推销人员要立即抓住良机,勇敢、果断地去试探、引导客户签单。

(1)反复阅读文件和说明书。

(2)认真观看有关的视听资料,并点头称是。

(3)查看、询问合同条款。

(4)要求推销人员展示样品,并亲手触摸、试用产品。

(5)突然沉默或沉思,眼神和表情变得严肃,或表示好感,或笑容满面。

(6)主动请出有决定权的负责人,或主动给你介绍其他部门的负责人。

(7)突然为销售人员倒水,变得热情起来。

例如:一位女士在面对皮衣推销员时,虽然是大热天,她仍穿着皮衣在试衣镜前,足足折腾了一刻钟。她走来走去的样子好像是在做时装表演;而当她脱下皮衣时,两手忍不住又去摸皮毛。

(三)表情信号

客户的面部表情同样可以透露其内心的成交欲望,销售人员在关注客户的语言信号和行为信号的同时,也要认真观察客户的表情以准确辨别购买意向。比如,当客户的眼神比较集中于你的说明或产品本身时,当客户的嘴角微翘、眼睛发亮显出十分兴奋的表情时,或者当客户渐渐舒展眉头时等等,这些表情上的反应都可能是客户发出的成交信号,销售人员需要随时关注这些信号,一旦客户通过自己的表情语言透露出成交信号之后,销售人员就要及时做出恰当的回应。

例如:一位保险推销员,在给顾客讲述一个充满感情的、很有说服力的第三者因为购买保险而从灾难中得到补偿的故事时,竟让对方忍不住双目含泪。这个信号非常清晰地告诉推销人员,顾客是非常有同情心并且关注自己的家庭成员的。这个信号为推销员销售保险产品提供了宝贵的线索和方向。

(1)目光在产品上长时间逗留,眼睛发光,神采奕奕。俗话说,眼睛是心灵的窗户。观察顾客眼睛、目光的微妙变化可以洞察先机。

(2)顾客由咬牙沉思变成表情明朗、放松、活泼、友好。

(3)表情由冷漠、怀疑、拒绝变为热情、亲切、轻松自然。

正因为通过顾客的行为我们可以发现许多顾客发出的成交信号,因此作为一位推销人员应尽力使顾客成为一位参与者,而不是一位旁观者。在这种情况下,通过细心观察,推销人员很容易发现成交信号。比如,当顾客在商品前流连忘返,或者来回看过几次的时候,就说明顾客对该产品有很大的兴趣,只要及时解决顾客的疑问,成交也就顺理成章了。

任务实施

一、从语言信息中判断成交信号

王涛从李经理的下述问话中，发现了成交的信号：

1. 一次订购多少才能得到优惠？
2. 送货需要多长时间？
3. 这个空气净化器安装方便吗？
4. 产品的保修期是几年？
5. 除了价格贵了点，其他方面都不错。

二、从行为信息中判断成交信号

王涛通过观察李经理的行为动作，发现在洽谈初期，李经理有些心不在焉，后来他忽然表现出很轻松的样子；当王涛进一步介绍产品时他不断点头而且很感兴趣地聆听；在他们洽谈过程中李经理身体不断向前倾。王涛很快意识到这是明显的成交信号。

三、从客户的表情信息中判断成交信号

在与李经理进行销售谈判的过程中，刚开始王涛发现李经理一直紧锁着眉头，而且还时不时地针对产品的质量和服务提出一些反对意见。对李经理提出的问题王涛都一一给予了耐心、细致的回答，同时王涛还针对市场上同类产品的一些不足强调了本公司产品的竞争优势，尤其是针对客户比较关心的服务品质方面，着重强调了本公司相对完善的客户服务系统。在王涛向李经理说明这些情况的时候，他发现李经理对他的推荐不再是一副漠不关心的模样，他的眼睛似乎在闪闪发亮，王涛知道他的介绍说到了李经理的心坎上了，于是王涛便趁机询问李经理需要订购多少产品，李经理告诉了他们打算订购的产品数量，王涛知道这场销售很快就要成功了。

任务训练

一、课堂讨论

下列对话中哪些地方是成交信号，是哪一种类型的成交信号？

推销员："这个怎么样，如果您改用自动门，我想过会比较方便……"

顾客："嗯！是这样的，我想再听你说一遍，以前你跟我说的……"

推销员："好吧！第一，顾客买东西进出方便。第二，减轻顾客心理障碍……"

顾客："哦！我知道了。不过像我这样的小店，也需要装个自动门吗？"

推销员："您真会开玩笑，这店地点这么好，产品质优价廉，这么一会儿不是有许多顾客买东西吗？"

顾客："可是卖自动门的，也不是你们一家，别处也有卖的啊！"

推销员："是的，不过我们公司可是全国六大生产厂家之一！"

顾客："嗯！竞争很激烈，你们的信誉如何？"

推销员:"顾客对我们的评价都很高!"

顾客:谁都夸自己的东西好,可是有长处,也有缺点吧! 你们的产品到底比别家公司的产品好在哪里?"

推销员:"第一……第二……"

顾客:"好啦,我已经明白了,我这个门上的玻璃,能装在自动门上吗? 如果不行就给你们算了,你们的价钱还能便宜点吗?"

二、小测验

如果你是中高级住宅的推销员,根据你自己的经验和看法,下面哪些不是推销洽谈中的购买信号?

1. 顾客索取并阅读有关部门推销文件。
2. 顾客提出有关价格异议。
3. 顾客问推销员有完没完。
4. 顾客抱怨住宅的外观设计缺乏品位。
5. 顾客要求推销员留下联系电话。
6. 顾客详细询问价格和付款条件。

任务2 掌握成交的方法

知识目标

◆ 熟悉成交方法的内容

能力目标

◆ 能够使用不同的成交方法与顾客成交

任务引入

王涛在最后达成交易的过程中,他发现了广州美家连锁超市有限公司采购部李经理有购买意向并传递了有关购买信号。那么,在成交的最后阶段,王涛应该如何利用李经理发出的购买信号,采用什么样的成交方法,才能一鼓作气拿下这个订单,取得最后的胜利呢?

任务分析

在销售过程中,销售人员要认真讲究成交的策略,在坚持一定的成交原则的同时,要适时而灵活地运用相应的成交技术和方法。只有这样才能成功地促成交易,完成销售任务。所谓成交方法是指推销人员用来促成顾客做出购买决定,最终促使顾客采取购买行动的方法和技巧,它是成交活动的规律与经验的总结。王涛在这个阶段的任务是:

1. 掌握各种成交方法的优缺点和注意的事项。
2. 能够使用不同的成交方法与顾客成交。

相关知识

一、请求成交法

请求成交法又称为直接成交法，这是销售人员向客户主动地提出成交的要求，直接要求客户购买销售的商品的一种方法。当买卖已经“瓜熟蒂落”时，推销员自然就应说：“既然没什么问题，我看我们现在就把合同订了吧。”

（一）使用请求成交法的时机

（1）销售人员与老客户。销售人员了解客户的需要，而老客户也曾接受过推销的产品，因此老客户一般不会反感推销人员的直接请求。例如：“老张，最近我们生产出几种新口味的冰淇淋，您再进些货，很好销的！”

（2）若顾客对推销的产品有好感，也流露出购买的意向，发出购买信号，可又一时拿不定主意，或不愿主动提出成交的要求，推销人员就可以用请求成交法来促成客户购买。例如：“这种空调是新产品，非常实用。现在厂家正在搞促销活动，享受八折的优惠价格，如果这时买下，您还会享受终身的免费维修，这些一定会让您感到满意的。”

（3）有时候客户对推销的产品表示兴趣，但思想上还没有意识到成交的问题，这时销售人员在回答了客户的提问，或详细地介绍产品之后，就可以提出请求，让客户意识到该考虑购买的问题了。例如：“您已经知道这种电热水器并没有您提到的问题，而且它的安全性能更好，您不妨就买这一型号的，我替您挑一台，好吗？”

（二）使用请求成交法的优点

（1）快速地促成交易。

（2）充分地利用了各种成交机会。

（3）可以节省销售的时间，提高工作效率。

（4）可以体现一个销售人员灵活、机动、主动进取的销售精神。

（三）请求成交法的局限性

（1）请求成交法如果应用的时机不当，可能给客户造成压力，破坏成交的气氛，反而使客户产生一种抵触成交的情绪，还有可能使销售人员失去了成交的主动权。

（2）若销售人员急于成交，就会使顾客以为销售人员有求于自己，从而使销售人员丧失成交的主动权，使顾客获得心理上的优势。还有可能使顾客对先前达成的条件产生怀疑，从而增加成交的困难，降低成交的效率。

案例：

销售员：“您好，请问有什么能帮到你的？”

顾客：“最近店里有没有新出什么手机，刚好想换一部新款的手机。”

销售员：“最近我们店里新出了一些新手机，这边请，我给您详细介绍下。”

顾客：“好的。”

销售员：“这是我们店里新出的几款手机，请问您有没有什么特别的要求？”

顾客：“像素高点和待机时间长点。”

销售员：“那您要看看我们这款新推出的 OPPO R7 手机了，这是今年刚推出的时尚拍照手机，像素方面达到了 1 300 万，绝对符合您的要求，重要的是，它的一个闪充，“充电 5 分钟，通话 2 小时”的功能。基本不用担心手机没电的问题。然后它的运行内存是 3G，处理器是 8

核的，运行速度也是很快的。您觉得怎么样？”

顾客：“嗯，还行吧。真的充电5分钟就达到通话2小时吗？”

销售员：“是的，这个是得到了国家证明的，这是它的证明文件。这个功能很好地解决了智能手机的续航能力问题，这技术目前是OPPO才有的。”

顾客：“那这款手机多少钱呢？”

销售员：“这款手机原价2 100元，现在‘双11’优惠，只需要1 999元。这价格已经十分划算了。”

顾客：“嗯。价格能再低吗？”

销售员：“价格就不能再低了，如果今天购买，可以赠送一对原装的耳机，在其他地方是绝对没有的。”

顾客：“嗯(犹豫深思中)。”

销售员：“如果没有什么问题了，我帮你下订单吧，这边请(察觉成交信号，主动提出成交要求，促成交易)。”

顾客：“好的。那就这部吧。”

二、假定成交法

假定成交法也可以称之为假设成交法，是指销售人员在假定客户已经接受销售建议，同意购买的基础上，通过提出一些具体的成交问题，直接要求客户购买销售品的一种方法。例如，“张总您看，有了这个设备以后，你们是不是省了很多电，而且成本也有所降低，效率也提高了，不是很好吗？”

假定成交法，特别适用于对老顾客的推销。例如：一名化妆品推销员对一位正在比较各种口红颜色的顾客说：“你手上的这支很适合你的年龄和肤色。来，我替你装好。”

假定成交法的优点是节省推销时间，效率高。它可以将推销提示转化为购买提示，适当减轻顾客的成交压力，促成交易。

假定成交法要求销售人员要正确把握时机，盲目假定顾客已有了成交意向而直接明示成交，很容易给顾客造成过高的心理压力，导致可能成功的交易走向失败。这种方法若使用不当，还会使顾客产生种种疑虑，使销售人员陷入被动，增加成交的困难。

三、选择成交法

选择成交法，就是直接向客户提出若干购买的方案，并要求客户选择一种购买方法。如：“豆浆您是加两个蛋呢，还是加一个蛋？”“我们礼拜二见还是礼拜三见？”这都是选择成交法。销售人员在销售过程中应该看准顾客的购买信号，先假定成交，后选择成交，并把选择的范围局限在成交的范围内。选择成交法的要点就是使客户回避要还是不要的问题。

(一)运用选择成交法的注意事项

销售人员所提供的选项应尽可能满足客户的各种需求，从而让客户从中做出一种肯定的回答，而不要给客户有拒绝的机会。向客户提出选择时，尽量避免向客户提出太多的方案，最好的方案就是两项，最多不要超过三项，否则就不能达到尽快成交的目的。

(二)选择成交法的优点

可以减轻客户的心理压力，制造良好的成交气氛。从表面上看来，选择成交法似乎把成交的主动权交给了客户，而事实上就是让客户在一定的范围内进行选择，可以有效地促成交易。

【小案例 6—2—1】

推销员:"以车身的颜色来说,您喜欢灰色的还是黑色的?"

客户:"嗯,如果从颜色上来看,我倒是喜欢黑色的。"

推销员:"挺好!现在最流行的就是黑色的!那么,汽车是在明天还是在后天送来呢?"

客户:"既然要买,就越快越好吧!"

经过这样一番话,客户等于说要买了,所以这时推销员就说:"那么明天就送货吧。"这样很快就达成了交易。

(1)"唐经理,先要 5 吨、10 吨还是 20 吨?"看准了成交时机,直接假定顾客已经决定购买直销品,直接向顾客提供成交选择方案,直接促成交易。在这种情况下,直销人员针对顾客的购买动机和购买意向,使用选择成交法,把顾客选择范围限定于购买数量,既有一定的成交压力,又留有成交的选择余地。无论唐经理决定购买多少吨,都是成交。

(2)"吴处长,我们是这星期内交货还是下星期再交货呢?"这位直销人员也是在使用选择成交法,首先假定顾客已经决定购买直销品,然后提供成交的具体方案,把顾客的选择范围限定于交货时间,直接促成交易。在这种情况下,直销人员看准了成交时机,大胆地假定成交,根据顾客的购买动机和行为反应,把顾客的选择范围限定于成交范围。事实上,无论吴处长要求什么时间交货,结果都是成交。

四、总结利益成交法

总结利益成交法是指推销人员将顾客关注的产品的主要特色、优点和利益,在成交中以一种积极的方式来成功地加以概括总结,以得到顾客的认同并最终获取订单的成交方法。例如,吸尘器推销员运用总结利益成交法,他可能说:"我们前面已经讨论过,这种配备高速电机的吸尘器(特征)比一般吸尘器转速快两倍(优点),可以使清扫时间减少 15～30 分钟(利益),是这样吧?(如果得到积极回应,试探成交)你是想要卫士牌还是天使牌?"

使用总结利益法有以下三个基本步骤可以遵循:

(1)总结顾客最关注的核心利益。

(2)总结销售过程中已成功处理过的反对意见,向客户表明对双方达成协议有障碍的问题都已得到妥善解决。

(3)及时建议成交。

总结利益成交法能够使顾客全面了解商品的优点,便于激发顾客的购买兴趣,最大限度地吸引顾客的注意力,使顾客在明确自己既得利益的基础上迅速做出决策。总结利益成交法适用面很广,特别适合于相对复杂的购买决策,如复杂产品的购买或向中间商推销。

但是采用此法,推销人员必须把握住顾客确实的内在需求,有针对性地汇总阐述产品的优点,不要"眉毛胡子一把抓",更不能将顾客提出异议的方面作为优点加以阐述,以免遭到顾客的再次反对,使总结利益的劝说达不到效果。

【小案例 6—2—2】

在一次推销洽谈中,顾客(一位商店女经理张女士)向推销员暗示了她对产品的毛利率、交货时间及付款条件感兴趣。以下是他们之间的对话:

推销员："张女士，您说过对我们较高的毛利率、快捷的交货时间及付款方式特别偏爱，对吧？（总结利益并试探成交）"

张女士："我想是的。"

推销员："随着我们公司营销计划的实施，光顾你们商店的顾客就会增加，该商品的销售必将推动全商店的销售额超过平常的营业额，我建议您购买（陈述产品和数量）。下两个月内足够大的市场需求量，必将给您带来预期的利润，下周初我们就可交货（等待顾客的回应）。"

【小案例6—2—3】

在一次推销洽谈中，经销商向推销员暗示她对Reebok的复古跑步鞋感兴趣，想进购些进行销售。

推销员："女士，您好！您之前说过你想进购我们Reebok公司的复古跑步鞋在您的店里销售，对吧？"（总结利益并试探成交）

经销商："是的。"

推销员："我们公司的跑步鞋最大的特色就是侧面提升透气性能的通风设计以及鞋子缓震性能极强（特色、优点）。随着我们公司不断在各大潮流杂志上宣传我们的鞋子，越来越多的青年人了解我们的鞋子，光顾您店铺的顾客就会增加（利益）。我建议您先进购50双跑步鞋（建议成交）。过两天我们公司就可以送货给您。"

【小案例6—2—4】

推销员："我们前面已经讨论过了华为这款随身无线路由器配备了美国得州仪器专业充电识别芯片，可有效减少手机充电时间，充电更加快速；另外还配备了进口电池电芯，可承受高达65℃的工作温度，充放电更加安全可靠，而且它的信号更加稳定、更加强，是这样吧？（总结已解决的异议）"

商店经理："嗯嗯，是的。"

推销员："随着我们公司营销计划的实施，光顾贵店的顾客就会增加，该产品的销售必将会推动全店的销售额超过平常的营业额的！（及时建议成交）"

五、从众成交法

从众成交法是推销人员利用人们的从众心理来促成准顾客购买推销品的成交方法。大家都买了，你买不买？这是一种最简单的方法。

采用从众成交法，可以用一部分顾客去吸引另一部分顾客，从而有利于推销人员提高销售的效率。在日常生活中，人们或多或少都有一定的从众心理，顾客在购买商品时，不仅要依据自身的需求、爱好、价值观选购商品，而且也要考虑全社会的行为规范和审美观念，甚至在某些时候不得不屈从于社会的压力而放弃自身的爱好，以符合大多数人的消费行为。由于产品已取得了一些顾客的认同，使销售人员的说辞更加有说服力，有利于顾客消除怀疑，增强购买信心。

但是，有些顾客喜欢标新立异，与众不同。若销售人员对这些顾客错误地使用了从众成交法，反而会引起顾客的逆反心理，从而拒绝购买。如果推销人员所列举的"众"不恰当，非但无法说服顾客，反而会制造新的成交障碍，失去成交的机会。

【小案例 6—2—5】

女士买化妆品，大多数是看自己周围的朋友买什么牌子。女士总是认为大家对某一品牌情有独钟，那它肯定是好商品。消费者在购买某商品时，若营业员说："对不起，这种商品现在缺货，明天才能进到货，要不等进到货时，我先帮您留一件，否则又没货了。"一般来说，顾客听到这种话，都会对该商品产生好印象，即：缺货就意味着是好货，紧俏品就是好商品，肯定值得购买。

六、小点成交法

小点成交法又叫次要问题成交法，或者叫避重就轻成交法。是销售人员在利用成交的小点来间接地促成交易的方法。

小点成交法主要利用的是"减压"原理，以若干细小问题的决定来避开是否购买的决定，培养良好的洽谈氛围，导向最后的成交。购买者对重大的购买决策往往心理压力较大，较为慎重，担心有风险而造成重大损失，导致难以决断，特别是成交金额较大的交易。为了减轻顾客对待成交的心理压力，帮助顾客尽快下定决心，推销人员可以采取化整为零的方法，将整体性的全部决定变为分散性的逐个决定，先征得对方部分同意。让顾客逐个拿定主意，最后再综合整体，以促成购买决策达成。

(一)小点成交法的优点

它可以创造良好的成交气氛，减轻顾客的心理压力；为推销人员提供了与顾客周旋的余地，即使一个小点不能成交，可以换其他的小点，直至达成交易；它还有利于推销人员合理利用各种成交信号，有效地促成交易。

【小案例 6—2—6】

一名办公用品推销人员到某局办公室推销一种纸张粉碎机。办公室主任在听完产品介绍后摆弄起这台机器，并自言自语道："东西倒很适用，只是办公室这些小青年，毛手毛脚，只怕没用两天就坏了。"

推销人员一听，马上接着说："这样好了，明天我把货送来时，顺便把纸张粉碎机的使用方法和注意事项给大家讲一下。这是我的名片，如果使用中出现故障，请随时与我联系，我们负责修理。主任，如果没有其他问题，我们就这么定了？"

(二)小点成交法的缺点

小点成交法若使用不当，将提示的小点集中在顾客比较敏感或比较不满的地方，使顾客将注意力集中到销售人员不希望其注意的地方，很容易使顾客只看到其缺点，不利于成交。而且，若推销人员急于减轻顾客压力，盲目转移顾客注意力，还容易引起顾客的误会，不利于双方的交流。此外，这种方法一般需多个回合才能解决问题，销售时间较长，并会降低成交效率。

【小案例 6—2—7】

都市丽人的推销员在经营的小区里上门推销一款新型家庭亲子装蚕丝睡衣，陈女士在听完产品介绍后抚摸着这款睡衣，并说道："衣服摸着很舒服，也很暖和，只是我的小孩子今年才5岁，我怕小孩子调皮捣蛋容易把睡衣给弄烂。"

推销员一听，马上接着说："这样好了，明天我把货送来时，顺便把这款新型蚕丝睡衣的使用方法和洗涤注意事项给您讲一下。我是楼下都市丽人的销售员，这是我的名片，如果使用时出现问题，请及时与我联系，我们会负责帮您解决。如果没有其他什么问题，我们就这么定了？

七、最后机会成交法

所谓最后机会成交法是指推销人员直接向顾客提示最后成交机会而促使顾客立即购买的一种成交方法。这一成交方法要求推销人员运用购买机会原理，向顾客提示“机不可失，时不再来”的机会，给顾客施加一定的成交压力，使顾客感到应该珍惜时机，尽快采取购买行为。譬如，汽车推销员说：“这种车型的汽车非常好卖，这一辆卖出去以后，我们也很难进到同样的车子，并且由于是整车进口，这批货卖完后，可能要很长时间才到货。”

最后机会成交法的关键在于把握住有利的时机，若使用得当，往往具有很强的说服力，产生立竿见影的效果，并能节省销售时间，提高销售效率。例如，“我们这个机器只剩下3台了，我们最后的优惠时间只有一个星期了。”采用最后机会成交法最忌讳的是欺骗顾客。

八、优惠成交法

优惠成交法又称为让步成交法，指的是销售人员通过提供优惠的条件促使客户立即决定购买的一种方法。它利用了顾客在购买商品时，希望获得更大利益的心理，实行让利销售，促成交易。例如“张总，我们这一段时间有一个促销活动，如果您现在购买我们的产品，我们可以给您提供免费培训，还有三年免费维修。”这就叫附加价值，附加价值是价值的一种提升，所以又称之为让步成交法，也就是提供优惠的政策。

（一）优惠成交法的优点

（1）正确地使用优惠成交法，利用顾客的求利心理，可以吸引并招揽顾客，有利于创造良好的成交气氛。

（2）利用批量成交优惠条件，可以促成大批量交易，提高成交的效率。

（二）优惠成交法的缺点

（1）通过给顾客让利来促成交易，必将导致销售成本上升。若没有把握好让利的尺度，还会减少销售收益。

（2）有时会让顾客误以为优惠产品是次货而不予信任，从而丧失购买的信心，不利于促成交易。

事例一：销售人员指出：“王经理，我们公司有一次性付款在价格上优惠6%的规定，如果贵单位有一次支付能力的话，最好是一次支付全部货款。”

事例二：“梁女士，我们这段时间有一个促销活动，如果您现在购买我们的产品，我们可以给您提供免费培训，还有三年免费维修。”

事例三：“陈总，这批产品质量不错，你们应多订些，超过1 000件，我给您打九折。”

九、体验成交法

体验成交法是推销人员为了让顾客加深对产品的了解，增强顾客对产品的信心而采取的试用或者模拟体验的一种成交方法。当推销人员和顾客商讨完有关产品、服务保障和交易条件后，为了促成交易，就需要在可能的条件下用形象化的手段直观地展示推销品。譬如用计算机给顾客演示产品的多媒体效果图和有关公司的发展理念、服务网络、文化等方面的情况，以进一步增强用户信心。体验成交法能给顾客留下非常深刻的直观印象。目前，在很多高价值、高技术含量的产品领域，体验成交非常流行，如汽车销售中的顾客试驾，软件销售中的顾客试用体验等。

体验成交法的运用必须要做好充分准备，并对产品中存在的不足要有清晰的认识并安排好应对策略。否则，顾客试用的过程中会很容易发现产品存在的不足从而导致促销失败。

【小案例 6－2－8】

S："同学你好，我是得利来宿舍灯管的销售员。可以花费几分钟时间跟你们介绍一下我们公司的灯管吗？"

C："可以啊，正好最近准备买台灯。"

S："那你们有没有了解过我们这个牌子的灯管？"

C："有的，之前就听说过了。听说质量还是不错的。

S：是的，我们灯管的特色就是灯光很柔和、不刺眼，长时间使用也不会对眼睛造成伤害。不信我们可以现场给你们试用看看(体验成交法)。"

C："可以啊。"

十、保证成交法

保证成交法是指销售人员直接向客户提出成交保证，使客户立即成交的一种方法。所谓成交保证就是指销售人员对客户所允诺担负交易后的某种行为，例如，"您放心，这个机器我们 3 月 4 日给您送到，全程的安装由我亲自来监督。等没有问题以后，我再向总经理报告。"

(一)使用保证成交法的时机

产品的单价过高，缴纳的金额比较大，风险比较大，客户对此种产品并不是十分了解，对其特性质量也没有把握，产生心理障碍成交犹豫不决时，销售人员应该向顾客提出保证，以增强信心。

(二)保证成交法的优点

可以消除客户成交的心理障碍，增强成交信心，同时可以增强说服力以及感染力，有利于销售人员可以妥善处理有关的成交的异议。

(三)使用保证成交法的注意事项

应该看准客户的成交心理障碍，针对客户所担心的几个主要问题直接提示有效的成交保证的条件，以解除客户的后顾之忧，增强成交的信心，促使进一步成交。

根据事实、需要和可能，向客户提供可以实现的成交保证，切实地体恤对方，你要维护企业的信誉，同时还要不断地去观察客户有没有心理障碍。

【小案例 6－2－9】

顾客："那这款手机多少钱呢？"

销售员："这款手机，原价是 2 100 元，现在'双 11'优惠，只需要 1999 元。价格已经十分划算了。"

顾客："这部手机我在网上看到过，才 1 900 元，那么质量方面有问题怎么办呢？(价格方面和质量方面的担心)"

销售员："网上的进货渠道多种多样，价格也有高有低，而且质量也没有保证。我们这价格已经是最低了，质量方面您不用担心，您的服务由我全程负责，有质量问题你尽量来找我，我们会给你换一部新的，这是我的名片，那就这部吧，我帮你包起来。（解释顾客担心的问题，再给予保证，消除顾客的顾虑，增强成交的信心，促使进一步成交。）”

顾客：“好的。”

【模拟推销综合案例一】①

向顾客推销统一方便面的对话过程

推销员身份：统一公司的销售经理王先生。

顾客身份：××公司的采购员李先生。

对话背景：近年来，方便面市场不太景气，统一方便面受各种负面新闻影响，销售量也开始下滑。于是公司开始调查、分析市场的需求变化，针对相关人群的意见进行改良，在一次广州举行的展销会上，统一方便面经过改良创新重新在市场推出。统一公司旗下的方便面为满足日益增长的顾客需求重新改良了包装，材料更环保；创新了其口味，力求提高统一方便面的市场占有率，力图把喜爱吃方便面的顾客重新吸引回来。

展销会上，他们将所有方便面摆成不同的形状，并用气球加以装饰，销售员穿着公司的制服，举着精致的牌子吸引展销会上的客人。这里汇聚了很多经销商、采购员和业内同行。在人潮中，统一公司的销售经理一直细心地打量着每一个人，他发现一名中年男子，看其穿着打扮像一名公司的采购员，在各种各样的方便面展摊前徘徊，时不时问推销员一些关于方便面的情况。

对话及动作内容：

经理上前热情地打着招呼：“您好！先生，我姓王，是统一公司的销售经理，这是我的名片，方不方便打扰您一点时间向您介绍介绍我们公司的统一方便面。”

说完后，经理从口袋中拿出自己的名片，双手奉上。（使用介绍接近法接近目标顾客）

男顾客：“这么多面，我先走走看看。”

王经理：“先生，您想多走走看看，想必是想更了解这些产品吧，不如从我这里开始，让我跟您详细介绍介绍，让您更了解这些方便面，等下也好去其他展摊做对比，您放心，不会占用您太多时间的。”（利益接近法说服顾客接受约见）

男顾客：“好吧，那你给我介绍一下你们的产品。”

王经理：“好的，谢谢您，请问怎么称呼？”

男顾客：“哦，我姓李，是××公司的采购员，这是我的名片。”

采购员也奉上了自己的名片。王经理仔细地看完名片后，收好放到自己的口袋里。

王经理：“李先生，刚刚看您在方便面的展销摊前徘徊，您是想采购方便面吗？”

李先生：“是这样的，我们公司准备采购一批方便面，所以我先来展销会了解一下这些方便面的情况。”

王经理：“那您看我们统一方便面怎样，您平时对我们统一方便面的了解多吗？”（直接提问了解对方的需求和对产品的了解程度）

采购员李先生稍微思索了一下说：“平时有吃过你们公司的杯面，味道还可以，在我们公司的反应情况也还好，但对其他方面的东西就不太了解了。”

王经理：“那好，我现在就跟您介绍一下我们统一公司方便面的一些种类。我们公司的产

① 请综合运用项目三～项目六的内容进行分析，并且标出各个部分所用推销方法。

品分为 4 种，分别是统一 100、来一桶、好劲道、小当家。统一 100 分为：鲜虾鱼板面、红椒牛肉面、番茄牛肉面。来一桶分为：老坛酸菜牛肉面、红烧牛肉面、香辣牛肉面等。口味有很多种，而且刚刚经过升级改造，绝对是让您满意的产品。”（介绍产品的信息，让顾客对产品有个大概的了解）

采购员听完后面露喜色，看了一下手表。然后说：“听起来挺不错的，时间也还早，那你就详细地给我介绍一下你们公司的产品吧，如果好的话我就跟公司商量一下，看看能不能采购你们公司的方便面。”

王经理：“既然这样，那就请李先生到这边坐。”（约见成功）

王经理和采购员李先生向展销摊后面的休息室走去，坐下后，有销售员上来倒茶水，并把几种方便面的样品端上来。

王经理：“李先生，这些就是我们最近主打的方便面，您看，这是老坛酸菜牛肉面，这是香菇炖鸡面，这是红烧排骨面，这是香辣牛肉面，这是鲜虾鱼板面……口味有很多种。”王经理分别指了指各种不同口味的统一方便面。

采购员李先生顺着王经理的介绍依次看了看这几种方便面。王经理打量了一下李先生说：“看您一表人才而且穿得西装革履的，在公司应该很受老板的器重吧，平时有没有忙到没时间吃饭？”（赞美顾客缓解气氛，并进一步了解顾客在方便面上的食用情况）

采购员李先生笑着说道：“还好啦，不过平时真的老是要加班加点的，确实很少时间吃饭，有时候吃块饼干垫一垫，但很快又饿了。”

王经理：“是啊，吃这些肯定很快就饿啦，然后吃不饱工作起来效率也低。所以在公司常备些方便面总是不错的，虽然吃多了不太好，但在加班加点的关键时刻还是发挥了很大作用的，对吧？没时间吃饭的时候去煮个热水，然后等上两三分钟就能饱餐一顿了。”（肯定顾客的观点后，用间接提示法劝说顾客购买产品）

李先生说：“说的也是，这样能填饱肚子，不用挨着饿去上班。所以公司也考虑到这一点，让我们采购部来了解一下这些方便面的情况，看看要不要买些在公司以备不时之需。”

王经理：“哦，原来是这样。那李先生您平时比较喜欢吃哪种口味的方便面呢？”

李先生说：“呃，我个人比较重口味，比较喜欢吃香辣一点的，酱料多一些的。”

王经理：“那你们公司的人呢，比较喜欢什么口味？”

李先生：“应该也比较重口味吧，他们大部分是北方人。”

王经理说：“这样啊，那你看这个老坛酸菜牛肉面怎样？这个吃起来味道特别酸爽，又香又辣，好多人买了又买。”（从众成交法——利用顾客从众心理来促成顾客购买产品）

李先生：“哦，老坛酸菜啊，之前好像在电视上看过。”然后李先生拿起了一桶统一老坛酸菜牛肉面仔细端详。

王经理：“对啊，这款面我们之前在电视上做过广告，它是由著名的电视节目主持人汪涵代言的，你喜欢看汪涵主持的节目吗？”（明星提示法，利用顾客对名人的崇拜心理诱发其购买欲望）

李先生的嘴角微微上扬，眼睛里流露出了对汪涵的喜爱之情。然后说：“我确实很喜爱看汪涵主持的《天天向上》这类脱口秀节目，在节目里也能看出主持人汪涵的睿智及现场对问题的处理能力。但说到他代言的这款方便面，我就不知道好吃不好吃了……而且你们推销员肯定会说自己公司的产品好啊！”（顾客对产品产生异议）

王经理：“嗯，你说的也有道理。我身为公司的经理肯定会说自己公司的产品好，不会说不好，但是我们做这行这么久，公司能发展到现在，我们一直靠的是实力和顾客对我们的信赖，所以李先生在这方面大可放心，虽然统一也出过一些负面新闻，但在这些方面我们绝对没有欺瞒过顾客。”（遵循推销洽谈的诚实性原则，让顾客相信我们，再用间接否定法处理顾客对产品产生的异议）

李先生听完后微微点头表示肯定。

王经理：“百闻不如一见，可否请您赏脸试吃一下。”

李先生：“既然这样，那我就不客气啦！”

王经理向外面的推销员喊了一下，然后说了一些话。不一会，一名推销员拿了一桶老坛酸菜牛肉面进来，在休息室用热水泡好后，热情地把手中的老坛酸菜牛肉面放在采购员李先生前面的桌子上。（产品演示法和体验成交法，让顾客加深对产品的了解，增强顾客对产品的信心）

李先生：“嗯，这面闻起来挺香的，不错。”

王经理微微一笑，过了几分钟后说：“李先生，这面可以吃了，可能有些烫，您小心点。”

听完后，采购员李先生往嘴里塞了一口说道：“这个面果然如你所说的那样香辣酸爽，酱料丰富，是我喜欢的口味。”

王经理：“那是，我们公司产品的每一道工序都是有严格监督的，无论什么时候，处于哪种情况下，都以质量为先，以顾客为上帝，这也是吴修齐先生经营事业的初心。”

李先生听闻后哈哈一笑，竖起了大拇指。

王经理接着说：“我们公司的统一方便面经过重新改良，现在的方便面包装更环保，用于包装的材质符合国家可持续发展的原则，方便面都是非油炸的，相比于其他品牌的方便面，顾客吃起来更健康、更放心，同时我们统一品牌的方便面也通过了国家的质检标准。”（进一步向顾客介绍产品，诱发其购买欲望）

李先生：“又改良升级又绿色环保，那卖的价钱也不低吧？”

王经理：“李先生，价钱问题你不用担心，我们改良升级、绿色环保是为了跟上时代的步伐，符合国家的原则，满足你们消费者的需求，所以我们肯定也考虑到了方便面价格的问题，像这个老坛酸菜牛肉面如果您要买的话，一箱 50 元给您，市场上那些没改良的方便面价钱也差不多是这个价，面做得却不如我们这么好。所以我们的这款面真的是不仅好吃、健康、环保，而且是价格公道呀！”（直接否定法，否定此款面价格贵，让顾客放心选购）

李先生：“嗯，听着还可以，那价钱可不可以再低点呢？”

王经理：“那李先生您大概要多少面，我看可不可以再便宜点给您？”

李先生：“那这个一箱有多少桶面？”

王经理：“一箱 12 桶，保质期很久，可以买多点回去储着，而且对于你们这样的大公司，如果数量要得多的话，本公司将会提供送货上门服务，这样也可以减轻你们采购部那边的负担。”（提供服务，刺激购买欲望）

采购员李先生犹豫起来。然后说：“买这么多，万一我买回去后，大家不喜欢吃，那我们岂不是吃大亏。”（顾客产生异议）

王经理：“李先生，你这么想是很正常的，每个顾客都想自己所买到的产品是又好又便宜的，买一个两个买差了也只是这一两个，但一下子买这么多，到时候发现买的不好，吃又不好吃，退又退不掉很麻烦，白白花了冤枉钱。但是对于我们公司，您尽可放心，如果您买回去大家吃着不好，不喜欢这个口味，您可以拿回来换其他口味的方便面，或者退款，5 天包退，10 天包换，这个相信很多公司都是做不到的。”（间接否定法和保证成交法同时用，处理异议后增强顾

客购买信心)

李先生:“那 100 箱方便面价格能再优惠点吗?”李先生显然是利用当场谈价钱对卖主不利,想要轻易地杀价。

王经理微笑着答:“这个老坛酸菜牛肉面有袋装和桶装的,刚刚您试吃的这个是桶装的,袋装的话是 30 元一箱,桶装的则是 50 元一箱,质量口味都是一样的,那您是要订购桶装的还是袋装的呢?”(选择成交法)

李先生:“呃,我打算订购桶装的,这个好像在公司吃起来比较方便,不过这个价钱好像贵了点。”采购员李先生继续议价。

王经理微笑着解释道:“李先生,现在这款老坛酸菜牛肉面一箱 50 元已经很优惠了。按这样的低价,您每箱大概可以为公司省下 15 元,如果不是现在搞活动,又在展销会上推出,这个价格可能会更高一些。”

李先生:“如果你每箱再降 10 元,就是 40 元一箱卖给我的话,我就从你这买 100 箱这个老坛酸菜牛肉面。”

王经理含笑回答:“李先生,您说的这个价格就是上一款面,也给不了您啊。现在的这款老坛酸菜牛肉面新改良了配方,面多了,调料也多了,改良的调料能使开水具有浓汤的鲜味,您刚刚试吃就感受到了吧,所以这样的价钱不会多要您的。”

李先生为压价继续寻找理由:“现在方便面的市场不景气,什么样的面都难卖出去,所以价格是我们公司首先考虑的因素。”

王经理:“看您也是很有诚意要买,我也有心做成这单生意,那就 45 元一箱给您好吧,这个价钱我们已经没有什么利润了,只是想做您这个回头客而已,另外赠送您一箱香辣牛肉面,您公司以后吃得好也可以过来订。”(优惠成交法促成交易)

采购员李先生听后低头思考,反复查看手上的统一老坛酸菜牛肉面。

王经理:“刚刚也说过,这种统一老坛酸菜牛肉面不仅绿色环保,符合国家的质量标准,而且经过改良升级后口味极佳,又香又爽,价钱又实在,可谓是物美价廉啊。而且现在我们这么优惠给您,也没赚您多少钱,如果过了这个时间,过了这个活动您再找我买,也买不到这个价了呀。”(总结利益成交法促成交易)

李先生:“好吧,那就先买 100 箱看看吧。”

王经理:“好的,100 箱给您优惠价 4 500 元,另外再送您一箱香辣牛肉面,您是刷卡还是付现金?”

李先生:“刷卡吧。”

待李先生刷完卡后,王经理继续说:“李先生,麻烦您在这里填一下要送货的地址,我现在就通知人送货,您放心,这 100 箱面我们在今天下午就给您送到,全程的配送由我亲自来监督。刚刚给您的名片上有我的联系电话,以后有什么问题可以直接联系我。”(保证成交法,让其对我公司留下好印象)

采购员李先生面带微笑,心情轻松,填完方便面的送货地址后说:“好的,那就麻烦你了,吃得好下次再找你。”

王经理:“好的,这是您的票据,请保管好,谢谢您的光顾!”

二人友好握手,交易达成。

【模拟推销综合案例二】[①]

背景

随着社会的发展以及全球化的趋势，不同的社会有着不同的文化适应性。产品也是一样，只要能给人们带来益处，那么产品会使这个社会慢慢适应从而形成一种文化。巧克力是西方的一种文化，随着全球市场的发展，巧克力就来到了中国，人们对其也慢慢适应了。现在，巧克力在中国也形成了一种独特的文化。玛氏公司的德芙巧克力也来到了中国。

东莞市德芙巧克力的经销商批发了新出的巧克力，想把这个新产品推销给嘉荣超市，所以派出推销员小李做推销工作。

一、成功接近顾客

1. 接近个体顾客的准备

衡量客户在公司的地位与能力，此次推销员小李选择了嘉荣超市的市场部经理王经理作为客户。

2. 了解客户的信息(客户公司的名称、客户的姓名、性别、公司地址、联系电话、职位、该公司在地区的影响力、客户的喜好)

3. 做好接近前的准备

准备好推销工具、准备好开场白，该问的问题，以及可能被问的问题。

4. 做好必要的物质准备

产品样品、公司及产品资料、报价单、合同书、名片小礼品等。

二、约见顾客

在完成接近顾客的准备工作后，推销员小李来到了嘉荣超市。

他向柜台的收银员询问："你好，我是德芙巧克力的推销员，是这样的，我们经销了德芙新出的巧克力，想在你们超市上架销售，麻烦请问你们公司谁负责这个业务？能预约一下时间，见个面吗？

收银员："这个啊，你可以找我们超市市场部的王经理。但是他出差了，不知道什么时候才回来。"

小李："那你有他的电话吗？可不可以帮我打个电话给他？"

收银员："有啊。但是我现在没空，我把他的电话号码给你，你自己打给他吧。"

小李："好的，谢谢。"

收银员："不客气。"

小李拿到了王经理的电话号码，想打电话预约王经理，所以，他打电话给王经理。(电话约见)

小李："喂，您好，请问是嘉荣超市的王经理吗？"

王经理："你好，我就是，你是？"

小李："王经理，你好，我是东莞市德芙巧克力的经销商的业务代表，我打电话给您的原因是非常希望能和像您公司这样的大企业合作，我们新进了一批德芙新出的巧克力，口味很好的，挺好吃的，这种口味的巧克力的销量都不错，我们想在你们超市上架销售。您看？"

王经理："新出的巧克力？销量不错吗？"

小李："是的，这种巧克力是德芙新出的，在其他超市的销量不错，我们想扩大销售，我想在

---

① 请综合运用项目三～项目六的内容进行分析，并且标出各个部分所用推销方法。

明天下午拜访你，就我们的产品和你面谈一下，您看您有时间不？”

王经理：“但是我在出差，没时间。”

小李：“王经理，正因为知道您忙，所以才打电话约个时间，我不会耽搁您很多时间的，只需要几分钟就行了，您什么时候出差回来，我到时带上产品资料去您超市拜访您，您看怎么样？”

王经理：“我后天才回去，你后天下午三点来我办公室吧。”

小李：“好，那我们后天下午三点在您办公室见。谢谢您，王经理，再见。”

三、使用最有效的方法接近顾客

推销员小李在约定时间来到王经理的办公室。

小李：“王经理，你好，我是小李，我们之前通过电话的，这是我的名片，请过目。”(介绍接近法)

王经理：“你好，请坐。”

小李：“王经理，我今天给你带来了德芙新出的巧克力——×××巧克力，这是样品，这是产品的数据资料，请你过目。”

小李一边说一边将产品的资料递给王经理，将产品样品放在王经理的桌面上。

小李接着说：“这是德芙新出的巧克力，味道不错的，你尝尝。”

四、洽谈技巧

在王经理吃完一颗牛奶巧克力后。

王经理：“这个巧克力很丝滑，味道也不错。”

小李：“嗯，你再尝一下其他一些品牌的牛奶巧克力，看看有什么不同。”

王经理稍微掰了一点尝了一小口。

王经理：“感觉这款新出的牛奶巧克力比这些牌子牛奶巧克力更加丝滑，闻起来味道也更加香醇。”

小李：“这一款是我们今年情人节特制的牛奶巧克力，包装也是十分精美漂亮，很适合作为礼物。”

王经理：“嗯，这个包装还不错。”

(以上是产品演示法)

王经理：“资料上面写着，建议售价有 68 元、98 元两种规格，你们给我们的价格是多少呢？”

小李：“68 元那款是 36 元，98 元的那款 56 元。”

王经理：“这个利润还是可以的，我们情人节也打算做巧克力和花的促销，不过这个利润和我们预期还是有点出入，售价也比以往的奶香巧克力贵了点”。

小李：“是这样的，我们这款情人节特制牛奶巧克力，比以往的更丝滑，更香醇，我们采用的可可豆是优质的特立尼达可可豆，奶源也是最好的，工序也更加复杂讲究，包装也更加精美。”

(处理关于价格比上一款牛奶巧克力贵的异议)

王经理：“嗯，但是主要是利润和我的预期有点出入。”

小李：“关于你们要做商品促销，我们可以提供玫瑰花货源，因为我们公司有长期合作的商家，价格会比你们谈的便宜，我们也打算在贵超市做促销，这样就能减低你们的成本，增加收入，提高利润。”

(处理关于利润的异议)

王经理：“这个……”

（小李陷入了思考，苦恼之中）

五、成交方法

小李："如果贵超市和我们合作，(1)不仅可以得到优质的玫瑰花货源；(2)又可以有人来帮你们做促销；(3)我们的产品又足够优质；(4)我们德芙也是大品牌，最后，DOVE 的故事，加上我们情人节前后对这款特制巧克力的推广一定会给你们带来巨额销量来达到你们预期收益的。"

（总结利益成交法）

王经理："的确，你们这次的产品我也是非常看好的。"

（王经理的神色愉快，语言也温和，是成交信号）

小李："那，王经理如果没有其他问题，那么我们合作愉快，你这次希望各订 500 盒还是 1 000盒呢？"

（选择成交法，推进进程）

王经理："那就各来 500 盒，如果销售可以我们会再进货，花源的事情也请尽快弄好。"

小李："没问题，合作愉快。"

任务实施

一、用利益诱导说服顾客成交

王涛知道，要促使李经理下最后的决心，就要用利益去诱导他改变态度，用利益打动他的心，才能激发他的购买欲望。

【情景实例 6—2—1】

王涛："李经理，这款产品在市场上销售得十分火爆，目前在全国 25 个市级以上地区的销量都已经达到了 100 多万套。拥有如此显著的销售量主要是因为它净化空气的效果好，价格合理，使用方便，可以为用户创造巨大效益，而且这款产品的质量和服务都有我们公司长期的高品质保证……"

客户："你们公司的产品质量和服务水平确实是大家有目共睹的……"

销售人员："是啊，任何一位客户购买产品时都会充分考虑产品的质量和服务保证，否则的话，怎么能放心购买呢？现在您可以放心地下订货单了吧？您这次准备订购多少套产品呢？"

二、让顾客感到机会难得

【情景实例 6—2—2】

王涛："李经理，我们为了这单生意已经花费了很多的时间。"

李经理："正因为你花了这么多时间，来回跑了几趟，我也觉得你们的产品其实不错，才诚心诚意和你谈的。"

王涛："李经理，这个月我们公司搞促销活动，现在下订单就可以享受 9 折的优惠，再过几天，我们活动的时间就过了，到时候我想给您优惠也没有办法了。"

三、解决顾客的疑虑促成交易

【情景实例 6—2—3】

王涛:“李经理,对于您刚才提出的一系列问题,您觉得我的回答可以让您感到满意吗?”

李经理:“您的回答很认真,也很细致,谢谢。”

王涛:“您太客气了,为您服务是我的荣幸,也是我的职责。那么您现在还对哪些方面存有较大疑虑呢?”

李经理:“基本上没有了。”

王涛:“那好,您订的货我们明天上午就送到。如果有什么问题,您随时给我打电话,我们保证在 24 小时内帮您处理好。”

任务训练

一、技能训练

要求:掌握推销成交的各种方法。

实施:

1. 每个小组使用选择成交法、从众成交法、小点成交法、体验成交法、保证成交法与李经理成交。

2. 写出情景模拟对话的内容。

3. 两人一组首先在小组中进行模拟演示,然后,每个小组推荐两名同学在全班进行演示。其他小组可以提出异议,最后由教师点评。

二、课堂讨论

(一)指出下面的例子使用的是什么成交方法

1. 推销员推销某种化妆品,在成交时发现顾客露出犹豫不决、难以决断的神情,就对顾客说:“小姐,这种牌子化妆品是某某明星常用的,她的评价不错,使用效果很好,价钱也合理,我建议您试试看。”

2. 一名推销员对顾客说:“对于买我们的产品您可以放心,我们的产品,在售后三年内免费保养和维修,您只要拨打这个电话,我们就会上门维修的。如果没有其他问题,就请您在这里签字吧。”

3.“这种裤子每条卖 60 元,如果您买 3 条的话,我再送您 1 条。”

4.“王处长,这种东西质量很好,也很适合您,您想买哪种样式的?”

5.“刘厂长,既然您对这批货很满意,那我们马上准备送货。”

6. 一名推销员到顾客的单位推销化工产品,他认为所推销的产品,价格合理,质量很好,断定顾客非买不可。所以,在见到顾客寒暄了几句之后,就把话题转到化工产品上来,立即就问:“老王,我是先给你送 50 吨来,还是 100 吨全部都送来?”

(二)以下推销员分别采用什么成交方法取得成功的?

1. 日本大阪有一家公司,经过苦心设计,研制了一种可放置茶具、餐具等物品的盒子,这种盒子可以像百叶窗那样上下移动,颇有新意,且外形美观。可投放市场以后,却销售不佳,盒子在仓库里堆积如山。

有一名来自东京的推销人员，在了解了这些情况之后，对该公司的经理说："给我 1 000 只盒子，让我来试试看。"仅仅过了一个月，需要盒子的订单就开始源源不断了。原来这名推销人员拿着盒子到各个旅馆去推销。"请把这种盒子放在客房的冰箱上面，我们过去是先用白布铺在冰箱上，白布上再放置杯子、开瓶启子等东西，上面再盖上白布，每天每间客房要换洗两块白布。如果把这些用品放在盒子里，就用不着天天换洗白布了，我把盒子留几个在你们旅馆里，过两个星期再来看看。"

就这样，盒子留在了旅馆，试用下来，旅馆的服务人员及旅客都觉得它很不错，于是各旅馆纷纷提出要货的要求，订单开始源源不断地出现在公司经理的办公桌上。

2. 推销员马丽敲开了王先生的门，向他推销榨汁机："王先生，您的同事李先生要我前来拜访，跟您谈一个你可能感兴趣的问题。"王先生打消了怀疑态度，让马丽进入室内。马丽全方位地讲解了榨汁机的优良性能，并进行了精彩的示范。王先生表示出极大的兴趣，但是他认为操作步骤有些麻烦。马丽从容不迫地告诉他："操作起来是有些麻烦，但是考虑到其一流的质量和低廉的价格，这不算什么大问题。不会影响使用效果。"王先生点了点头。马丽乘机说："您喜欢黄色还是绿色？"王先生挑了一个绿色的，交易很快完成了。

任务 3　签订买卖合同

知识目标

- ◆ 熟悉买卖合同的内容和格式
- ◆ 了解买卖合同中的漏洞及欺诈

能力目标

- ◆ 会签订买卖合同，能有效防范合同中的漏洞及欺诈

任务引入

王涛在最后达成销售协议的这一阶段，运用了总结利益法，他基本上总结了两个方面的利益：一是广州美家连锁超市有限公司最关心的利益，如产品销路问题、售后服务问题、价格问题、付款问题等；二是总结了销售过程中已成功处理过的反对意见，如销售支持等问题，最后及时建议成交。李经理终于同意与爱科环保科技有限公司签下这份合同。在签订合同的时候，王涛要注意哪些问题呢？

任务分析

推销人员与客户签订买卖合同后，才算真正意义上的成交。王涛作为销售新人，他要熟悉本公司产品的市场情况和业务情况，具备一定的业务能力及素质，才能切实保护公司和个人的利益。在签订合同的阶段，王涛的任务是：

1. 要熟悉买卖合同的内容和基本格式。
2. 清楚买卖合同签订应注意的问题。

3. 能够审查合同的条款,避免买卖合同的漏洞和欺诈。

相关知识

买卖合同是指出卖人转移标的物的所有权于买受人,由买受人支付价款的合同。其中,依约定应交付标的物并转移所有权的一方称为出卖人,受领标的物并支付价款的一方称为买受人,出卖人交付的标的物称为出卖物。

一、买卖合同的特征

1. 买卖合同是转移标的物所有权的合同。所谓转移标的物的所有权,是指出卖人在收取一定价款后失去对标的物的占有、使用、处分的权利,而买受人在支付一定的价款后取得对标的物的占有、使用、处分的权利。

2. 买卖合同是双方有偿合同。买卖合同中一方的权利是另一方的义务,其中出卖人负有交付标的物并转移其所有权给买受人的义务,买受人负有支付价款的义务。

3. 买卖合同是诺成合同。买卖合同自双方关于出卖标的物的意思表示达成一致即成立生效,而不以标的物的现实交付为生效要件,因此,买卖合同是诺成合同。

二、买卖合同的内容和形式

(一) 买卖合同的内容

1. 当事人的名称或者姓名、住所(或者地址)

出卖人、买受人是单位的,应当写明单位的全称(以营业执照名称为准)、地址和法定代表人的姓名;是个人的,应当写明个人姓名(以居民身份证上的名字为准)、住所。此外,有联系电话的,还应写明电话号码。在涉外买卖合同中,还应当写明当事人的国籍。

2. 买卖标的物(货物)的基本情况,主要是标的物的名称、种类或者品种、规格、型号、等级、花色等

这些是一种物与其他物区别的标志,应写全称,写具体,不能简写,品种、规格、型号、等级、花色等要写具体。只有在某项买卖合同中将买卖的标的物的具体名称、品种、规格、等级、花色等写清楚,才不会引起误解,产生分歧。如果不在合同中将买卖标的物的基本情况规定清楚,要正确履行合同就难以得到保证,容易产生纠纷。

需要指出的是,对于机电等配套产品,不仅要写明主机(主物)的名称、品种、型号、规格、等级和花色,必要时还应当写明随主机的辅机、配件(附物)的名称、品种、型号、规格、等级、花色等内容;如果买受人一次购买出卖人不同种类或规格的商品,双方当事人应当分别写明每一种类或者规格商品的基本情况。

3. 标的物的数量和计量方法

买卖的标的物数量是衡量当事人权利、义务多少或者大小的一个尺度,如果没有规定数量,一旦发生纠纷就很难分清双方的责任。因此,双方当事人必须对买卖的标的物的具体数量及计量单位在合同中做出明确规定。

4. 标的物的质量要求

不同的物品,其质量要求也不一样。同一物品,其档次或者等级不同,质量标准也不相同。因此,双方当事人应在买卖合同中规定出卖物执行的技术标准和其他质量要求。同时还应当

按照国家有关规定约定质量保证期。

5. 标的物的包装方式

在货物买卖中,特别是从较远的地方购买物品时,往往需要对该物进行包装。包装一般由出卖人负责。对买卖的物品进行包装是为了保证该物运输安全和保管安全,使该物安全地送给买受人或者买受人指定的其他收货人。包装方式包含着对包装技术和包装物器的质量要求。具体的包装方式,由双方当事人根据标的物的性质等情况来商定。当然,不需要专门进行包装的物品,仅裸装即可。

6. 价款的数额及支付期限、地点和方式

对于买卖的物品价格,除国家规定必须执行国家定价(或者指导价,下同)的以外,由当事人协商议定。在实践中,除了极少数外,其他一切产品的价格都由买卖双方当事人协商。在双方商定产品价格时,除了考虑生产成本外,还需要考虑市场行情、买受人所购产品的数量等因素,如买受人一次所购产品数量较大,价格就应相对低一些。一次买卖的产品数量较多,既要写明产品的单价,也要写明所有产品的总价款。

对于已使用过的旧货,应根据使用期限进行合理的折价,并按照市场行情来确定出卖价格。

除了即时结清的外,需要双方在买卖合同中对买受人向出卖人支付货款的具体期限、地点做出规定。买受人可以在出卖人交货前支付一部分货款(预付款),待交完货后一次或者分期支付其余款额,也可以在接货后某时间一次性付清;至于支付货款的地点,一般是出卖人所在地,也可以是买受人所在地,还可以是第三人所在地,这些由双方根据具体情况选择。

7. 交货的期限、地点和方式

这里所说交货(交付)是指出卖人在买卖合同签订后按照合同约定将标的物交付给买受人。交货期限,是指出卖人向买受人履行交付出卖物的期间,一般以年、季度、月、旬、周、日、时计算。出卖人可以在合同签订后立即交货,也可以在合同签订后某一期限内交货;标的物数量多的,出卖人可以一次性交付,也可以分批交货。交货地点,可以是出卖人所在地,还可以是买受人所在地,也可以是运输部门(需要经过运输经营者运输的)所在地等其他地点。交货方式,主要包括买受人到出卖人所在地自己提货、出卖人送货到买受人所在地和通过运输经营者运输或者通过邮电单位邮寄交付等,双方当事人选择哪一种方式,由双方协商。至于出卖人交货的具体时间、地点和方式,由双方当事人协商确定。

8. 运输方式的要求及运输费用的支付

运输方式包括铁路、公路、水路(含海上和内河运输在内)和航空运输,双方可自由协商确定。运输的费用是由买受人还是由出卖人承担,需要双方在合同中明确约定。

9. 验收或者检验的标准、方式、日期

这里所说的验收,是指买受人在接受出卖人交付的货物时,对标的物数量和质量进行检验、接收的行为。买受人验收标的物的时间、地点一般与出卖人交货的时间、地点一致。对产品质量的验收、检疫方法,按照国家有关规定执行,没有规定的由双方当事人协商确定。

需要指出的是,买卖双方当事人可根据需要商定检验机构。对货物质量的检验,尤其是在双方对质量有异议时,需要由专门的产品检验机构来检验。在国际(涉外)买卖中,货物进出口一般需要由进出口商品检验机构或者动植物免疫检验机构进行检验。

10. 结算方式

结算方式是对合同规定的价款以及实际支付的运杂费和其他费用的清结。这些货款和费用的结算,应按照《中国人民银行结算办法》关于异地结算、同城结算等的规定办理。当事人双方应在合同中规定开户银行、账号名称和账号。除国家允许使用现金履行义务的外,必须通过银行转账或者使用票据结算。

用托收承付方式的,合同中应当注明验单付款或验货付款。根据《工矿产品购销合同条例》规定,国内工矿产品购销验货付款的承付期限一般为10天,从运输部门向收货(付款)单位发出提货通知的次日起算。凡收、付双方在合同中商定缩短或延长验货期限的,应当在托收凭证上写明,银行从其规定。

另外,还应规定结算的货币种类。在国内买卖中,当事人应以人民币结算,只有在少数情况下,符合国家规定条件的,方可用外币按国家规定的汇率折合成人民币结算。在涉外买卖(进出口贸易)中,一般以外币结算。

11. 合同使用的文字及其效力

在涉外买卖中,可以根据需要规定买卖合同所使用的文字及其效力。不同文字的合同条文,在对同一事项的认定、理解上有时会产生不同的解释,从而产生合同纠纷。因此,当事人可以对使用的文字效力进行规定。除涉外买卖合同外,在国内同民族地区的单位,个人买卖时也可使用该少数民族的文字。

12. 违约责任

这是指当事人双方在合同中规定任何一方违反合同规定或者不按照合同规定履行时应承担的支付违约金、赔偿金及其计算办法等违约责任。当事人也可以在合同中订明对产品实行包修、包退、包换的条件。违约金的比例由当事人双方按照国家有关规定,在订立合同时协商确定。

13. 解决合同争议的方法

合同纠纷的解决办法包括协商、调解、仲裁和诉讼,当事人应在合同、特别是涉外买卖合同中加以明确。

14. 其他条款

如对买卖合同的担保、公证、货物运输保险、变更或者解除合同的条件、涉外买卖合同中法律的适用等内容,只要经过双方协商同意,都可以成为合同的条款。总之,双方在协商买卖合同内容时,任何一方提出有关要求,对方同意接受的,都可成为合同的内容。

需要指出的是,上述各项条款在实践中并不是所有买卖合同都必须具备的,有的买卖合同可以缺少上述一个或者几个条款(但不得因此而影响买卖合同的成立、性质)。合同签订后,需要办理有关审批等手续的,当事人应持合同办理这些手续。

(二)买卖合同的形式

买卖合同形式有两类:一为口头形式,二为书面形式。

三、在签订买卖合同时应注意的问题

(一) 在签订买卖合同时买方应注意的问题

1. 确定卖方提供的标的物有无瑕疵

为保证买方能够取得不受争议的财产,买方必须要求卖方在订立合同时提前说明,该出卖物是其拥有所有权和合法处分权的财产,如果卖方未将标的物上存有第三人的权利的情形预先告知买方,则买方有权请求降低价格,或解除合同和要求赔偿损失。

2. 确定标的物有无质量缺陷

如果标的物有表面缺陷(以通常方法检查即可发现的缺陷),买方应于接受标的物的当时提出;如果标的物有隐蔽缺陷(即需要经过技术鉴定或在标的物的使用过程中才能发现的缺陷),买方应于规定的期限内提出。卖方交付的标的物有缺陷,买方有权拒收。买方已接受的,卖方应根据情况承担降价、修理、更换、退货、支付违约金、赔偿损失等责任。但是,如果卖方在订立买卖合同时已对标的物的缺陷做了声明,或买方知道标的物的缺陷而愿意购买,则卖方对标的物的缺陷不负责任。

3. 敦促卖方按约定和法律规定的时间、地点和方式,完整地交付标的物和办理有关手续例如对于房产、机动车辆、船舶必须办理登记手续。

(二)在签订买卖合同时卖方应注意的问题

1. 主动明确价格条款

价格是买卖合同的一项重要条款。如果价格条款没有或不明确,买方付款就没有标准,没有依据,很容易发生纠纷。

2. 敦促买方按合同规定的时间和方式支付价款

在即时清结的买卖合同中,买方应按规定支付价款,否则,可要求买方承担违约责任。

3. 敦促买方接受标的物

一般来说,买方订立合同的目的就是取得标的物,买方如果不按照合同的约定及时接受标的物的话会给卖方造成不利。卖方若遇到买方无故拒不接受标的物或由于买方的原因无法接受标的物的情况,为终结买卖关系也可将标的物交公证机关或有关单位提存。

四、买卖合同中的漏洞、欺诈与防范

(一)买卖合同中的漏洞及欺诈

1. 主体没有订立合同的资格,没有实际履行能力

在现实经济生活中,经常出现的合同欺诈行为就是订立合同的主体没有订立合同的资格,根本没有履行能力,这种情况主要表现形式为:

(1)订立合同的一方根本没有提供法人资格证明;

(2)合同一方虽提供了《企业法人营业执照》,但为副本或复印件,其实为伪造的证明;

(3)合同一方提供了正式的《企业法人营业执照》,但其实际虚报注册资本,无实有资金,并没有实际履行能力;

(4)合同一方在订立合同时虽提供了正式的《企业法人营业执照》,但因未参加工商局年检已被吊销营业执照。

2. 代理人超越代理权限,以被代理人名义签订买卖合同

在买卖合同的签订中,经常有代理人以被代理人名义签订合同的情况,在被代理人授权范围内,代理人所签订合同的权利义务应由被代理人承受。但代理人超越代理权或代理权授权期限已届满后所订立的合同,未经被代理人追认,由行为人承担。根据《民法通则》有关规定有可能会给合同另一方当事人造成损失。

3. 标的物为法律禁止或限制流通物

在买卖活动中当事人不了解买卖物品在法律上有无限制、禁止买卖的规定,盲目签订合同却因标的物为法律禁止流通物或限制流通物,而导致合同的无效。

4. 买卖合同的内容中出现漏洞导致权利得不到保护

买卖合同中经常出现因为对业务不熟悉或者谈判经验不足而在合同内容中出现漏洞,常

见漏洞有:(1)质量约定不明确;(2)履行地点不明确;(3)付款期限不明确;(4)违约责任不明确;(5)付款方式不明确;(6)履行方式不明确;(7)计量方法不明确;(8)检验标准不明确。

以上漏洞多出现在合同主文内容缺少或者约定不明,使用字眼双方有争议等情况。

5. 在买卖合同中的恶意履行

签订了一份内容齐备、详尽完善的合同并不代表没有任何风险,在实际履行中有可能出现恶意履行的情况,一般有:(1)借口产品质量差而拒付货款;(2)产品有质量问题而故意不告知;(3)在发生多交货时不予通知;(4)在对方履行不符合约定时,不及时采取措施避免或减少损失的发生。

6. 虚开支票,套取货物

虚开支票是近年来增长较快的一种欺诈行为。主要形式是开具不实面额的支票即空头支票。当收票人将支票交给自己的开户行转账时,会被出票人的开户行拒付而使支付额不可兑现。另一种形式是故意制造障碍使开出的支票不能兑现,这种形式更具有隐蔽性。例如,支票上的印鉴与出票人在银行预留的印鉴不同;支票的大小写不同;日期有误;连笔致使支票不能清晰辨认;有涂改等都会导致支票被拒付。虚开支票方利用收票人需用一段时间才能弄清支票真伪,而套取了货物,使对方处于十分不利的局面。

对于电汇,一定要恪守款到生效的原则,不能凭传真件作为已到账的依据,实践中已发现有搞假电汇骗取货物的案例(办电汇银行一般不马上查验他的存款额度)。

(二)买卖合同漏洞及欺诈的防范

对于买卖合同中易出现的漏洞及欺诈行为,当事人在订立合同时可以从以下方面采取防范措施:

1. 订立合同前应尽可能了解对方当事人的有关信息

订立合同前应对对方的法律地位、经营范围、资信状况以及近期的经营业绩、商业信誉进行必要的考察,如当事人自己进行了解有困难,可以向对方当事人所在地的工商部门进行查询,并且可以通过对方同行业或相关企业进行了解。

2. 对代理人签订合同应对其代理权进行了解

对于对方业务员或经营管理人员代表其单位订立的合同,应注意了解对方的授权情况,包括授权范围、授权期限、所开立介绍信的真实性,对非法定代表人的高级管理人员,如副总经理、副董事长等,应了解其是否具有代表权。

3. 注意提高具体业务人员及领导人的素质

在合同订立过程中许多漏洞的出现是由于经办人员对业务不熟悉,对相关法律法规不了解所致,因此应注意提高业务人员及领导人员的业务能力及素质,熟悉本行业的业务情况,掌握本行业相关法律法规,了解法律是否对该交易行为有禁止或限制性规定。对专业性较强的合同可以让律师等法律专业人员提供帮助。

4. 合同订立应采取书面形式并使用比较标准的合同范本。

我国《合同法》虽然允许采用书面形式、口头形式和其他形式,但因为非书面形式在发生纠纷时不好确定责任,也为避免被人利用进行欺诈,订立合同应尽量采用书面形式。同时订立合同时应尽量参照合同范本,并结合具体情况订立。内容应尽量详尽、明确。我国工商行政管理机关颁布有标准的合同范本可以进行参照。若有条件可以由工商行政管理机关对合同进行鉴证。一方面可以对内容进行把关,另一方面也可以增强合同的严肃性和可信度。

5. 对恶意履行的防范

对合同进行恶意履行的情况非常复杂，但在订立合同时如能进行积极的事前防范将极大地减少合同风险。如对对方当事人的资信有所怀疑，应尽可能要求对方提供担保。另外在合同履行中出现问题，应积极主张自己的权利，并保留相关证据。积极行使诉权通过人民法院保护自己的权利，以免因超过诉讼时效而蒙受损失。

6. 对用支票进行支付应按规定程序检查以免被套走标的物

防止虚开支票的欺诈有两个方法较有效，一种是款到交货，根据支票转账所需时间，要求买方款到卖方账面后才交货，但这种方法一般很难使买方接受，除非货物较为紧俏。另一种方法是直接到出票人开户银行去持票入账，马上就能知道支票能否兑现，如能兑现可以即行转账，如被拒付可以立即停止发货，从而避免损失。

另外，应写清合同的签约地点、交货地点（十分重要）；出了纠纷由哪里的仲裁委员们仲裁，或由哪里的法院受理，这些可由双方协商填写。

五、买卖合同的格式

产品的买卖合同是每个企业和每个销售人员都会接触到的，下面以工矿产品的买卖合同为范本来介绍买卖合同的格式：

购销合同范本（工矿产品）

订立合同双方：

购货单位：__________________，以下简称甲方；

供货单位：__________________，以下简称乙方。

为了增强甲乙双方的责任感，加强经济核算，提高经济效益，确保双方实现各自的经济目的，经甲乙双方充分协商，特订立本合同，以便共同遵守。

第一条 产品的名称、品种、规格和质量

1. 产品的名称、品种、规格：____。（应注明产品的牌号或商标）

2. 产品的技术标准（包括质量要求），按下列第（ ）项执行：

(1)按国家标准执行；(2)无国家标准而有部颁标准的，按部颁标准执行；(3)无国家和部颁标准的，按企业标准执行；(4)没有上述标准的，或虽有上述标准，但需方有特殊要求的，按甲乙双方在合同中商定的技术条件、样品或补充的技术要求执行。

（在合同中必须写明执行的标准代号、编号和标准名称。对成套产品，合同中要明确规定附件的质量要求；对某些必须安装运转后才能发现内在质量缺陷的产品，除品控部门另有规定外，合同中应具体规定提出质量异议的条件和时间；实行抽验质量的产品，合同中应注明采用的抽样标准或抽验方法和比例；在商定技术条件后需要封存样品的，应当由当事人双方共同封存，分别保管，作检验的依据。）

第二条 产品的数量和计量单位、计量方法

1. 产品的数量：____________________。

2. 计量单位、计量方法：____________________。

(国家或主管部门有计量方法规定的，按国家或主管部门的规定执行；国家或主管部门无规定的，由甲乙双方商定。对机电设备，必要时应当在合同中明确规定随主机的辅机、附件、配套的产品、易损耗备品、配件和安装修理工具等。对成套供应的产品，应当明确成套供应的范围，并提出成套供应清单。)

3. 产品交货数量的正负尾差、合理磅差和在途自然减(增)量规定及计算方法：________________。

第三条　产品的包装标准和包装物的供应与回收________________。

(产品的包装，国家或业务主管部门有技术规定的，按技术规定执行；国家与业务主管部门无技术规定的，由甲乙双方商定。产品的包装物，除国家规定由甲方供应的以外，应由乙方负责供应。可以多次使用的包装物，应按有关主管部门制订的包装物回收办法执行；有关主管部门无规定的，由甲乙双方商定包装物回收办法，作为合同附件。产品的包装费用，除国家另有规定者外，不得向甲方另外收取。如果甲方有特殊要求的，双方应当在合同中商定，其包装费超过原定标准的，超过部分由甲方负担；其包装费低于原定标准的，相应降低产品价格。)

第四条　产品的交货单位、交货方法、运输方式、到货地点(包括专用线、码头)。

1. 产品的交货单位：________________。

2. 交货方法，按下列第(　)项执行：

(1)乙方送货(国家主管部门规定有送货办法的，按规定的办法执行；没有规定送货办法的，按甲乙协议执行)；

(2)乙方代运(乙方代办运输，应充分考虑甲方的要求，商定合理的运输路线和运输工具)；

(3)甲方自提自运。

3. 运输方式：________________。

4. 到货地点和接货单位(或接货人)：________________。

[甲方如要求变更到货地点或接货人，应在合同规定的交货期限(月份或季度)前 40 天通知乙方，以便乙方编月度要车(船)计划；必须由甲方派人押送的，应在合同中明确规定；甲乙双方对产品的运输和装卸，应按有关规定与运输部门办理交换手续，做出记录，双方签字，明确甲乙双方和运输部门的责任。]

第五条　产品的交(提)货期限：________________。

(规定送货或代运的产品的交货日期，以甲方发运产品时承运部门签发的戳记日期为准，当事人另有约定者，从约定；合同规定甲方自提产品的交货日期，以乙方按合同规定通知的提货日期为准。乙方的提货通知中，应给予甲方必要的途中时间，实际交货或提货日期早于或迟于合同规定的日期，应视为提前或逾期交货或提货。)

第六条　产品的价格与货款的结算

1. 产品的价格，按下列第(　)项执行：

(1)按国家定价执行；

(2)应由国家定价而尚无定价的产品，按物价主管部门的批准价执行；

(3)不属于国家定价的产品，或因对产品有特殊技术要求需要提高或降低价格的，按甲乙双方的商定价执行。

(执行国家定价的，在合同规定的交货或提货期内，遇国家调整价格时，按交货时的价格执行。逾期交货的，遇价格上涨时，按原价执行；遇价格下降时，按新价执行。逾期提货或逾期付款的，遇价格上涨时，按新价格执行；遇价格下降时，按原价执行。由于逾期付款而发生调整价格的差价，由甲乙双方另行结算，不在原托收结算金额中冲抵。执行浮动价和协商定价的，按合同规定的价格执行。）

2. 产品货款的结算：产品的货款、实际支付的运杂费和其他费用的结算，按照中国人民银行结算办法的规定办理。

（用托收承付方式结算的，合同中应注明验单付款或验货付款。验货付款的承付期限一般为10天，从运输部门向收货单位发出提货通知的次日起算。凡当事人在合同中约定缩短或延长验货期限的，应当在托收凭证上写明，银行从其规定。）

第七条 验收方法：_____________________。

（合同应明确规定：1. 验收时间；2. 验收手段；3. 验收标准；4. 由谁负责验收和试验；5. 在验收中发生纠纷后，由哪一级主管产品质量监督机关执行仲裁等。）

第八条 对产品提出异议的时间和办法

1. 甲方在验收中，如果发现产品的品种、型号、规格、花色和质量不合规定，应一面妥为保管，一面在____天内向乙方提出书面异议；在托收承付期内，甲方有权拒付不符合同规定部分的货款。

2. 如甲方未按规定期限提出书面异议的，视为所交产品符合合同规定。

3. 甲方因使用、保管、保养不善等造成产品质量下降的，不得提出异议。

4. 乙方在接到需方书面异议后，应在十天内（另有规定或当事人另行商定期限者除外）负责处理，否则，即视为默认甲方提出的异议和处理意见。

（甲方提出的书面异议中，应说明合同号、运单号、车或船只、发货和到货日期；说明不符合规定的产品名称、型号、规格、花色、标志、牌号、批号、合格证或质量保证书号、数量、包装、检验方法、检验情况和检验证明；提出不符合规定的产品的处理意见，以及当事人双方商定的必须说明的事项。）

第九条 乙方的违约责任

1. 乙方不能交货的，应向甲方偿付不能交货部分货款的______%（通用产品的幅度为1%～5%，专用产品的幅度为10%～30%）的违约金。

2. 乙方所交产品品种、型号、规格、花色、质量不符合同规定的，如果甲方同意利用，应当按质论价；如果甲方不能利用的，应根据产品的具体情况，由乙方负责包换或包修，并承担修理、调换或退货而支付的实际费用。乙方不能修理或者不能调换的，按不能交货处理。

3. 乙方因产品包装不符合同规定，必须返修或重新包装的，乙方应负责返修或重新包装，并承担支付的费用。甲方不要求返修或重新包装而要求赔偿损失的，乙方应当偿付甲方该不合格包装物低于合格包装物的价值部分。因包装不符合规定造成货物损坏或灭失的，乙方应当负责赔偿。

4. 乙方逾期交货的，应比照中国人民银行有关延期付款的规定，按逾期交货部分货款计算，向甲方偿付逾期交货的违约金，并承担甲方因此所受的损失费用。

5. 乙方提前交货的产品、多交的产品和品种、型号、规格、花色、质量不符合同规定的产品，甲方在代保管期内实际支付的保管、保养等费用以及非因甲方保管不善而发生的损失，应当由乙方承担。

6. 产品错发到货地点或接货人的，乙方除应负责运交合同规定的到货地点或接货人外，还应承担甲方因此多支付的一切实际费用和逾期交货的违约金。乙方未经甲方同意，单方面改变运输路线和运输工具的，应当承担由此增加的费用。

7. 乙方提前交货的，甲方接货后，仍可按合同规定的交货时间付款；合同规定自提的，甲方可拒绝提货。乙方逾期交货的，乙方应在发货前与甲方协商，甲方仍需要的，乙方应照数补交，并负逾期交货责任；甲方不再需要的，应当在接到乙方通知后 15 天内通知乙方，办理解除合同手续，逾期不答复的，视为同意发货。

第十条　甲方的违约责任

1. 甲方中途退货，应向乙方偿付退货部分货款(通用产品的幅度为 1%～5%，专用产品的幅度为 15%～30%)的违约金。

2. 甲方未按合同规定的时间和要求提供应交的技术资料或包装物的，除交货日期得顺延外，应比照中国人民银行有关延期付款的规定，按顺延交货部分货款计算，向乙方偿付顺延交货的违约金；如果不能提供的，按中途退货处理。

3. 甲方自提产品未按供方通知的日期或合同规定的日期提货的，应比照中国人民银行有关延期付款的规定，按逾期提货部分货款总值计算，向乙方偿付逾期提货的违约金，并承担乙方实际支付的代为保管、保养的费用。

4. 甲方逾期付款的，应按照中国人民银行有关延期付款的规定向乙方偿付逾期付款的违约金。

5. 甲方违反合同规定拒绝接货的，应当承担由此造成的损失和运输部门的罚款。

6. 甲方如错填到货地点或接货人，或对乙方提出错误异议，应承担乙方因此所受的损失。

第十一条　不可抗力

甲乙双方的任何一方由于不可抗力的原因不能履行合同时，应及时向对方通报不能履行或不能完全履行的理由，在取得有关主管机关证明以后，允许延期履行、部分履行或者不履行合同，并根据情况可部分免予承担违约责任。

第十二条　其他：____________________。

按本合同规定应该偿付的违约金、赔偿金、保管保养费和各种经济损失，应当在明确责任后 10 天内，按银行规定的结算办法付清，否则按逾期付款处理。但任何一方不得自行扣发货物或扣付货款来充抵。

本合同如发生纠纷，当事人双方应当及时协商解决，协商不成时，任何一方均可请业务主管机关调解或者向工商行政管理机关设立的经济合同仲裁委员会申请仲裁，也可以直接向人民法院起诉。

本合同自____年____月____日起生效，合同执行期内，甲乙双方均不得随意变更或解除合同。合同如有未尽事宜，须经双方共同协商，做出补充规定，补充规定与本合同具有同等效力。本合同正本一式两份，甲乙双方各执一份；合同副本一式两份，分送甲乙双方的主管部门、银行(如经公证或签证，应送公证或签证机关)等单位各留存一份。

购货单位(甲方)：(公章)	供货单位(乙方)：(公章)
代表人：(盖章)	代表人：(盖章)
地址：	地址：
开户银行：	开户银行：

账号： 账号：

电话： 电话：

年 月 日订

任务实施

一、熟悉买卖合同的内容和基本格式

王涛在入职培训的阶段就了解和熟悉了《合同法》中关于买卖合同的相关规定、掌握了买卖合同的格式和相关内容；在推销准备阶段，他又对广州美家连锁超市有限公司的法律地位、经营范围、资信状况以及近期的经营业绩、商业信誉进行了必要的考察，确认了对方的主体身份和履约能力。王涛与广州美家连锁超市有限公司签订的合同格式是由王涛所在的爱科有限公司提供的标准格式的合同，李经理看过合同范本之后，对合同的格式没有异议。

二、王涛与广州美家连锁超市有限公司签订合同的具体内容

空气净化器购销合同

需方（甲方）：广州美家连锁超市有限公司

供方（乙方）：爱科环保科技有限公司

供需双方本着平等互利、协商一致的原则，签订本合同，以资双方信守执行。

一、产品名称、商标、型号、单位、数量、金额

产品名称	牌号商标	规格型号	计量单位	数量	单价（元/台）	金额（元）	备注
纳米空气净化器	爱科	KFR-22GW/HA	台	300	800	240 000	
货款共计人民币：贰拾肆万元整							

二、质量要求和技术标准

按国家规定的质量技术标准执行。

三、履行地

需方所在地广州市。

四、交货方式

供方从深圳办理托运到广州。

五、交货时间

供方必须在 6 月 15 日前办好托运产品的手续，以承运部门签发的戳记日期为准。

六、运输方式及到达站（港）的费用承担

铁路运输，费用由供方承担。

七、包装标准和费用负担

按国家规定的技术标准执行，供方要确保包装能符合运输要求，费用由供方承担。

八、验收方式及提出异议期限

需方在收到产品后自行验收，需方在验收中，如果发现产品的品种、型号、规格、花色和质量不合规定，应一面妥为保管，一面在30天内向供方提出书面异议；在托收承付期内，需方有权拒付不符合合同规定部分的货款；需方怠于通知或者自标的物收到之日起过两年内未通知供方的，视为产品合乎规定。

九、付款方式

需方在签订合同当日支付贰万元订金，余下货款用托收承付方式结算，需方在验货后的10天内付清余款贰拾贰万元，以运输部门向需方发出提货通知的次日起算。

十、违约责任

1. 需方延付货款或付款后供方无货，使对方造成损失，应偿付对方此批货款总价1%的违约金。

2. 供方如提前或延期交货或交货不足数量者，供方应偿付需方此批货款总值1%的违约金。需方如不按交货期限收货或拒收合格商品，也应偿付供方此批货款总值1%的违约金。任意一方如提出增减合同数量，变动交货时间，应提前通知对方，征得同意，否则应承担经济责任。

3. 供方所发货品有不合规格、质量等情况，需方有权拒绝付款，但须先行办理收货手续，并代为保管和立即通知供方，因此所发生的一切费用损失，由供方负责，如经供方要求代为处理，并须负责迅速处理，以免造成更大损失，其处理方法由双方协商决定。

4. 约定的违约定金，视为违约的损失赔偿。需方违约不履行合同的，定金不得向供方要回。供方违约不履行合同的，需把定金双倍返还给需方。

十一、当事人一方因不可抗力不能履行合同时，应当及时通知对方，并在合同期限内提供有关机构出具的证明，可以全部或部分免除该方当事人的责任。

十二、本合同在执行中发生纠纷，签订合同双方不能协商解决时，可向人民法院提出诉讼。

十三、本合同自2017年4月25日起生效，合同执行期内，甲乙双方均不得随意变更或解除合同。合同如有未尽事宜，须经双方共同协商，做出补充规定，补充规定与合同具有同等效力。本合同正本一式二份，甲乙双方各执一份；合同副本一式四份，分送甲乙双方的主管部门、银行（如经公证和签证，应送公证或签证机关）等单位各留存一份。

供　方：爱科环保科技有限公司	需　方：广州美家连锁超市有限公司
（盖章）	（盖章）
法定代表人：刘宁（盖章）	法定代表人：赵明（盖章）
开户银行：建行福名路支行	开户银行：建行天河路支行
账　　号：5120025641001662257	账　　号：5120012213001000381

任务训练

一、模拟训练

要求：掌握买卖合同的签订。

实施：

1. 两个小组之间就自己推销的产品与对方进行洽谈，签订买卖合同。

2. 教师对学生签订的买卖合同进行评价，找出其中不足。

二、案例讨论

李大爷是山东日照地区的一个农民。2014 年 4 月，李大爷将自己放养的 12 只山羊一次性卖给了本乡“全羊馆”的周老板。为慎重起见，双方签订了书面合同，对价格及有关事项达成协议，只是在交款方式上，周老板提出，目前手头紧，待 12 只山羊全部杀完后再付款。李大爷心想，全羊馆一天至少要杀 1 到 2 只羊，12 只羊杀完也不过十来天，便同意了将此条款写进合同。半个月过去了，李大爷前来取款，周老板说还有两只羊没有杀，让他再等一周。说是山羊太瘦，杀了可惜，等养肥再杀。李大爷多次索款不成，一拖就是两个多月，无奈，李大爷诉至法院，请求法院判令周老板立即付款。

问题：从本案例中，我们要吸取哪些教训？在签订合同时应注意哪些事项？

项目七

售后管理

任务1　与顾客建立良好关系

知识目标

- 掌握如何建立顾客的档案
- 明确与顾客建立良好关系的重要性

能力目标

- 会建立顾客档案
- 会用各种方法与顾客联系

任务引入

爱科环保科技有限公司的推销员王涛，在推销准备、收集客户信息、约见客户、接近客户、推销洽谈和促成交易的各个阶段，经过了不懈的努力，终于与广州美家连锁超市有限公司签订了购销合同，双方拟定合作期为一年。广州美家连锁超市有限公司在广州地区的所有分店都将销售爱科环保科技有限公司的空气净化器系列产品。与此同时，王涛还与广州的几家电器城成交了一些零星的业务。那么，在交易达成后，王涛的销售任务是否结束？如何与这些顾客保持联系呢？

任务分析

在与顾客签约之后，并不意味着销售工作的结束。顾客购买商品并使用后，会对商品有一定的评价，这些评价会直接影响企业及产品的声誉，关系到企业的未来以及产品的市场寿命。在达成交易告别顾客后，王涛应认识到合同对自己的约束作用，抓紧时间去落实买卖合同中的各项条款，开辟与顾客之间的沟通渠道，保持与顾客的密切接触和联系，了解顾客对购买产品的满意状况。更重要的是利用沟通渠道来解决顾客的不满，发展并维持与顾客的长期合作关系。推销成功后，能否保持和重视与顾客的联系，是推销活动能否持续发展的关键。推销员与顾客保持密切的关系，可以战胜所有的竞争对手。

为此，王涛应做好几个方面的工作：

1. 建立顾客档案，对重点顾客进行分析和管理。

2. 定期接触顾客，与顾客保持良好的关系。

【名人名言】

"我相信推销活动真正的开始在成交之后，而不是之前。"

——乔·吉拉德

一、如何建立顾客档案

(一)顾客信息收集

1. 顾客基础资料

主要包括顾客的名称、地址、电话；所有者、经营管理者、法人(这三项应包括其个人性格、爱好、家庭、学历、年龄、能力等方面)；创业时间、与本公司交易时间、企业组织形式、业种、资产等方面。

2. 顾客特征

包括服务区域、销售能力、发展潜力、经营观念、经营方针与政策、企业规模(职工人数、销售额等)、经营管理特点等。

3. 业务状况

主要包括目前及以往的销售实绩、经营管理者和业务人员的素质、与其他竞争公司的关系、与本公司的业务联系及合作态度等。

4. 关于交易现状的资料

主要包括顾客的销售活动现状、顾客购买的产品型号和数量、产品维护保养记录、产品故障汇总、顾客对产品的信息反馈、财务状况、信用状况等。

【小案例 7—1—1】

几年前，山东有一个电信计费的项目，A 公司志在必得，召集系统集成商、代理商组织了一个十几人的小组，住在当地的宾馆里，天天和客户在一起，并帮客户编写标书，进行测试，关系处得非常好，大家都认为 A 公司拿下这个订单是十拿九稳的，但是投标结果却出人意料。

中标方的销售代表是一个普通的女子，姓刘。事后，A 公司的销售代表问她："你们是靠什么赢了那么大的订单呢？要知道，我们的代理商很努力呀！"刘女士反问道："你猜我在签这个合同前见了几次客户？"A 公司的销售代表就说："我们的代理商在那边待了整整一个月，你少说也去了 20 多次吧。"刘女士说："我只去了 3 次。"只去了 3 次就拿下 2 000 万元的订单？肯定有特殊的关系吧，但刘女士说在做这个项目之前，她一个客户都不认识。

其中的原因是什么呢？

刘女士第一次来山东谁也不认识，就分别拜访电信局的每一个部门，当拜访到局长的时候，局长却出差了。经过询问，她知道了局长入住的那个宾馆，并马上给那个宾馆打电话说：

"我有一个非常重要的客户住在你们宾馆里，能不能帮我订一个果篮，再订一个花篮，写上我的名字，送到房间里去？"

然后她又打了一个电话给她公司的老总，说这个局长非常重要，现在在北京出差，无论如何你要在北京把他的工作做通。

她马上中断了拜访行程，赶了最早的一班飞机回到北京，下了飞机直接就去这个宾馆找局长。等她到宾馆的时候，发现她的老总已经在和局长喝咖啡了。

在聊天中他们得知局长将有两天的休息时间，就请局长到公司进行参观，局长对公司的印象非常好。一起吃完晚饭后，刘女士又邀请局长观看当时北京正在上演的话剧《茶馆》。这是因为她在济南的时候问过办公室的工作人员，得知局长很喜欢看话剧。

以上的努力自然使局长很高兴，第二天刘女士又开车把局长送到了机场。一周之后，刘女士的公司老总带队到山东进行了技术交流，而她当时因为有事没去。

老总后来对她说："局长很给面子，亲自将所有相关部门的有关人员都请来，一起参加了技术交流，在交流的过程中，大家都感到了局长的倾向性，所以这个订单很顺利地拿了下来。后来又去了两次，第三次合同就签下来了。"

A公司的销售代表听后说："你可真幸运，刚好局长到北京开会。"

刘女士掏出一个小本子，说："不是什么幸运，我所有客户的行程都记在上面。"打开一看，上面密密麻麻地记了很多人的名字、时间和航班，还包括客户的爱好是什么，他的家乡是哪里，这一周在哪里，下一周去哪儿出差。

（二）客户分类管理

对于推销人员而言，建立客户档案的目的是从中获取最大的经济效益。而推销人员的精力是有限的，只有将有限的资源和精力放在适当的客户身上，才能产生最大的经济效益。80/20原则给我们揭示了这样一个规律：一个推销员80%的营业额来自于他的大约20%的客户。既然客户的价值是有差异的，推销员就应对客户进行分类管理，以实现最大的效益产出。

客户管理的一个重要原则就是要做好对重要客户的管理。在此，介绍一种较实用的客户分类方法：ABC分类法。ABC分类法是在成交额和发展潜力的基础上对现有客户进行分类。推销员可根据成交额和发展潜力两个指标把客户划分为：A类客户、B类客户、C类客户、D类客户四个类别。

A类客户，即VIP客户，是在过去特定的时间内，购买金额最多的前1%且具有最大发展潜力的客户。针对这类客户，推销员应花大量的时间来维护关系。第一，要密切注意其生活状态、经营状况、财务状况、人事状况等的变动，以便及时提供相应的服务和调整销售策略。第二，要经常拜访，努力维系双方的感情。第三，应优选处理这类客户的投诉。

B类客户，即主要客户，是在特定时间内，消费金额最多的前5%且具有较高发展潜力客户中，扣除VIP客户后的客户。这类客户较易变为忠诚顾客，因此值得推销员投入时间和金钱来建立关系的。对于这类客户推销员要关注他们的订购频率和数量的变化，同时也要经常拜访，提供比竞争对手更多更好的服务。

C类客户，即普通客户。是购买金额最多的20%客户中，扣除前两种客户之外的客户，他们具有低成交额和中等发展潜力的特点。对于这类客户推销员一方面可从中设法找出"明日之星"，把其培养为B级客户，另一方面，应适当控制时间和精力的投入，向他们提供必要的服务，与这些客户保持联系并让他们知道，在需要的时候，他总是会伸出援手的。

D类客户，即小客户。是除上述三种客户外，剩下的客户。这类客户往往购买量少，要求却较高，忠诚度很低。对这些客户推销员应提供有限的服务，以保证重要的客户得到充分的重视。

二、与顾客保持良好关系

（一）与顾客保持良好关系的作用

1. 便于获取顾客对产品的评价信息

一方面，通过与顾客保持联系，可以获取顾客各方面的反馈信息，作为企业正确决策的依据；另一方面，通过做好成交的善后处理工作，能使顾客感觉到推销人员及其所代表的企业为他们提供服务的诚意，便于提高推销人员及其企业的信誉。

2. 有利于发展和壮大自己的顾客队伍

成交之后，经常访问顾客，了解产品的使用情况，提供售后服务，与之建立并保持良好的关系，可以使顾客连续地、更多地购买推销品，并且可以防止竞争者介入，抢走顾客。同时，老顾客还会把他的朋友介绍给推销人员，使其成为推销人员的新顾客，使顾客队伍不断发展和壮大。

作为销售人员应该清楚认识到，生意在很大程度上取决于人与人之间，公司与公司之间的关系。销售人员应当发展，培养和维系这种关系，只有这样才能使生意兴隆。

（二）与顾客保持联系的方法

推销人员应积极主动地、经常地深入顾客之中，加强彼此之间的联系。联系的方法多种多样，主要有以下几种。

（1）通过信函、电话、走访、面谈、电子邮件等形式。

通过这些方式既可以加深感情，又可以询问顾客对企业产品的使用情况，用后的感觉，是否满意，是否符合自己预期的要求，有什么意见和建议，并及时将收集到的信息反馈给企业的设计和生产部门，以便改进产品和服务。

（2）通过售后服务、上门维修的方式。

（3）在本企业的一些重大喜庆日子或企业举行各种优惠活动时，邀请顾客参加、寄送资料或优惠券等。如新产品的开发成功，新厂房落成典礼，新的生产流水线投产，产品获奖，企业成立周年庆典，举办价格优惠或赠送纪念品活动等，都是很好的机会。

（4）在国家规定的节日或者传统的节日到来之前，向顾客致以节日的问候。问候可以是电话、邮件，也可以是联谊活动或者赠送小礼品。

（5）在属于顾客个人的节日，如生日、结婚纪念日等有特殊意义的时刻，向他们致以节日的问候，将会给顾客留下十分深刻的印象并迅速拉近与顾客的距离，但是要做到这些，需要推销人员做个有心人。

上述这些实用的方法有利于销售人员与顾客相互记住对方，更重要的一点是无论做什么事都要富有人情味。发送一张贺卡、一份剪报或一篇文章的复印件并不需要周密思考，也不需要花很多的时间和精力，关键是给顾客留下深刻印象，其秘密就是亲自动笔写的几句话。

任务实施

一、建立顾客档案，对不同顾客采取不同的管理方法

在广州爱科有限公司工作了三个月之后，王涛通过电话、走访、网络等各种方法，逐渐积累了

80 个顾客的资料，他对这些资料进行认真的分析，为每个顾客建立了档案，并将这些顾客分成 A、B、C 三类，制订了不同的访问计划。下面的表格是王涛制作的顾客档案表和顾客访问计划。

表 7－1－1　　**顾客档案表**

<table>
<tr><td>顾客</td><td>广州星光电器城</td><td>地址</td><td colspan="3">广州市××路××号</td><td>电话</td><td>020－2546××××</td><td>代码</td><td>Xg59</td></tr>
<tr><td colspan="10">一、购买负责人情况</td></tr>
<tr><td>姓名</td><td>赵大云</td><td>性别</td><td>男</td><td>年龄</td><td>43</td><td>籍贯</td><td>广东惠州</td><td>住址</td><td>广州市
××花园</td></tr>
<tr><td>学历</td><td>大学本科</td><td>语言</td><td>汉语
粤语</td><td>性情</td><td>温和</td><td>品行</td><td>端正</td><td>社会
关系</td><td>—</td></tr>
<tr><td>家庭
成员</td><td>妻子、儿子</td><td colspan="2">公司职位</td><td>采购
经理</td><td>交易
现状</td><td colspan="2">初次交易</td><td>业务
状况</td><td>业绩
良好</td></tr>
<tr><td colspan="10">以往信誉：这家公司的信誉一贯不错，行业内口碑颇佳，产品质量可靠，货款到账及时。</td></tr>
<tr><td colspan="3">法人代表：张大维</td><td colspan="4">实权者：张大维</td><td colspan="3">与购买负责人的关系：正常</td></tr>
<tr><td colspan="10">二、经营状况</td></tr>
<tr><td>往来银行</td><td colspan="2">账号</td><td colspan="5">记事</td><td colspan="2">兑现情况</td></tr>
<tr><td>中国工
商银行</td><td colspan="2">××××
××××</td><td colspan="5">—</td><td colspan="2">良好</td></tr>
<tr><td colspan="10">资金状况：□丰裕　☑充足　□紧张　□短缺　□危险</td></tr>
<tr><td colspan="10">三、付款情况</td></tr>
<tr><td colspan="10">付款态度：☑爽快　□普通　□尚可　□迟延　□为难　□欠缺</td></tr>
</table>

表 7－1－2　　**顾客访问计划**

顾客分类	分类标准	访问计划	顾客数量
A 类客户	年购买数量占到总销售额的 70%	每两周访问一次，每次 60 分钟	10
B 类客户	年购买数量占到总销售额的 20%	每一个月访问一次，每次 30 分钟	25
C 类客户	年购买数量占到总销售额的 10%	每两个月访问一次，每次 20 分钟	45

二、与顾客保持密切联系

王涛主要通过以下方法与顾客保持联系：

1. 他通过电话、电子邮件方式定期与顾客联络。在每个国家规定的节日或者传统的节日到来之前，都会给顾客发送祝福、问候的短信或电子贺卡；在重要的顾客生日时也不忘发送祝福的信息。

2. 邀请一些重要的顾客参加公司举办的展销会以及各种庆典活动，来增加与顾客之间的交流。

3. 当顾客购买的产品在售后出现问题时，王涛总是亲自去帮助顾客解决问题，借此机会加强与顾客的沟通，同时也增加了顾客对他的信任。

4. 经常向顾客介绍一些技术方面的最新发展资料；介绍一些促进销售的新做法；邀请顾

客参加一些体育比赛等。这些都有助于推销员与顾客建立长期关系。

任务训练

一、模拟训练

要求:掌握建立顾客档案的方法。

实施:

1. 每个项目小组为自己的模拟公司建立顾客档案,并将顾客的资料整理成册。
2. 在全班展示各自小组建立的顾客档案。

二、课堂讨论

除上述方法外,你还可以采用什么方法与顾客保持联系?

任务 2 售后服务

知识目标

- 掌握售后服务的内容

能力目标

- 能够创造新的售后服务的方法
- 能够处理顾客的投诉

任务引入

王涛在广州市场的业务逐步扩大,当地的一些大型超市、家电公司、百货公司都与他有合作,这些公司向他提出了各种各样售后服务的要求。如,有一家电器公司提出退货要求,另一家公司要求提供技术咨询服务等。面对这些售后服务的要求,王涛应该如何对待?又该如何处理呢?

任务分析

成交并非是推销活动的结束,而是下次推销活动的开始。在成交之后,推销员要向顾客提供服务,以努力维持和吸引顾客。顾客越多,销售业绩就越大;拥有大批忠诚的顾客,是推销员最重要的财富。推销员要创造出更多的顾客,一个重要途径是确保老顾客,使现有的顾客成为你忠实的顾客。确保老顾客,会使你的生意有稳固的基础。能否维持老顾客,则取决于推销员在成交后的行为。推销员不仅要做成生意,而且要在成交之后,能够关心顾客,向顾客提供良好的服务。如果你的服务令顾客满意,顾客就会再次光临,并且会为你推荐新的顾客。"你忘记顾客,顾客也会忘记你",这是国外成功推销员的格言。在成交之后,继续不断地关心顾客,了解他们对产品的满意程度,虚心听取他们的意见,对产品和推销过程中存在的问题,采取积极的弥补措施，防止失去顾客。为此，王涛应做好几个方面的工作：

1. 树立正确的售后服务观念。
2. 为顾客提供优质的售后服务。
3. 主动处理投诉和抱怨。

相关知识

售后服务是指在产品出售后所提供的服务。良好的售后服务，一方面，能够提升顾客的满意度，加强客户和推销员之间的信任关系。作为回报，这种信任和信赖关系的建立将导致顾客重复购买和未来业务关系的巩固，使推销员的业绩持续提升。另一方面，良好的售后服务也是树立良好声誉的方法，因为满意的顾客通常是潜在新顾客最好的信息源。一些满意的顾客相信，他们对推销员的售后服务最好的回报方式，是向推销人员提供其他有可能对产品或服务感兴趣的人的名字。顾客和提供售后服务的推销员之间融洽的关系，对顾客之间的相互参照是卓有成效的。有时候，可以采用介绍信的形式或由顾客打电话给预期客户进行介绍。因此，售后服务还可以提供潜在的贸易机会，毕竟在销售过程中没有比满意顾客的证词更好的支持了。

【小案例 7—2—1】　奔驰汽车公司的销售服务

德国著名的奔驰汽车公司的销售服务措施简直就是撒向全国乃至全世界的两张网。它的第一张网是推销服务网：任何一位顾客或潜在的顾客在它的推销处或推销人员那里，都可以对其汽车的样式、性能、特点等得到全面的了解。而且，根据顾客的不同需求和爱好，对诸如车型、空间设备、车体设备、车体颜色，甚至不同程度的保险钥匙等，都可以分别给以满足。第二张网是维修网：奔驰公司在国内共设了 1 000 多个维修站。维修站的工作人员，技术娴熟，态度热情，修车速度快。在任何一条公路上，汽车出了故障，车主只要向就近的维修站打个电话，维修站就会派技术人员来帮助修理，或者将车拉到站里进行修理，一般的修理项目当天就能完成，不影响车主使用。

一、开展售后服务的原因

1. 服务是产品价格的一部分

购买者所支付的产品价格，本身就包含了服务的费用，他们有权享用，也应当得到完善的服务享受。当然，服务的范围、程度要看推销品的技术复杂程度、销售额大小、长期合作的可能性而定。

2. 售后服务是顾客对产品正常使用的必备条件

确保产品能够正常使用是销售人员分内的事，不管所售产品是什么，只要购买者有售后服务的要求，需要运输与安装、调试、示范及培训，需要了解有关的特殊知识和操作技巧，销售人员就有义务做好善后工作。

3. 售后服务是与顾客建立信任关系的基础

不管顾客是一次性购买还是多次惠顾，良好的售后服务都能够不同程度地提高顾客的满意度，增强顾客对推销人员及其所代表的公司的信任。

4. 售后服务是稳定企业及其推销人员业务的有力保障

要扩大销售额，有两条基本途径：一是找到新顾客；二是出售更多的产品给老顾客。良好的售后服务对这两种增加销售额的途径都有很大帮助。

二、售后服务的内容

(一)运输服务

由于现代生活节奏的加快,购买者越来越不愿意花大量时间进行购物,送货上门,提供运输服务成为吸引顾客购买的重要服务项目之一,推销员应从顾客的需求出发,做好此项工作。送货的形式有自营送货和代营送货两种,自营送货是推销员自备运输工具亲自给顾客送货,如保险代理人亲自把保单送到顾客手中。代营送货是推销员委托固定的专业运输单位统一送货,如通过快递公司把产品寄送给顾客。送货上门服务对于推销员和企业来说并不是很困难的事,但却为顾客提供了极大的便利,有利于增加顾客的购买量和重复购买率。

(二)质量保证服务

任何产品在使用一定时间后,都免不了出现故障,影响使用效果。质量保证服务是指企业抱着为顾客负责宗旨,对售出产品的功能或使用价值的圆满实现提供技术保证。保证服务做好了,就可以使顾客安心地购买、使用商品,从而减轻顾客的购买压力,让顾客感到放心、满意。质量保证的常见形式有:包换、保修、定期检修、抽样巡回检修等几种。

(三)安装服务

随着科学技术的发展,商品中的技术含量越来越高,一些商品的使用和安装也极其复杂,顾客依靠自己的力量很难完成,因此就要求企业提供上门安装、调试的服务,保证出售商品的质量,使顾客一旦买好就可以安心使用。这种方式有效地解除了顾客的后顾之忧,大大方便了顾客。值得注意的是,如果不是由推销员亲自安装,为了保障安装服务的质量,推销员在协助提供安装服务时,要挑选技术熟练、具有良好职业道德的施工人员,且事前应与施工人员进行充分沟通,尽力做到一切从顾客出发,一切为顾客着想。这样才能收到良好的服务效果。

(四)技术培训、指导和咨询服务

顾客在购买产品后,可能不熟悉产品的操作方法,或不了解产品,从而容易出现使用不当导致产品功能得不到发挥或造成事故,也可能出现一些简单故障而不懂排除。这都会造成产品使用失败,甚至导致顾客不满。因此,推销员应为顾客提供指导和咨询,帮助顾客掌握使用方法和简单的维修方法。针对不同的购买对象,推销员应提供不同的培训内容。如对一般消费者,可教会其产品使用、保养和简单故障排除的方法;对组织购买者,可就产品设计原理、结构、特征、用途、安装调试技术、使用方法、检测和维修技术、保养知识等进行培训。务必使顾客购买后能保证产品的正确使用,真正帮助顾客解决问题。

(五)功能配套服务

现代科学技术迅猛发展,产品更新换代很快。有些产品在顾客购买时还是功能先进的产品,过不了多长时间就有更完善的产品。顾客可能会因此产生遗憾和懊悔之心。推销员可根据顾客的需求,在产品更新换代之后为原售出的产品提供功能配套服务,使之具有换代产品的功能,或使原有产品最完善。比如,为汽车提供改装或加装新设备服务,为电脑提供软件升级服务等。

(六)备品配件供应服务

备品配件是产品易损部位的零部件或配套耗材。一件价值昂贵的产品可能会因一个小零件的磨损而失去使用价值。因此推销员应做好备品配件供应的服务。保证顾客在期望的使用期内能正常使用产品。否则,顾客可能会产生上当受骗之感,从而对企业、对推销员失去信任,甚至可能因此会永远流失。

(七)接待顾客投诉和回访用户

一名推销员要面对各式各样的客户,每日进行着庞大复杂的推销活动,虽然总是努力为客户着想,不断改进工作,尽量避免问题的发生,但即使是最优秀的推销员也不可能保证永远不发生失误或不引起客户的投诉。当客户不满意时,他可以说出来,也可以一走了之。如果客户不说出来,推销员很难发现他们不满的真正原因,可能连消除不满和误解的机会都没有,客户就流失了。但是投诉的客户却给予了推销员解释和弥补的机会,据调查,如果投诉问题得到解决,将会有60%的客户会继续向你购买,而若能迅速解决投诉的问题,将有90%~95%的客户愿意成为你忠诚的客户。因此,客户投诉从表面上看是个麻烦,其实是给推销员一个难得的挽留客户和完善服务的好机会。所以,客户投诉并不可怕,关键是如何对待投诉,变危机为一种消除客户不满、改善与客户关系的机会。

1. 如何处理好投诉呢?

推销员要遵守以下原则:

(1)礼貌接待,安抚情绪。无论客户的态度如何,无论客户是否有误解,不要与客户发生争执,也不要争辩,要充分地聆听顾客的陈述,善于运用有声语言和身体语言表达对问题的重视,站在客户的角度表达理解并展现积极解决问题的态度。

(2)适时致歉。如果我们确实有不足之处导致问题的发生,就应诚恳地就事件进行道歉。如果只是客户误解,也应有道歉的语言,以舒缓客户的情绪。

(3)调查事件原因,并拟订改善对策。掌握良好的沟通技巧,积极与客户及公司沟通,尽快了解事情发生的来龙去脉,寻求双方认可的解决方案。

(4)处理速度要快、及时、合理。响应要迅速,并把问题解决的步骤和进程及时与客户沟通,以赢得客户的信任。

(5)检讨结果,留档分析,避免同类投诉发生。对每一起客户投诉都应及时寻找问题发生的根源,并提出整改方案。同时对其问题和处理做详细的记录,及时吸取教训、总结经验,以避免同类事情的发生。

2. 投诉处理的流程和方法

客户投诉处理一般可分为以下几个步骤:

(1)鼓励顾客解释投诉问题。这一步骤的主要工作有两个:一是了解事情的来龙去脉,以便帮助顾客解决问题。二是疏导和安抚顾客情绪。因此,在这一阶段,推销员应多聆听,让顾客充分陈述问题而不要打断,创造机会让他尽情倾诉委屈和愤怒,同时推销员还要及时表达对顾客不满的理解,发泄之后顾客往往会感觉好多了,此时再与其商讨问题的解决方案,会得到他较好的配合。所以,在处理投诉时,记住一个重要原则:先处理情绪,再处理问题。

(2)复核事实,判断事情真相。因为用户总是强调那些支持他的观点的情况,所以推销员全面、客观认识情况变得很重要,只有深入了解事情真相,才能找出令人满意的解决办法。但推销员很容易受竭力为自己索赔讨个说法的顾客的影响,因此,这一步骤的工作要求推销员谨慎处理,通过复述、询问等方法仔细核实事情的经过,并由此判断事情的真相。

(3)提供解决办法。在倾听顾客意见,并从顾客的立场出发考察每一种因素之后,推销员有责任迅速采取行动和提出公平合理的最终解决办法。顾客一般会非常看重你对投诉的及时反应,推销员应该尽一切可能加速反应或从公司得到行动方案。同时,推销员应该避免去指责公司的其他同事,要知道,不满意的顾客是不会欣赏公司内部人员互相推卸责任的,他会认为这是一种故意拖延和不负责任的表现，你可能会因此而失去留住顾客的机会。

当得到快速和公平的对待，大多数顾客会表示理解和满意。销售人员务必使顾客理解公司提出的解决办法是公平合理的。有时这要做一些解释和说服工作。对公司和顾客都公平合理的方案确实是对双方都有利的行为，更能赢得好的商誉。为了劝服顾客认识方案的合理性，有时需要大量细致的说服解释、反复保证或提供担保、介绍公司的决策过程和如此决定的原因。在任何情况下，推销员都不应该一味迎合顾客以至于顾客和公司发生利益冲突。仅仅迎合顾客并不能建立起友谊，反而可能导致顾客失去对销售人员和公司的忠诚。任何涉及最终决策的问题应该在公司和推销员之间处理，而无须顾客的直接参与。已经决定的行动应由推销员以一种果断、有说服力的方式传达给顾客。

(4)公平解决索赔。为了帮助公司提出一个公平合理的解决办法，销售人员必须获得下列信息：顾客索赔的金额、顾客索赔的频率、顾客账户的规模、顾客的重要程度、所采取的行动对顾客和其他顾客可能的影响程度、销售人员在处理其他索赔时的经验以及特定的索赔信息。在检查了所提供的信息之后，公司的解决方案可采取以下形式：①产品完全免费退换。②产品完全退换，顾客只支付劳动力和运输费用。③产品完全退换，由顾客和公司共同承担相关费用。④产品完全退换，由顾客按折扣价格支付。⑤顾客承担维修费用。⑥产品送往公司的工厂再做决定。⑦顾客向第三方索赔。

(5)建议推销。建议推销是一种建议顾客购买与主要产品相关的其他产品或服务的过程。适合公司有相关产品或服务项目，能够帮助顾客解决遇到的问题或有助于增强顾客的满意水平时运用。也许有些推销员会认为建议推销不是一种服务，而是对顾客的打扰。然而，只要能恰当地运用，它将有助于发展与大多数顾客的关系。

(6)核实满意度，表达对顾客的感谢。当顾客已初步接受解决方案时，推销员不要主观地认为事情已全部结束，这样可能会令你漏掉一些重要的事情，最终没能让顾客满意而归。因此，在此阶段，推销员应主动核实顾客是否还有需要解决的问题，并确定顾客对投诉处理的结果是否满意。此外，如果你还能主动对顾客指出你工作的不足表示感谢，这会让顾客认为你是一个负责任和宽容大度的人，他会因投诉时粗暴对待你而感到惭愧，从而产生补偿的心理，从此成为你忠实的顾客。

【小知识 7—2—1】

抱怨处理技巧

- 把人与抱怨分开，保持冷静听取抱怨、投诉。
- 不要在立场上争执不休。
- 寻找双方接受的解决方法。
- 运用客观标准。
- 善意的让步。
- 适时结束。

无论是顾客购买产品后还是投诉后，推销员都应主动回访，及时了解顾客使用产品的情况和解答顾客可能提出的问题。回访可以用电话进行，也可以采取推销员亲自上门的方式。对于曾经投诉的顾客尤其注意回访的及时性，因为这表明了推销员负责任的态度，也是有效预防重大投诉、客户流失的关键手段。

任务实施

一、树立正确的售后服务观念

王涛在“真诚为顾客服务”思想的指导下，对顾客提出的售后要求都及时给予满足，受到顾客的好评，有几家客户成了他的回头客。

二、售后服务比竞争对手和用户期望值多一点

面对竞争日益激烈的空气净化器市场，各个厂家都在重视打好服务这张牌。一般厂家的服务都是这样的程序：接到电话，然后约定时间上门维修，最后修好填单返回。王涛为了更好地做好售后服务工作，他建议公司在上述服务的基础上，增加了以下服务：

1. 产品销售之后，3 天内要打电话询问使用情况，因为用户刚刚购买空气净化器，对产品的使用不太了解，有新鲜感、不安全感及期望值过高等多重心理，打个电话询问一下，是让顾客放心。

2. 当顾客使用 3 个月后，还要打电话或上门访问，主要是不要让顾客忘记，从而增加交流的机会，以进一步建立感情，增进了解，增强信任感。顾客也会把他们认为很好的产品推荐给更多的朋友。

3. 提供超出顾客预期的超值服务。比如公司承诺接到维修电话 24 小时内上门服务，而实际上基本做到不超 6 小时就有人上门，这就是超过预期。而每次都是如此，并且提供非常专业技术的服务，这时顾客表现出的心理就会是满意。另外对于售后服务人员做的其他一些额外服务（如家里有老年人的可帮其顺手把垃圾带下楼，修理一下脸盆的小毛病等），则就会给顾客一个惊喜。在这个时候，顾客表现出来的满意是发自内心的，他认为你没有任何功利。

三、主动处理投诉和抱怨

（一）快速、积极地处理投诉

有一天公司接到一个投诉电话，是王涛的一个客户打来的，这个客户是广州一家网吧的老板，他抱怨说使用了一个星期的产品，网吧的空气还是和以前一样，没有明显的改善。王涛听到这个消息，立即赶到那家网吧，经过认真的勘察，发现原来问题是因客户使用不当引起的。王涛为顾客进行了操作示范，并耐心地解释，解决了问题，网吧老板非常感动，说要为王涛介绍新客户。

（二）主动承担责任

如果是因为自身原因所造成的顾客不便或者损失，王涛会及时向顾客道歉，并与售后服务部门联系，给予顾客赔偿或者退换；如果是因为其他原因所造成顾客不满的，王涛也会及时向顾客进行解释，帮助顾客解决问题。

（三）消除顾客的抱怨

如果遇到顾客当面抱怨，王涛会采用以下做法：

(1)请顾客坐下来诉说心中的不满，认真倾听顾客的抱怨并做好记录。

(2)重视顾客的抱怨，告诉顾客公司会认真对待他（她）的意见。

(3)及时安慰顾客。如果顾客的抱怨一时难辨真假，王涛会采取拖延的办法，先安抚对方的情绪，然后再决定解决的方案。

(4)写一份高质量的抱怨回函。为了让顾客明白他的抱怨没有被草率处置，他的问题会马上解决，王涛通常会给顾客发出一份电子邮件，告诉顾客解决的方法，并感谢顾客给了他一个改正自己错误的机会，希望顾客对自己和自己所在的公司保持信心。

通过以上做法，顾客的抱怨就会慢慢平息。

任务训练

一、模拟训练

要求：掌握售后服务的内容和方法。

实施：

1. 每个项目小组为自己的模拟公司设计一个售后服务的方案。
2. 教师进行点评。

二、课堂讨论

投诉处理的关键在于设法满足顾客的要求，这种说法对吗？

任务3　回收货款

知识目标

◆ 掌握顾客常用的欠款方法及应对措施

能力目标

◆ 会使用一定的技巧回收货款

任务引入

王涛在与广州美家连锁超市有限公司签订了购销合同之后，按照合同约定，广州美家连锁超市有限公司先付30%的定金，等货物送到后，将余下的货款全部结清。但在货物送到了之后，离约定的付款时间已经过去了一天，余款仍没有到账。公司催王涛在7日之内必须回收其余货款，王涛特别担心广州美家连锁超市有限公司会拖欠货款。那么王涛应该如何做才能避免产品销售出去而拿不到货款的事情发生呢？

任务分析

销售工作的起点是寻找顾客，终点是收回货款，销售的目的就是在顾客获得所需产品的同时，企业也能够快速收回货款。收不回货款的推销是失败的推销，会使经营者蒙受损失，所以王涛只有收回了货款，销售工作才算真正完成。在售出货物后及时收回货款，就成为王涛的一项必须完成的重要工作任务。王涛在这个阶段的任务是：

(1)掌握顾客常用的欠款方法及应对措施。

(2)会使用一定的技巧回收货款。

相关知识

回收货款工作在销售管理中的重要性越来越突出。对于企业而言，能否顺利回收货款，决定着企业的利益能否真正地实现，因此，在尽量短的时间内回收贷款，成为现代企业销售管理的一个基本原则。

一、催收货款的重要性

销售活动不仅仅是将商品送交给顾客，其结局应将商品资金化。货款能否回收、回收多少、什么时间回收，都直接关系到销售活动的效率和企业的经营效率，使资金投入能够与经营效益相一致。否则，图 7—3—1 所列的销售循环就难以为继，企业的销售活动会陷入难以自拔的困境。

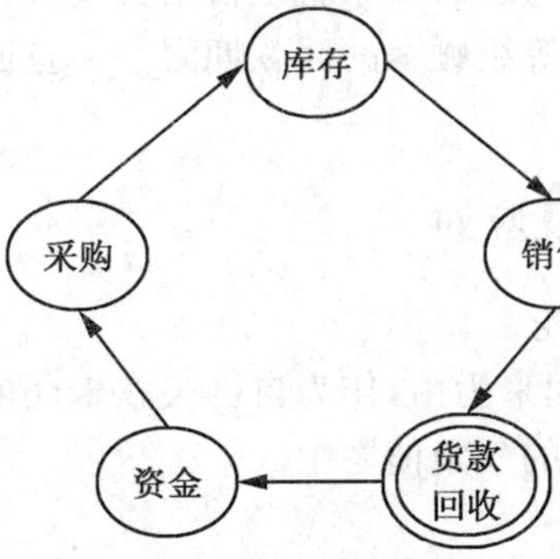

图 7—3—1　销售循环示意图

二、销售人员收款前的准备

货款回收是一件很棘手的工作。因此，销售人员需要掌握以下五种收款前的准备技巧：

(1)准备齐全发票、签收单等收款凭证；

(2)确保账目清楚，定期向顾客发出货款征询函，要求顾客盖上印章；

(3)确认顾客的关键人员，向关键人物催款；

(4)预约不到顾客时，则以突然袭击的方式来拜访顾客，使其无法逃避；

(5)联合其他厂家，一起出击顾客，使其无力招架。

三、预防呆账的方法

在销售中，销售人员应该尽量将货款收回，做好对呆账的预防。具体来说，预防呆账的方法主要有以下五条。

(一)分析顾客欠款的原因

(1)顾客为了融资的需要。顾客向银行贷款是需要利息的，而压着供应商的货款，是没有利息的，这样做是为了挪出更多的流动资金。

(2)顾客的信用度低下。对这样的顾客，处理要果断，该撤的撤，该要的要，不能带任何侥幸的心理。

(二)随时掌握顾客的信息

销售人员必须随时跟踪掌握顾客的信息,这样才能未雨绸缪,防患于未然,杜绝呆账的发生。

(三)注意顾客倒闭前的征兆预警

销售人员必须密切注意顾客的经营状况,洞悉顾客倒闭前的各种征兆预警,从而做好呆账预防。这些倒闭征兆如下:

(1)顾客公司的人员流动突然加快,甚至连财务人员也开始辞职。

(2)顾客公司的销售大起大落,突然提高进货数额,妄图借厂家的产品最后拼死一搏。

(3)顾客的态度平时很一般,现在突然变好。这说明顾客一定别有用心,另有所求。

(四)建立信用机制

预防呆账的最根本措施是建立有效的信用机制。信用机制包括两个内容:信用额度和信用期限。

(1)信用额度。将顾客按照信用度分成A、B、C、D等各种等级,然后规定不同等级顾客欠款的最高数额。一旦货款超过这个数额,厂家就不再给其发货。

(2)信用期限。规定不同信用等级顾客的回款期限。一旦回款超过规定期限,厂家就不再给其发货。

四、顾客常用的欠款方法及应对

1. 以资金无法收回为由来推托

很多顾客以自己的资金收不回来为由,作为自己欠款未还的原因。这时,销售人员需要认清顾客的动机,谨防自己卷入顾客的三角债之中。

2. 寻找各种理由拖延时间

有些顾客一遇到厂家催款,总是说"明天还",然后明天又拖后天,日复一日,年复一年,永远无还款之日。对此,销售人员需要向顾客发出确认函,让顾客写下确切的还款时间,以作为以后起诉顾客欠款不还的证据。

3. 采取不良手段拉拢销售人员

有些顾客为了拖延欠款或不还欠款,就会采取各种手段来拉拢厂家的销售人员。这时,销售人员一定要头脑清醒,防止被拉下水。

4. 骗取销售人员的信任

有些顾客会假装诚信,先骗取销售人员的信任。比如:有些顾客前三次都会按时付款,可到第四次时就开始借口拖欠款项。对这种顾客,销售人员一定要谨慎小心,绝不能轻易相信。

5. 用竞争对手来施压

有些顾客会拿厂家的竞争对手来压制销售人员,以达到拖欠货款的目的。这时,销售人员就需要化解顾客的威胁言语。比如销售人员可以这样说:"拿货给钱是件很正常的事情。您不要说不合作了,这样很容易伤了大家的感情。"

五、催付款应采用心理战术攻心

(1)提示顾客,引发其自尊心。如"××顾客已经支付了货款"等。

(2)让顾客产生同情心。向顾客说明本企业资金周转的困难、销售人员的苦衷与责任等。

(3)引发顾客的公正心。在每一个商界人士身上,都潜藏着公正交易的商业道德。

(4)向顾客反复说明按期付款的益处,如企业形象、强化信用等。

(5)适当地给顾客以压力。如说明不支付货款的法律责任等。

任务实施

一、变被动为主动

(一)事先预防

为了避免客户的欠款问题,王涛要及时了解客户的经营动态,尽早对某些不良征兆采取积极的应对措施,如果王涛通过调查,发现客户有下列情况时,就要立即采取措施追讨货款。

(1)客户办公室电话经常无人接听。

(2)客户办公室地点突然由高档写字楼向低档写字楼搬迁。

(3)客户公司离职人员大幅度增加。

(4)经常联系不到客户公司的财务人员和其他负责人。

(5)客户公司屡屡做出新的付款承诺,可是很多承诺都无法兑现。

(6)客户公司较大幅度地削减财务支出。

(7)客户与银行的关系变得紧张。

(8)付款时间不稳定,比过去延迟,经常超出最后期限。

(9)突然告知公司负责人出现意外。

(10)客户开出的票据被银行以余额不足的理由退回。

(二)控制发货

采取控制发货的方式可以使王涛变被动为主动,这样既可高效地完成推销任务,又可以最大限度地降低货款不能回收的风险。

王涛在与客户签订大额合同时,一般都会和对方协商采用“多批少量”的方法进行发货,“小额多次”的方法进行付款,这样一来,不仅可以缓解某些客户因资金数额巨大无法周转的困境,而且也有效控制了应收账款的风险。

【情景实例 7—3—1】

王涛:“李经理,您看这批货我们分为三次发货可以吗?”

李经理:“为什么?”

王涛:“首先每次给您发 500 件货物不会影响您的经营,其次还帮您减少了库存积压。”

李经理:“有道理,那你能保证每次按时发货,不影响我们的正常经营吗?”

王涛:“你放心,只要你保证货到付款,我们肯定能保证按时发货。”

李经理:“好……”

二、签约时明确付款日期

在签订合同时,王涛都与顾客确定在×月×日上午或下午,以现金或支票的形式付款,不给对方留有任何余地。

三、收款时提早到达

到了约定收款的日期，王涛要提早到达客户那里，绝不能拖延上门收款的时间。之所以提早到达，就是避免顾客反咬一口，说："我等了你好久，你没来，我要去做其他更要紧的事。"如果那样，他会非常被动。

四、反复督促付款，注意收款时机

如顾客无意付款或有意延迟付款，王涛要反复以各种形式通知顾客，并做好记录，以备后用。同时要及时了解顾客的资金状况，注意收款的时机，在顾客账面上有款时上门收款。

五、做好相关准备

收款时王涛总是携带事先开好的发票，以免错失收款机会，因为顾客通常都凭发票付款；如果确实无法按约收款，王涛会将下次收款的日期和金额，在顾客面前清楚地做书面记录，让顾客明确认识到这件事情的严肃性和重要性。

六、树立信心，利用心理战术催收货款

一个人在催收货款时，若能信心满怀，遇事有主见，往往能出奇制胜，把本来已经没有希望的欠款追回。反之，则会被对方牵着鼻子走，本来能够收回的货款也有可能收不回来。因此，催款人员的精神状态是非常重要的。

由于王涛是销售新人，第一次去催款难免底气不足，生怕得罪顾客，从而失去顾客。所以，树立信心对王涛是非常重要的。其实，好的顾客绝对不会因为收款而丧失，而不忠诚的顾客因为收款而离开，对公司也不是什么损失。

当顾客拖欠货款时，王涛可以根据不同情况采用以下几种心理战术：

(1)博得同情：向顾客"哭诉"自己催不回货款的不良后果，以博得顾客的同情。

(2)利益诱导：暗示顾客还款可以带来的利益，以诱导顾客主动还款。

(3)指桑骂槐：在此顾客面前贬斥彼顾客，在彼顾客面前夸奖此顾客，使顾客因为不好意思而还款。

(4)吹捧顾客：多给顾客说些甜言蜜语，使顾客一时得意就还款。

(5)威胁顾客：以投诉等手段来威胁顾客，使其为了维护自己的形象而还款。

(6)以毒攻毒：声称要扶植其他顾客，使顾客为了维护自己的地位而还款。

(7)以情动人：多表达自己对顾客的信任与尊重，使顾客因为内疚而还款。

(8)服务制胜：为顾客提供更好的服务，使产品销售更为顺畅，从而使顾客因为感激而还款。

(9)疲劳战术：一定要表现出相当的缠劲功夫，紧紧地缠住顾客，使顾客为了求得安宁清净而还款。

任务训练

一、模拟训练

要求：掌握讨债的方法。

实施：

1. 以项目小组为单位，两个人为一对，一人扮演推销员，另一人扮演债务人进行模拟讨债，之后互换角色并写出模拟情景的对话内容。

2. 小组将不同的模拟情景的对话进行整合，推荐两位同学在全班演示。

二、案例讨论

大华精密模具厂从2015年开始给飞鹰电子有限公司供货，双方之间不仅签订了合同，而且签订了货款结算协议书。合同规定，飞鹰电子有限公司在收到大华精密模具厂发票后才付款。2016年3月起，飞鹰电子有限公司开始拖欠3～5月份的货款。经大华精密模具厂业务员刘飞的多次催款，飞鹰电子有限公司于2016年8月提出，大华精密模具厂产品质量存在严重问题，说是其下家山东省某著名家电企业检测到其产品溴超标，根本原因就在大华精密模具厂的产品上，要求大华精密模具厂与他们共同拿样品到福建省的检测机构进行检测并扣款。

大华精密模具厂研究了相关的证据材料，备齐了所有证据材料，向所在地的法院起诉，飞鹰电子有限公司收到了起诉状副本及相关证据后，立即打电话协商还款事宜，最后达成一致，并且于2017年1月23日送来了全部货款，双方握手言和。

问题：如果遇到欠款不还的顾客，利用法律武器解决是否是唯一途径？

附录：

推销实务训练指导

一、推销准备工作

练习：你为完成销售任务做了哪些准备？列出你的销售计划。

二、推销过程与步骤

1. 寻找潜在顾客

练习：你打算如何寻找客户？列出你的销售机会。

小结：

FRCA 法练习：

试试看，列出你的 FRCA 名单：

类　别	姓　名	单　位	机　会
F（朋友）			
R（亲戚）			
C（同学）			
A（相关）			

2. 发现需求,创造需要

练习:客户需求分析。

3. 客户拜访前的准备

练习:产品特性分析。

	特 征	优 点	利 益	证 据
性能				
外形				
用途				
材料				
耐用性				
方便程度				

你的准备:

4. 介绍产品

应用练习:写出一个产品陈述,以满足客户需要。

5. 促成交易

应用练习：以前面练习所确认的需要为基础，写出一个达成交易的陈述。

回顾利益：

6. 客户异议处理

回答异议练习：

- 真的有效果吗

- 我没有时间

- 考虑考虑再说

- 我现在不需要

● 价格太贵了

参考文献

1. 黄恒学.现代高级推销理论与技术.北京:北京大学出版社,2005.
2. 刘志超.现代推销学.广州:广东高等教育出版社,2004.
3. 于雁翎.推销实务.广州:广东高等教育出版社,2006.
4. 钟立群.现代推销技术.北京:电子工业出版社,2005.
5. 邱少波.现代推销技能.上海:立信会计出版社,2005.
6. 李玮编.金牌推销员的100个细节.深圳:海天出版社,2005.
7. 邹东和.金牌推销员速成技巧.北京:中国商业出版社,2004.
8. 姚书元,沈玉良.现代实用推销学.上海:复旦大学出版社,2004.
9. 邱训荣.推销技巧.南京:东南大学出版社,2004.
10. 郭奉元.现代推销技术.北京:高等教育出版社,2001.
11. 王孝明.推销实战技巧.北京:经济管理出版社,2004.
12. 未来之舟.营销礼仪手册.北京:海洋出版社,2005.
13. 李蔚,黄鹂.推销谋略与技巧.成都:四川大学出版社,1997.
14. 张冬梅,黄鹂.推销策略与技巧.青岛:青岛海洋大学出版社,1997.
15. 肖军,简彩云.推销理论与技巧.长沙:湖南大学出版社,2005.
16. 李海琼主编.现代推销技术.杭州:浙江大学出版社,2004.
17. 晓东.成功推销的99法则.北京:中国经济出版社,2006.8.
18. 托马斯·英格拉姆,等.销售管理——分析与决策.北京:电子工业出版社,2003.
19. 张启杰.销售管理.北京:电子工业出版社,2005.
20. 安宇.销售人员五项基本技能训练.北京:北京大学出版社.
21. 莉儿·朗帝.10秒钟让自己不同凡响.海口:海南出版社.
22. 托马斯·英格拉姆,等.销售管理——分析与决策.北京:电子工业出版社 2003.
23. 欧阳小珍.销售管理.武汉:武汉大学出版社,2003.
24. 倪政兴.如何成为推销高手.成都:西南财经大学出版社,2003.
25. 牛海鹏,屈小伟.专业销售.北京:企业管理出版社,1998.
26. 陈企华.最成功的推销实例.北京:中国纺织出版社,2003.
27. 李涤非.推销技术.北京:中国劳动社会保障出版社,2008.
28. 谢宗云.销售业务实务.大连:东北财经大学出版社,2009.
29. 艾敏,刘军.推销一点也不难.北京:中国宇航出版社,2008.